新能源汽车专业系列教材

# 新能源汽车售后服务管理

主　编　初宏伟　徐广琳
副主编　李梦雪　田丰福　彭　敏
参　编　代孝红　谢　丹　石庆国　刘　彤
　　　　孙凤双　崔艳宇　叶　鹏　张海华
　　　　刘震宇　方丽琴　周艳微　张　颖

机械工业出版社

本书针对新能源汽车售后服务相关岗位的核心业务，如新能源汽车客户接待、新能源汽车质量担保管理、新能源汽车备件管理、新能源汽车车间管理等重点讲解，同时介绍了以造车新势力为主的汽车售后服务企业组织机构设置、岗位设置等相关知识；讲解了汽车售后服务企业数字化管理，开阔了学生的数字化视野，便于学生掌握新能源汽车后市场的职业知识，锻炼职业技能，达到新能源汽车后市场岗位的任职要求。

本书遵循项目式、活页式（任务实施单独成册）、立体化（视频、动画二维码）的体例，共开发了9个项目、26个工作任务。以客户满意度为核心，以新能源汽车售后服务流程为载体，本着过程为结果服务的思路，搭建了课程基本框架。对接"1+X"职业技能标准、售后服务企业岗位需求，根据汽车后市场法律法规及服务内容、形式的变化，明确教学目标，拟定教学任务，并将学生的思想道德和职业素质培养落实在每个教学环节中。

本书可供高职高专汽车检测与维修技术、新能源汽车检测与维修技术、新能源汽车技术等专业教学使用，也可以作为相关行业岗位培训用教材，同时还可以供汽车售后服务人员学习参考。

## 图书在版编目（CIP）数据

新能源汽车售后服务管理/初宏伟，徐广琳主编. —北京：机械工业出版社，2024.5（2025.2重印）
新能源汽车专业系列教材
ISBN 978-7-111-75897-6

Ⅰ.①新… Ⅱ.①初… ②徐… Ⅲ.①新能源-汽车-售后服务-高等职业教育-教材 Ⅳ.①F407.471.5

中国国家版本馆CIP数据核字（2024）第105380号

机械工业出版社（北京市百万庄大街22号 邮政编码100037）
策划编辑：母云红　　　　　责任编辑：母云红　董一波
责任校对：张勤思　李　杉　封面设计：马精明
责任印制：常天培
北京机工印刷厂有限公司印刷
2025年2月第1版第2次印刷
184mm×260mm・17.5印张・401千字
标准书号：ISBN 978-7-111-75897-6
定价：59.90元（含任务实施）

电话服务　　　　　　　　　网络服务
客服电话：010-88361066　　机　工　官　网：www.cmpbook.com
　　　　　010-88379833　　机　工　官　博：weibo.com/cmp1952
　　　　　010-68326294　　金　书　网：www.golden-book.com
**封底无防伪标均为盗版**　　机工教育服务网：www.cmpedu.com

# 前 言
## Preface

随着新能源汽车保有量的增加，新能源汽车后市场的规模也在不断扩大，这些因素的变化对新能源汽车售后服务管理提出了更高要求。为了满足新能源汽车后市场对售后服务人才的需求，深入贯彻落实党的二十大精神及《国家职业教育改革实施方案》，围绕立德树人的根本任务，我们开发了本教材。

本书针对新能源汽车售后服务相关岗位的核心业务，如新能源汽车客户接待、新能源汽车质量担保管理、新能源汽车备件管理、新能源汽车车间管理等内容重点讲解，同时介绍了以造车新势力为主的汽车售后服务企业的组织机构设置、岗位设置等相关知识，便于学生掌握新能源汽车后市场的职业知识，锻炼职业技能，达到新能源汽车后市场岗位的任职要求。

本书按照项目—任务的二级结构体例进行编排，共开发了9个项目、26个任务，以客户满意度为核心，以新能源汽车售后服务流程为载体，本着过程（项目一至项目六的内容）为结果（项目七管理新能源汽车客户关系）服务的思路，搭建了课程的基本框架。本书对接"1＋X"职业技能标准、售后服务企业岗位需求，根据汽车后市场法律法规及服务内容、形式的变化，明确教学目标，拟定教学任务，并将学生的思想道德和职业素质培养落实在每个教学环节中。本书遵循项目式、活页式（任务实施单独成册）、立体化的体例，主要具有以下特点：

1）凝聚了"以德为先，能力为本"的建设思想。通过素养园地、课堂讨论等形式将思政元素细化到内容设计中，扎实有效地推进了立德树人的根本任务；将民族自信、工匠精神、职业素养等融入真实的案例，引导学生总结、反思，强化学生的创新意识、自立自强意识、安全意识、法规意识和环保意识。

2）实现岗课证融通。对标《汽车运用与维修（含智能新能源汽车）1＋X证书制度职业技能等级标准》中的职业技能标准，对标企业岗位，实现岗课证融通。

3）引入、参考了GB/T 38698.1—2020《车用动力电池回收利用　管理规范　第1部分：包装运输》等新标准、新规范；引入了2021年国家市场监督管理局公布的《家用汽车产品修理更换退货责任规定》中的新规定。

4）内容与新能源汽车产业深度融合，增强了时效性。本书针对新能源汽车产销量的迅速增长，引入了造车新势力的汽车售后服务体系、新能源汽车售后服务流程、新能源维修车间安全管理等，顺应汽车后市场需求的内容，激发学生多视角地认识新能源汽车售后服务管理。

5）立体化资源丰富。作为"互联网+"时代下的新形态教材，本书配套开发设计了教学课件、任务工单、练习题，以及视频、动画等数字资源，形成可听、可视、可参照的立体化教材，学习者可通过扫描二维码观看，方便理解学习内容。全书数字资源总码见下。订购本教材的教师可登录 www.cmpedu.com 注册后免费下载配套课件。

本书结合新能源汽车产销量的变化、O2O 售后服务工场店的迅速扩张、新三包法规的实施等引起的汽车售后服务方面的变化，通过合理地导入任务、引入知识，增强了实用性。

随着汽车"新四化"时代的到来，构建优质高效的汽车售后服务业新体系，推动现代服务业同先进制造业深度融合显得尤为重要。本书在项目九讲解了新能源汽车售后服务企业的数字化管理，开阔了学生的数字化视野，让学生从加快发展数字经济，促进数字经济和实体经济深度融合，打造具有国际竞争力的数字产业集群的角度，认识数字化的新能源汽车售后服务管理。

本书编写团队由校企联合组成，包括多年从事汽车检测与维修技术专业教学的教师和企业售后服务高级培训技术人员。本书由长春汽车职业技术大学（原长春汽车工业高等专科学校）初宏伟、徐广琳担任主编，李梦雪、田丰福、彭敏担任副主编，代孝红、谢丹、石庆国、刘彤、孙凤双、崔艳宇、叶鹏、张海华、刘震宇、方丽琴、周艳微参与编写。本书还邀请了一汽-大众售后服务技术部的张颖高级工程师参与教材内容的设计、编写。

由于编者水平有限，书中难免有疏漏和错误，恳请读者批评指正，在此深表感谢！

编　者

# 二维码索引

| 名称 | 页码 | 名称 | 页码 |
|---|---|---|---|
| 新能源汽车发展历程 | 2 | 送客户休息 | 57 |
| 新能源汽车发展趋势 | 16 | 接车制单参考话术 | 57 |
| 特约经销商 | 18 | 实施维修 | 59 |
| 单一服务经销商 | 19 | 维修增项处理 | 59 |
| 造车新势力 | 20 | 维修自检 | 59 |
| 红旗品牌"心服务" | 40 | 维修工作参考话术 | 59 |
| 开始预约 | 52 | 交车展示 | 61 |
| 沟通预约需求 | 52 | 结算费用解释 | 61 |
| 确认客户需求 | 52 | 结算离开 | 61 |
| 预约参考话术 | 52 | 交车结算参考话术 | 61 |
| 准备工作 | 53 | 跟踪回访 | 64 |
| 迎接客户 | 56 | 跟踪回访参考话术 | 64 |
| 环车检查 | 57 | 《电动乘用车售后服务规范》 | 64 |
| 制订任务委托书 | 57 | 新能源汽车维修技师安全操作规程 | 68 |

（续）

| 名称 | 页码 | 名称 | 页码 |
|---|---|---|---|
| 安全防护用品检查 | 69 | 按车龄分类 | 159 |
| 操作高压电系统注意事项（3个视频） | 73 | 按车辆用途分类 | 159 |
| 合理使用充电桩 | 74 | 按客户价值分类 | 159 |
| 比亚迪新能源汽车保养攻略 | 79 | 劳模风采：从车间走出的修理工 | 165 |
| 一汽–大众ID.4保养项目单 | 80 | 处理客户投诉的基本程序 | 169 |
| 废旧动力蓄电池的分类 | 88 | 如何提升一次修复率案例 | 169 |
| 新能源事故车救援流程 | 98 | 新能源汽车商业保险专属条款发布 | 173 |
| 零件专家 | 108 | 新能源汽车商业保险介绍 | 177 |
| 汽车零部件的发展趋势 | 115 | 动力蓄电池损伤级别 | 186 |
| 新三包法规的变化 | 117 | 《新能源汽车保险事故动力蓄电池查勘检测评估指南》 | 187 |
| 汽车召回 | 126 | 新能源汽车自燃的处理方法和理赔注意事项 | 189 |
| 召回案例 | 128 | 数字化管理的意义 | 191 |
| 废旧动力蓄电池的存储管理 | 140 | 红旗品牌数字化管理 | 216 |
| 废旧动力蓄电池的包装 | 142 | 一汽红旗数字化工厂AGV的应用 | 216 |
| 零件索赔案例分析 | 147 | | |

# 目　录
Contents

前　言  
二维码索引

## 项目一　走近新能源汽车售后服务 … 001
　　任务一　认识新能源汽车后市场 … 001  
　　任务二　认识新能源汽车售后服务 … 011  
　　【项目拓展】新能源汽车发展趋势 … 016

## 项目二　走进新能源汽车售后服务企业 … 017
　　任务一　走进特约经销商 … 017  
　　任务二　走进造车新势力的售后服务企业 … 020  
　　任务三　走进O2O模式工场店 … 025  
　　任务四　认识新能源汽车售后服务企业组织机构及岗位设置 … 030  
　　【项目拓展】红旗品牌体验中心 … 040

## 项目三　接待新能源汽车客户 … 041
　　任务一　学习服务接待礼仪 … 041  
　　任务二　执行新能源汽车售后服务流程 … 048  
　　【项目拓展】电动乘用车售后服务规范 … 064

## 项目四　管理新能源汽车维修车间 … 065
　　任务一　安全管理新能源汽车维修车间 … 065  
　　任务二　管理新能源汽车维修技术 … 078  
　　任务三　控制新能源汽车维修质量 … 092  
　　【项目拓展】新能源事故车救援流程 … 098

## 项目五　管理新能源汽车备件 … 099
　　任务一　订购新能源汽车备件 … 099  
　　任务二　管理新能源汽车备件库房 … 107  
　　【项目拓展】汽车零部件的发展趋势 … 115

## 项目六　新能源汽车质量担保管理　… 116
　　任务一　新能源汽车质量担保规定　… 116
　　任务二　执行新能源汽车的质量担保政策　… 126
　　任务三　管理新能源汽车质量担保旧件　… 138
　　**【项目拓展】** 索赔案例分析　… 147

## 项目七　管理新能源汽车客户关系　… 148
　　任务一　维系客户关系　… 148
　　任务二　管理客户满意度　… 157
　　任务三　处理客户投诉　… 166
　　**【项目拓展】** 一次修复率（FFV）的提升　… 169

## 项目八　新能源汽车保险　… 170
　　任务一　新能源汽车保险概述　… 170
　　任务二　了解新能源汽车保险的种类　… 175
　　任务三　新能源事故车辆维修管理　… 182
　　**【项目拓展】** 新能源汽车自燃的处理方法和理赔注意事项　… 189

## 项目九　新能源汽车售后服务企业的数字化管理　… 190
　　任务一　数字化管理概述　… 190
　　任务二　特约经销商售后服务数字化管理　… 195
　　任务三　造车新势力售后服务企业数字化管理　… 204
　　任务四　O2O模式工场店数字化管理　… 211
　　**【项目拓展】** 红旗品牌数字化管理　… 216

## 参考文献　… 217

# 项目一

# 走近新能源汽车售后服务

## 任务一　认识新能源汽车后市场

### 任务导入

张明是某高职院校新能源汽车检测与维修技术专业的学生,毕业后想要从事与新能源汽车售后服务相关的工作。他在学校学习了新能源汽车专业知识,但对新能源汽车后市场领域知之甚少。下面我们和张明一起了解新能源汽车后市场。

### 任务目标

**知识目标**

1. 了解我国新能源汽车的发展历程。
2. 了解近5年我国新能源汽车的产销量。
3. 掌握新能源汽车后市场现状。
4. 了解新能源汽车后市场规模。

**技能目标**

1. 能搜集整理新能源汽车产销量、新能源汽车保有量及后市场规模的数据。
2. 能根据新能源汽车产销量分析新能源汽车产销量增长或下降的原因。
3. 能分析新能源汽车售后服务现状。

**素质目标**

1. 开阔对新能源汽车后市场的视野。
2. 增强品牌自信、民族自信。

### 知识引入

#### 一、我国新能源汽车发展历程

党的二十大报告指出:"推动经济社会发展绿色化、低碳化是实现高质量发展的关键环节。"党的二十大报告已经明确将高质量发展作为全面建设社会主义现代化国家的首要任务。新能源汽车产业，完全符合党的二十大报告中高质量发展的各项要求。

新能源汽车产业既是绿色化、低碳化产业，又是汽车产业高质量发展的战略选择。我国从 2000 年左右就开始发展新能源汽车产业，其发展大致可以分为 5 个阶段，如图 1-1 所示。经过 20 多年的发展，我国新能源汽车产销规模实现了跨越式增长。2023 年，我国新能源汽车销量达到 949.5 万辆，市场渗透率达到 31.6%。自 2015 年起，我国新能源汽车产销量连续 9 年位居世界第一。其中，私人消费占比接近 80%，行业发展态势良好。

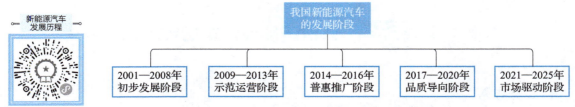

图 1-1　我国新能源汽车的发展阶段

### （一）初步发展阶段（2001—2008 年）

#### 1. 制定新能源汽车发展目标、政策框架

我国在 2000 年将电动汽车列入"863"计划 12 个重大专项之一。2001 年，我国在"863"项目上共投入 20 亿元的研发经费，形成了"三纵"（纯电动、油电混合动力、燃料电池三条技术路线）"三横"（动力蓄电池、驱动电机、动力总成控制系统三种共性技术）的电动汽车开发布局。

#### 2. 初步发展阶段完成事项

从我国新能源汽车发展现状来看，发展新能源汽车是我国汽车工业崛起的机遇。初步发展阶段主要完成事项见表 1-1。

表 1-1　初步发展阶段主要完成事项

| 时间 | 完成事项 |
| --- | --- |
| 2004 年 | 国家发展和改革委员会发布《汽车产业发展政策》，要突出发展节能环保和可持续发展的汽车技术 |
| 2005 年 | 政府出台优化汽车产业结构，促进发展清洁汽车和电动汽车政策。明确了 2010 年电动汽车保有量占汽车保有量的 5%~10%，2030 年电动汽车保有量占汽车保有量 50% 以上的发展目标，确定了 6 个电动汽车示范运营城市 |
| 2007 年 | 发布了《新能源汽车生产准入管理规则》和《产业结构调整指导目录（2007 年本）》（征求意见稿） |

### （二）示范运营阶段（2009—2013 年）

在这一阶段，国家对新能源汽车政策支持力度显著加大，新能源汽车开始大规模试运行，并对购买新能源汽车的车主实行了消费补贴。在示范运营阶段，主要完成事项见表 1-2。

表1-2 示范运营阶段主要完成事项

| 时间 | 完成事项 |
|---|---|
| 2009—2011年 | 发布节能与新能源汽车示范推广试点、制定新能源汽车财政补助等暂行办法，对使用者免征车船税，对购买者给予一次性补贴<br>出台《汽车产业调整和振兴规划》，发布《国民经济和社会发展第十二个五年规划纲要》《新能源汽车生产企业及产品准入管理规则》等。《汽车产业调整和振兴规划》中提出：到2011年，形成50万辆产能，新能源汽车销量占乘用车销售总量的5%左右；到2015年，在30个以上的城市示范推广、5个以上城市进行试点应用，电动汽车保有量达100万辆，产值预期超过1000亿元 |
| 2012—2013年 | 通过《节能与新能源汽车产业发展规划（2012—2020年）》；争取到2015年纯电动汽车和插电式混合动力汽车累计产销量达到50万辆，到2020年累计产销量达到500万辆<br>发布《关于扩大混合动力城市公交客车示范推广范围有关工作的通知》，2013年发布《关于继续开展新能源汽车推广应用工作的通知》<br>确定新能源汽车推广应用城市名单。第一批推广应用城市28个，第二批推广应用城市12个 |

## （三）普惠推广阶段（2014—2016年）

这一阶段国家大力支持新能源汽车行业发展，在普惠式的补贴刺激下，大量企业进军新能源汽车行业，产销规模成倍数增长。在普惠推广阶段，主要完成事项见表1-3。

表1-3 普惠推广阶段主要完成事项

| 时间 | 完成事项 |
|---|---|
| 2014—2015年 | 规定自2014年9月至2017年年底，免征新能源汽车车辆购置税及车船税<br>制定了《政府机关及公共机构购买新能源汽车实施方案》<br>发布《中国制造2025》和《关于加强城市电动汽车充电设施规划建设工作的通知》，规定2015—2019年对新能源公交车运营进行补助；自2016年起，新建停车场、住宅配建充电设施并简化个人安装手续 |
| 2016年 | 发布《关于"十三五"新能源汽车充电基础设施奖励政策及加强新能源汽车推广应用的通知》，对充电基础设施建设、运营给予奖励补贴<br>《"十三五"国家战略性新兴产业发展规划》提出：到2020年，我国新能源汽车实现年产销200万辆以上，累计产销超过500万辆<br>发布《关于调整新能源汽车推广应用财政补贴政策的通知》 |

## （四）品质导向阶段（2017—2020年）

这一阶段国家对新能源汽车行业的管理思路从前期规模推动的普惠补贴政策转变为提升产品品质、加强行业规范的政策组合，并发布了双积分政策等长效制度，以发挥市场在新能源汽车发展中的重要作用。在品质导向阶段，主要完成事项见表1-4。

表1-4 品质导向阶段主要完成事项

| 时间 | 完成事项 |
|---|---|
| 2017年 | 发布《新能源汽车生产企业及产品准入管理规定》；《汽车产业中长期发展规划》提出到2025年，新能源汽车销量占汽车总销量的20%以上，动力蓄电池系统的比能量达到350W·h/kg<br>发布《乘用车企业平均燃料消耗量与新能源汽车积分并行管理办法》<br>规定2018—2020年，免征新能源汽车购置税 |

(续)

| 时间 | 完成事项 |
| --- | --- |
| 2018—2019 年 | 发布《关于调整完善新能源汽车推广应用财政补贴政策的通知》，对运营类车辆考核里程从 3 万 km 调整为 2 万 km<br>发布《关于节能新能源车船享受车船税优惠政策的通知》；发布《关于支持新能源公交车推广应用的通知》<br>发布《汽车产业投资管理规定》，插电式混合动力扩产条件更宽松，新建新能源汽车企业投资受条件限制 |
| 2020 年 | 发布《关于新能源汽车免征车辆购置税有关政策的公告》及有关调整完善补贴政策的通知，2021—2022 年免征新能源汽车购置税<br>修改《乘用车企业平均燃料消耗量与新能源汽车积分并行管理办法》<br>发布《新能源汽车产业发展规划（2021—2035 年）》，提出到 2035 年我国新能源汽车核心技术要达到国际先进水平，质量品牌要具备较强的国际竞争力<br>发布了《关于进一步完善新能源汽车推广应用财政补贴政策的通知》。2021 年新能源汽车购置补贴在 2020 年的基础上退坡 20%；为加快公共交通等领域汽车电动化，符合要求的新能源汽车补贴标准退坡 10%。地方可继续对新能源公交车给予购置补贴 |

### （五）市场驱动阶段（2021—2025 年）

为了促进新能源汽车消费，国家将新能源汽车补贴政策延长至 2023 年年底，并提前明确 2021 年、2022 年新能源汽车购置补贴退坡幅度，稳定市场预期。在市场驱动阶段，主要完成事项见表 1-5。

表 1-5　市场驱动阶段主要完成事项

| 时间 | 完成事项 |
| --- | --- |
| 2021 年 | 发布《关于组织开展新能源汽车换电模式应用试点工作的通知》。启动新能源汽车换电模式综合应用类城市 8 个，重型货车特色类城市 3 个<br>发布《关于 2022 年新能源汽车推广应用财政补贴政策的通知》，2022 年新能源汽车补贴标准在 2021 年的基础上退坡 30%；公务领域符合要求的车辆，补贴标准在 2021 年基础上退坡 20%。2022 年 12 月 31 日之后上牌的车辆不再给予补贴 |
| 2022—2023 年 | 发布《关于进一步提升电动汽车充电基础设施服务保障能力的实施意见》<br>发布《关于开展 2023 年新能源汽车下乡活动的通知》<br>发布《关于延续和优化新能源汽车车辆购置税减免政策的公告》 |

随着市场上新能源车型的增加，消费者选择的余地增大，诸多产品颇具吸引力，使新能源汽车产销规模快速增长。相对地，新能源汽车补贴政策作用弱化，新能源汽车行业发展开始全面转向以市场驱动为主。

## 二、新能源汽车产销量分析

从 2014 年开始，我国新能源汽车行业进入高速发展阶段。在这一年，免征车辆购置税、开放电动汽车生产资质、中央给予充电基础设施专项财政补贴等政策的先后出台，成为新能源汽车进一步发展的关键。政策的持续出台刺激了新能源汽车市场，也让国内自主汽车品牌抓住了发展机遇。在传统车企瞄准新能源汽车市场的同时，行业的快速发展也给很多新兴企业带来了机会，多家车企成为我国新能源汽车市场的关键力量。

通过多年来对新能源汽车整个产业链的培育，其生产、销售、服务等各个环节逐步成熟，新能源汽车越来越受到消费者的认可。2018—2023年我国新能源汽车产销量及增长率如图1-2所示。2023年，我国新能源汽车产销量分别完成958.7万辆和949.5万辆，同比分别增长35.8%和37.9%。

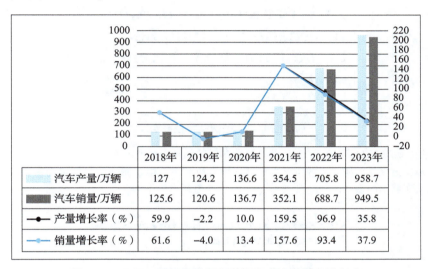

图1-2　2018—2023年我国新能源汽车产销量及增长率

随着我国新能源汽车的快速发展，在智能网联和新能源"双轮驱动"下，中国新能源车企走在了产业发展的最前端，成为我国乃至世界新能源汽车发展的主力军。传统车企快速转型新能源汽车，造车新势力品牌影响力不断提升，带来了新产品、新技术、新模式、新理念，同时也带动了新能源汽车产业链的整体发展。

在2012—2022的十年间，中国汽车"走出去"的优势愈加明显。数据显示：2021年，中国新能源汽车出口排名前5位的国家依次是比利时、孟加拉国、英国、印度、泰国；中国汽车对欧洲的出口是增长最快的，增速达到了204%，对北美洲的出口增速也超过了100%。2021年全球十大畅销车型中，中国品牌占据六席，为全球新能源汽车发展注入了强劲动力。2023年我国汽车出口量全球第一，其中新能源汽车出口120.3万辆，占比24.5%。

2023年，新能源汽车产销量持续呈现高速增长，行业转型升级的成效得到进一步巩固。当前，汽车行业经济运行中还有一些困难和制约，如芯片短缺问题依然存在、动力蓄电池原材料价格总体仍居于高位，今后行业稳增长、稳运行的任务仍然十分艰巨。

**课堂讨论**

通过阅读资料及各新闻媒体的资讯，谈谈你对中国新能源汽车的认识。

## 素养园地

### 中国新能源汽车领跑世界

2022年巴黎国际车展于10月17日开幕,新能源汽车成为本届车展的绝对主角,参展的中国电动汽车尤其引人瞩目。

路透社2022年10月17日报道(图1-3),这场在巴黎举行的车展难以见到法国自己制造的电动汽车,而中国汽车品牌却占据强势。

图1-3  路透社报道截图

《福布斯》杂志2022年10月17日以"巴黎车展的国际参展商缩水,但中国表现抢眼"(图1-4)为题报道,与新冠疫情前相比,本届巴黎车展规模有所缩小,中国品牌成了展览的主角。报道注意到了中国电动汽车展出的多功能运动型汽车(SUV)、中型轿车等车型。

图1-4  福布斯报道截图

法国媒体Viralpro在2022年10月17日的报道中同样指出,在当天开幕的巴黎车展上,中国电动汽车品牌"占据了最重要的位置",而且这并非巧合:中国在这些低污染汽车上投入的资金远远超过其他任何国家。

德国《经济周刊》在2022年10月5日的报道中写道,超过15个中国汽车品牌已准备好征服欧洲市场。文章援引担任大众汽车集团(中国)首席执行官(CEO)多年的冯思翰的话——在现代汽车的一些关键技术领域,中国的追赶正在变成超越。

### 启示

发展新能源汽车产业符合党的二十大报告中发展绿色低碳产业,倡导绿色消费,推动形成绿色低碳的生产方式和生活方式的发展理念,也是推进美丽中国建设的必经之路。中国已经成为全球最大并且最有活力的新能源汽车市场。随着我国经济实力和研发能力的增强,对比传统汽车,我国在新能源汽车制造方面的优势越来越明显。新能源汽车是我国从汽车大国向汽车强国转变的重要机遇,在这条机遇之路上,我国走出了重要一步。

党的二十大报告强调,加快推动产业结构、能源结构、交通运输结构等调整优化;加快节能降碳先进技术研发和推广应用,倡导绿色消费,推动形成绿色低碳的生产方式和生活方式。为了实现这一目标,我们还需要在新能源汽车的科研、制造、售后服务等领域弘扬"工匠精神",用"大国工匠"的先进事迹鞭策自己,学好、做好、传承好"工匠精神"。

## 三、新能源汽车后市场现状

新能源汽车后市场规模与新能源汽车保有量及车龄紧密相关。新能源汽车保有量越大、车龄越长,新能源汽车后市场的需求量就越大。2022年6月底,中国新能源汽车保有量已经达到1000万辆;截止到2022年12月底,新能源汽车保有量更是快速攀升到1300万辆;截至2023年年底,我国新能源汽车保有量达2041万辆。2018—2023年我国新能源汽车保有量如图1-5所示。预计在未来5年左右时间,新能源汽车年销售量每年将以超过30%的复合增长率高速增长。

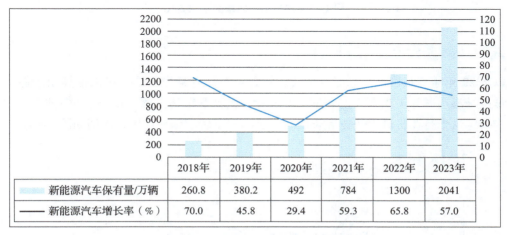

图1-5 2018—2023年我国新能源汽车保有量

自2018年以来,我国新能源汽车销售市场渗透率逐年上升,2018—2023年我国新能源汽车销售市场渗透率如图1-6所示。2023年,我国新能源汽车销售市场渗透率达到了31.6%。

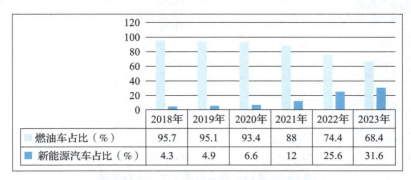

图1-6 2018—2023年我国新能源汽车销售市场渗透率

汽车后市场涵盖了消费者购车后需要的一切服务,主要包括汽车金融、维修(维护保养和修理)、二手车交易、汽车保险、汽车用品等。由图1-7所示汽车后市场的细分市场占比可见,汽车金融市场占比29%,是汽车后市场最大的细分市场;维修保养市场占比20%,是汽车后市场第二大的细分市场。随着新能源汽车保有量及车龄的增加,新能源汽车维修保养市场规模会越来越大,产值也会越来越高。

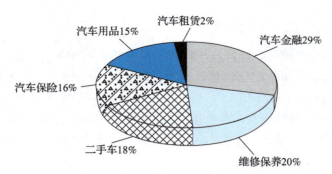

图1-7 汽车后市场细分市场占比

## 四、新能源汽车后市场规模

以2022年年底我国汽车总保有量及新能源汽车保有量为依据，可以推算出新能源汽车保有量市场渗透率为4.07%。当代表一个新行业的产品市场渗透率在3%~5%的区间时，可以初步判定这个行业将进入快速成长期。新能源汽车后市场行业生命周期如图1-8所示。

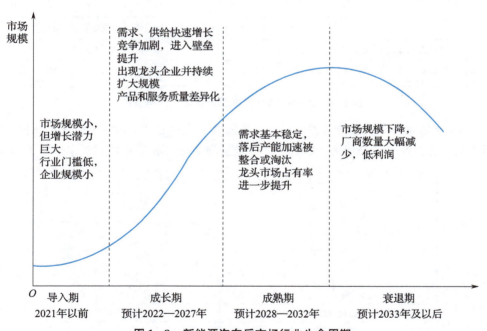

图1-8 新能源汽车后市场行业生命周期

新能源汽车产销量的稳定和庞大的汽车保有量以及车龄的增加，给新能源汽车后市场的产品和服务带来了巨大的市场机会。2019年，新能源汽车后市场行业规模已经达到了762亿元，到2022年底，我国新能源汽车后市场行业规模约为2600亿元。随着车龄增加，消费者养车意识不断提升，推动着汽车后市场规模继续高速增长。2019—2022年我国新能源汽车后市场行业规模如图1-9所示。

项目一　走近新能源汽车售后服务

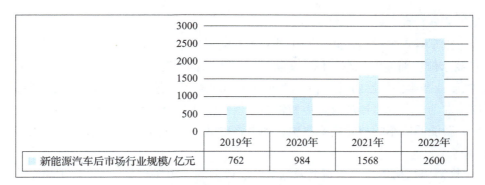

图1-9　2019—2022年我国新能源汽车后市场规模

1. 新能源汽车维修规模

随着新能源汽车产销量的快速增长，新能源汽车维修的需求越来越强烈。越来越多的传统汽车售后服务企业涌入新能源汽车后市场服务领域。天眼查数据显示，截至2023年7月，全国现存新能源汽车维修相关企业16.8万余家，其中，2023年上半年新增注册企业2万余家，同比上涨33.5%。新能源汽车的发展趋势被看好，由此决定了新能源汽车售后维修行业的发展会在很长一段时间内呈现良好态势，同时新能源汽车售后服务也将迎接各类挑战。新能源汽车与传统燃油汽车相比，搭载的电机、动力蓄电池、电控系统（行业将其简称为三电）等，由于其产品的特殊性，对售后服务来说，需要保养维修的产品与之前完全不同，维修方式以及维修技术都发生了改变。

新能源汽车保有量的提升将激发大量的维修需求。如图1-10所示，2022年新能源汽车的年均维修费用约1210元，不足传统燃油汽车年均维修费用的一半。新能源汽车的年均维修费用随着车价增加而缓慢增长。对比传统燃油汽车，同车价区间的维修费用差异不断拉大。以30万元以上的车辆为例，传统燃油汽车的年均维修费用高出新能源汽车约3345元。

由于新能源汽车的维修需求低于传统燃油汽车，假设新能源汽车的维修频率为1次/年或2次/年，可推测2025年我国2000万辆新能源汽车保有量将催生274.6亿~549.2亿元的维修产值规模。依此推算，2030年新能源汽车维修产值将有望突破1000亿元。

图1-10　2022年新能源汽车与传统燃油汽车维修费用对比（不含轮胎、美容、钣金喷漆、洗车）

### 2. 新能源汽车维修规模变化的原因

新能源汽车需求侧和供给侧的变化带来了新能源汽车维修规模的变化。

（1）**需求侧：新能源汽车维修业务类型及需求结构的变化**

1）维修业务类型的独特性：传统燃油汽车的故障主要集中在发动机、变速器、燃油系统等部位，发动机和变速器的故障类型较多。但由于新能源汽车动力结构方面与传统燃油汽车有差异，新能源汽车的故障主要集中在动力蓄电池、驱动电机与电控系统、车载智能中控屏方面。

2）维修需求结构的变化：新能源汽车维修业务的工单结构如图 1-11 所示，从图中可看出，新能源汽车相对传统燃油汽车而言具有维修频率低的特点，而新能源汽车在洗车、美容、轮胎、钣金喷漆业务的工单比例较高。

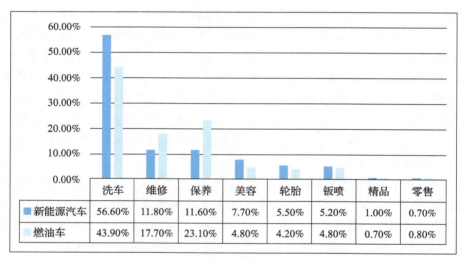

图 1-11　新能源汽车维修业务的工单结构

（2）**供给侧：新能源汽车延长质保期 + 售后服务体系的变化**

1）延长整车、电池质保期：无论是外资、合资还是国有企业，当前大部分新能源汽车整车的质保期为 3~5 年，电池组质保服务年限相对长一些，基本为 8 年或 12 万~15 万 km。延长质保期不仅是新能源汽车企业对消费者的一项承诺，也对整个新能源汽车行业起到了推动作用。

2）全方位用车服务体系的变化：围绕车主的用车环节，造车新势力针对用户的充电、维修需求构建包含"数字化诊断预警技术、便捷充换电方案、无忧维修方案"的售后服务体系；传统汽车企业多依托于现有 4S 店，积极优化自身服务质量。

由于新能源汽车的故障率明显比传统燃油汽车要低，且新能源汽车的检修大多依赖于智能检测维修设备，因此，传统燃油汽车维修尽快向新能源汽车维修转型升级，已经成为整个汽车维修行业经营者的共识和迫切需求。

## 任务二　认识新能源汽车售后服务

### 任务导入

张明了解了新能源汽车产销量和后市场规模后,他非常看好新能源汽车后市场的就业形势。张明希望通过学习加深对新能源汽车售后服务的了解,防止就业时盲目选择。

### 任务目标

**知识目标**

1. 掌握新能源汽车售后服务的概念和作用。
2. 了解新能源汽车售后服务的初期特征。
3. 掌握新能源汽车售后服务的痛点。
4. 了解新能源汽车售后服务的发展趋势。

**技能目标**

1. 能描述新能源汽车售后服务的概念和作用。
2. 能描述新能源汽车售后服务的初期特征。
3. 能分析汽车售后服务痛点产生的原因。
4. 能描述汽车售后服务的发展趋势。

**素质目标**

1. 树立服务意识。
2. 养成多角度、全方位的综合分析能力。
3. 提升职业幸福指数。

### 知识引入

#### 一、新能源汽车售后服务的概念

从 2018 年开始,我国新能源汽车产销量达到百万辆,2023 年产销量接近 1000 万辆。随着新能源汽车产销量的迅猛增长,新能源汽车售后服务对新能源汽车企业的重要性也日益凸显。新能源汽车对很多车主来说还是新事物,里程焦虑、安全焦虑、售后服务焦虑是很多车主处于购买新能源汽车边缘的原因。如果新能源汽车企业再没有一套成熟的、优秀的售后服务体系,想要实现销量持续稳定的增长是不可能的。在车主后续用车过程中,售后服务质量才是车主最关心的,也是决定汽车企业口碑的关键因素。因此,新能源汽车企业及售后服务企业发展是否可持续,新能源汽车售后服务至关重要。

**新能源汽车售后服务就是汽车企业将它生产的新能源汽车作为商品销售出去后，为了保证汽车能够正常使用而为用户提供的一切服务。** 新能源汽车售后服务，是现代汽车维修企业服务的重要组成部分，很多传统汽车售后服务企业都在向新能源汽车服务转化。做好新能源汽车售后服务，不仅关系到新能源汽车企业产品的质量、信誉，更关系到用户的满意度和忠诚度。

  新能源汽车售后服务是售后服务企业发展的基石。对于年销过百万量的汽车企业来说，想要在销量上实现快速突破已经难上加难，因此，只能借助智能化的营销手段，将极具开发潜力的售后服务体系横向做大做强。在为销量打好基础的同时，寻找更多与用户的触点和新的盈利增长点。对于年销几十万辆的汽车企业，想要销量增长，单纯依赖营销就会出现很多不确定因素，只有"营销+强大的售后服务"才有可能实现销量的增长。而对于销量更少的新势力汽车企业，售后服务则直接关乎企业的生死存亡。

## 二、认识新能源汽车售后服务的作用

  车主买车就是作为代步工具，所以各个汽车企业必须要确保汽车能正常使用。通过总结，我们不难发现，汽车企业为车主提供售后服务的目的主要如下。

### （一）确保汽车性能的正常发挥

  车主在使用汽车的过程中，难免会出现一些问题，这些问题可能是因为操作失误、发生交通事故、汽车零部件到了生命周期等多种原因产生的，这些都决定了汽车企业要为用户提供售后服务工作，保证车辆能发挥正常的使用功能。

### （二）维护老用户和发展新用户

  只有汽车企业为用户提供了优质的、全方位的售后服务，让用户满意，才能维护住老用户，借助老用户的信任，帮助汽车企业发展新用户。

### （三）收集市场和用户的信息

  汽车企业通过授权的售后服务企业为用户提供售后服务的过程，可以收集到关于车辆的各种信息，包括质量担保期内的零件或者整车质量问题、某些故障的维修频次等。汽车企业通过收集到的信息，对生产工艺、工艺设计、物流管理等多方面进行改进，可以实施召回、索赔等措施，提高用户满意度及产品质量。

## 三、认识新能源汽车售后服务的初期特征

  为了方便消费者，传统汽车企业以特约经销商为主的售后服务网络比较成熟，分布广泛，能为购买新能源汽车的车主提供全系列的服务；新势力汽车企业起步晚而且销量迅速增长，导致其售后服务配套还不是很完善，但在现有的服务体系内，新势力汽车企业的售后服务类型多样而且分工细致。新能源汽车售后服务业经过十几年的发展，出现了与传统燃油汽车不同的特征，主要表现在以下几大方面。

### （一）整车厂商销服分离

以造车新势力如蔚来、小鹏、理想（行业将其简称为蔚小理）等厂商为例，这些新势力汽车企业普遍将新车销售门店开设在线下人流密集的场所，如大型商场超市、高铁站、飞机场等，并且都采用数字化管理手段建立了体验良好的线上直营官网，而将售后服务采用直营或授权给第三方的"销服分离"模式，与传统燃油汽车特约经销商的前店后厂（销服一体）模式完全不同。

造车新势力汽车企业大多数都采用线下直营体验店体验产品、线上App或官网下单的直营模式，包括传统汽车企业比亚迪现在也开始采用网站下单的直营模式。典型的新势力汽车企业如蔚小理等分别把自己的线下体验门店开设在一线城市的大型商场超市、商圈周边，如在北京，蔚小理汽车的线下体验中心设立在王府井、西单、国贸等世界级商圈。

造车新势力汽车企业的售后服务中心并不与传统的4S店业务布局一致。体验中心、交付中心与服务中心分离，这就会导致服务的滞后和不积极。前期的体验、交付完成了，车辆转到了服务中心，与传统4S店不同的是，有的新势力汽车企业并没有完全形成自身的成熟服务体系，导致出现了问题用户只能联系汽车企业，等待汽车企业指定维修方式和地点，这样就会降低工作效率和客户体验感。

### （二）授权维修企业以检测为主、维修为辅

因为受限于技术水平、配件储备、维修设备不全等因素，新能源汽车企业授权的维修企业，尤其是三电维修授权企业，基本处于以检测为主、返回制造厂维修为辅的初级维修阶段。

## 四、新能源汽车售后服务的痛点

### （一）新能源汽车服务中心少，远不能满足客户需要

传统汽车售后服务体系完备，传统汽车企业的新能源汽车维修经销商数量众多，相对而言，造车新势力的服务中心数量少，普遍分布在一线城市，每个服务中心需要覆盖的面积较大。目前，新能源汽车用户到最近的售后服务中心的时间约为50min，同时60%以上的电动汽车用户认为提高售后服务中心的分布率是新能源汽车企业当下最需要改进的地方。

三电厂商的授权检测维修大多集中在一二线城市，三线及以下城市新能源汽车保有量持续增多，原有的燃油汽车维修企业普遍有转型为新能源汽车维修企业的意愿，但限于新能源汽车维修技术、维修技师及维修订单数量的约束，转型为新能源汽车维修企业还需要汽车企业授权以及提高维修技师的技术实力。

### （二）新能源汽车维修技师不能满足需要

新能源汽车维修技师需要持有电工证、企业认证的高压电技师证等认证证书，而且需要掌握新能源汽车构造、智能网联等知识，并同时熟悉仪器使用、电工理论、低压电/高压电等操作。目前，新能源汽车维修技师多由电池或整车企业自主培训，且电池或整车企业不愿下放维修权限和共享维修知识，致使目前新能源汽车维修技师人才缺口较大。从用户反馈来看，有过维修经历的用户比没有维修经历的用户更迫切地需要售后服务网点提高维修技师的

专业水平。

高智能化的汽车、知识型的客户群、激烈的市场竞争迫切需要有新能源汽车专业知识及维修技能的技术人才,因此,**党的二十大报告强调"深入实施人才强国战略,培养造就大批德才兼备的高素质人才,是国家和民族长远发展大计"**,没有这样的人才基础,新能源汽车售后服务企业就无法长远发展。

### (三)新能源汽车维修设备要求高

新能源汽车维修设备要求较高,且必须配合规范的维修场地。其中,维修设备具有绝缘化、专用化和电气化三大特征,维修场地需要满足干燥、绝缘、除尘、通风等条件。新能源汽车维修设备和场地要求如图 1-12 所示。

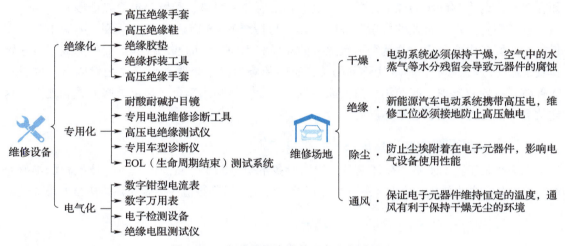

图 1-12 新能源汽车维修设备和场地要求

## 五、展望新能源汽车售后服务的发展趋势

2020 年以来,我国新能源汽车的销量及市场渗透率大幅提升,从 2021 年下半年开始,其市场渗透率每月都超过了 15%,当渗透率达到 12% 以后,消费者的自主选择行为就会成为市场最主要的驱动力。

随着新能源汽车产销量的增加、客户群体数量的增加、客户服务需求越来越强烈,新能源汽车后市场的发展会越来越完善,各项规章制度及法律法规会越来越健全,这就促使新能源汽车售后服务向以下几个方面发展。

### (一)新能源汽车售后服务品牌化

随着汽车售后服务管理体系的健全,国家对汽车后市场的监管力度不断提升,车主对产品的认知也不断提升,4S 店的售后服务价格不断降低,再加上大型保险公司对保险理赔的严格控制,以及互联网汽车服务企业的疯狂跨界,使得新能源汽车维修企业逐渐向品牌化发展。有的小型维修企业加盟途虎养车、华胜连锁品牌等,成为某些造车新势力品牌的授权维修中心;还有的钣金喷漆维修企业申请成为造车新势力品牌的授权钣金喷漆中心。

汽车售后服务不仅仅是维修，它更大的价值是服务。从服务业的角度来讲，如果企业没有独特的品牌设计，店面布局装饰凌乱不堪，没有强势的品牌支撑，没有强大的技术指导，没有持久的资源配置，就会慢慢地失去竞争的能力，所以新能源汽车售后服务品牌化经营是必然趋势。

汽车售后服务逐渐趋向于品牌化经营，这里的品牌化不一定都是4S店，也可以是新势力汽车企业的服务中心，如蔚来服务中心等形式的品牌直营店；还可以是如途虎养车、天猫养车、京东养车等形式的连锁店。

### （二）新能源汽车售后服务高科技化

随着汽车电子技术的快速发展以及新能源汽车的普及，汽车高新技术正在得到广泛的应用。随着汽车电子化技术、信息化技术、智能化技术等在汽车领域的应用，对售后服务人员的维修技术能力、接待能力都提出了更高要求，促使新能源汽车售后服务逐渐高科技化。

汽车检测诊断技术经历了经验诊断、科学诊断，现在已经进入智能化诊断时代。"接触恐慌"激发了汽车售后服务市场对"远程诊断"等非接触技术的需求。未来由智能化机器或者设备部分代替人工进行保养操作或成趋势。居家办公、远程办公以及共享员工的概念，未来可能也会给新能源汽车售后服务团队的工作模式带来技术性变革。

### （三）新能源汽车售后服务渠道扁平化、信息化

随着客户消费理念的变化、大环境经济形势的影响，越来越多的新能源汽车售后服务企业倾向轻资产化运营，这就要求其售后服务渠道的选择与传统4S店售后服务有较大的差异，扁平化应该成为未来新能源汽车售后服务的基本原则。

所谓扁平化是指渠道的层级尽量要少，减少汽车企业与用户的中间环节，降低服务营销成本，通过最短的路径完成对终端客户的服务。互联网的开放性使广大客户可以全天进行网上订购各种服务，维修保养、配件供应等功能使用户享受到足不出户的信息化服务。

#### 1. 售后服务需求发生变化

新能源汽车售后服务需求发生变化，三电维护是未来新能源汽车售后价值的重要支撑。电动汽车的三电系统也有维修需求，包括电池检测与电压均衡、电机检查与维护，以及涉及电池拆包的复杂维修。从新能源汽车维修角度考虑，从配件包含服务的收入构成统计，一辆纯电动汽车比传统燃油汽车的售后产值下降了36%。

某造车新势力品牌体验中心、服务中心、钣金喷漆中心数量见表1-6。服务中心由于三电的技术产权问题，100%采取直营模式，但是钣金业务主要采取合作授权的方式。

表1-6 某造车新势力品牌售后服务企业数量

| 模式 | 数量 | 直营数量 | 授权数量 |
| --- | --- | --- | --- |
| 体验中心 | 219 | 219 | 0 |
| 服务中心 | 126 | 126 | 0 |
| 钣金喷漆中心 | 143 | 13 | 130 |

### 2. 渠道模式发生变化

新能源汽车企业在新能源汽车售后服务市场会起到主导作用，而且在新能源汽车市场渗透率提高之后，独立的售后服务企业也有更多机会参与进来。

当新能源汽车需要三电维修时，质保期内维修频次就会较高，但产值较低。复杂维修及事故维修往往会带来更高产值，所以估计新能源汽车电池复杂维修的产值占比会达到70%。

对于质保期外的维修，车主可以选择授权渠道，授权渠道往往是接纳三电维修最重要的渠道，而授权渠道得到的后端的支持非常重要。我国新能源汽车售后服务渠道未来会比较分散，从4S店、直营服务中心到O2O（线上到线下）模式，也包括电池的原始厂商等都会切入售后服务领域，例如，宁德时代也在进行三电领域维修市场的渗透。

在新能源汽车售后服务渠道与模式上，新势力汽车企业倾向自营与授权网络的模式。基于对自身销量的乐观预测，以及对消费者体验的高要求，高端新势力汽车企业自营模式占比最高，其他新势力汽车企业仍以授权渠道为主拓展市场。

### ◀ 项目拓展

**新能源汽车发展趋势**

在汽车电动化和智能网联化的趋势中，汽车与人的关系被重新定义，汽车从传统的"出行工具"化身为"智能化空间"，为汽车行业未来的发展创造出充满想象的空间。展望未来，我国新能源汽车产业将更具产业活力、更有竞争力、更有力地支撑我国"双碳"（碳达峰、碳中和）目标的实现。请扫二维码学习我国新能源汽车产业发展趋势。

新能源汽车发展趋势

# 项目二 走进新能源汽车售后服务企业

## 任务一 走进特约经销商

### 任务导入

李女士购买了某传统汽车企业的新能源汽车，马上进入夏季了，想要做空调保养。可是李女士有些犹豫不决，是去 4S 店保养，还是去其他售后服务企业保养呢？去 4S 店保养，质量有保障，但是花费有点高；去其他售后服务企业保养，经济实惠，但对维修质量还有点担心。你觉得哪种选择比较好呢？

### 任务目标

**知识目标**

1. 了解新能源汽车售后服务企业模式。
2. 掌握特约经销商的概念。
3. 了解特约经销商特点。
4. 了解汽车企业对特约经销商的支持。

**技能目标**

1. 能区分新能源汽车售后服务企业模式。
2. 能解释特约经销商的功能。
3. 能够分析不同品牌经销商的特点。

**素质目标**

1. 培养社会责任意识。
2. 建立合作共赢的商业道德意识。

### 知识引入

我国新能源汽车售后服务企业呈现多模式并存的格局，主要呈现出以下几种形态：

1）传统汽车企业新能源汽车板块业务服务仍在自己的 4S 店服务体系内完成，如红旗、一汽－大众、上海大众、吉利、长安、比亚迪等。

2）以造车新势力为代表的新能源汽车企业布局新能源汽车售后维修服务，如蔚来、小鹏、理想、特斯拉等品牌成立品牌直营体验中心、交付中心、直营或授权的钣金喷漆维修中心、服务中心、三电维修中心等，为车主提供完善的售前、售后服务。

3）知名汽车维修连锁平台得到某些新能源汽车企业的授权，进行新能源汽车售后维修服务，如途虎工场店、天猫养车、华胜连锁维修店等。

## 一、特约经销商

### （一）特约经销商的概念

特约经销商是汽车生产企业授权在指定区域内从事合同产品的销售、服务等经营活动的法人实体，是集**整车销售**（Sale）、**售后服务**（Service）、**零配件供应**（Sparepart）、**信息反馈**（Survey）四位一体的现代化汽车修理企业，简称经销商，即我们常说的4S店。

#### 1. 整车销售

整车销售是向客户提供汽车生产企业的品牌新车，为客户介绍车型的性能、结构特点、性价比等优点，并向客户提供试乘试驾、汽车上牌、汽车信贷等服务，树立汽车生产企业的品牌效应。

#### 2. 售后服务

汽车售后服务是汽车流通领域的一个重要环节，也是一项非常繁杂的工程，它涵盖了汽车的质量担保、维修保养服务、汽车零配件供应、维修技术培训、技术咨询及指导等与产品和市场有关的一系列内容。汽车企业可以通过售后服务与客户建立良好关系，树立企业形象，扩大品牌影响力，培养客户的忠诚度。汽车售后服务主要包括：技术咨询、维修保养、故障救援、质量担保、服务质量跟踪、信息反馈、服务质量投诉及纠纷处理等业务。

#### 3. 零配件供应

零配件供应是为品牌车辆客户提供原厂零配件及质量担保，及时与车企备件部门反馈零配件的使用和质量信息。

#### 4. 信息反馈

定期回访客户，了解客户的心理及需求，倾听客户的意见，认真做好记录，建立客户档案，收集客户对产品的使用信息、质量信息并定期向汽车企业售后服务部门反馈。

### （二）特约经销商的特点

1）标准、系列化的建筑风格，统一、标准化的标识系统。
2）能提供汽车上牌、保险、售前、售中、售后一条龙服务。
3）能提供规范化的接待服务和专业化的维修服务。
4）有先进、实用的专用工具、仪器和设备。
5）全国统一的原厂备件价格和合理的工时收费。

### （三）特约经销商、整车企业与客户的关系

特约经销商与整车企业共同对负责区域合同产品的市场进行充分开拓，为提高产品的市

场份额和持续增长做出努力。特约经销商应维护汽车生产企业的产品信誉和声誉，树立整车企业的产品形象和服务形象，履行其协议中承担的责任。

特约经销商与整车企业是合作伙伴关系；特约经销商自主经营、自负盈亏，整车企业不参与特约经销商的经营管理；特约经销商必须按照整车企业的要求开展销售、服务业务；特约经销商应接受整车企业的监督指导，而整车企业应在业务方面给予特约经销商支持。特约经销商、整车企业与客户的关系如图2-1所示。

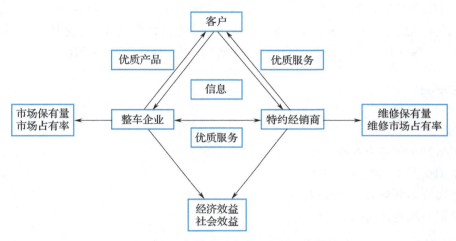

图2-1　特约经销商、整车企业与客户的关系

### （四）整车企业对特约经销商的支持

1）提供统一的建筑标准及统一的形象建设标准及标识标准。
2）免费提供技术培训、管理培训、索赔培训、备件培训。
3）提供技术资料、管理资料、疑难维修技术支持。
4）统一订购专用工具、仪器设备，指导通用工具订购。
5）提供售后服务联网软件及经销商内部管理软件。
6）提供原厂备件。
7）授权开展售前整备、首保及索赔业务。
8）免费提供产品宣传及服务宣传资料，指导特约经销商开展服务营销活动。

## 二、单一服务经销商

整车企业授权在指定区域内从事合同产品服务的法人实体或企业，是集售后服务、零配件供应、信息反馈于一体的现代化修理企业，没有整车销售职能，这种被称为单一服务经销商。丰田品牌称这样的经销商为TASS店，即单项维修服务。

单一服务经销商

新能源汽车售后服务管理

## 任务二　走进造车新势力的售后服务企业

### 任务导入

张明对传统汽车企业生产的新能源汽车售后服务企业——特约经销商有了一定的了解，但对现在销量迅猛增长的蔚来、理想等新能源汽车企业的销售及售后服务体系还不清晰，希望通过学习开阔视野，提升自己对新能源汽车售后服务领域内容的认知。

### 任务目标

**知识目标**
1. 了解造车新势力的概念和特点。
2. 掌握造车新势力的销售体系。
3. 掌握造车新势力的售后服务体系。
4. 掌握品牌直营店的服务模式。

**技能目标**
1. 能区分传统汽车企业、新势力汽车企业。
2. 能分析品牌直营店的特色。
3. 能描述典型造车新势力的售后服务体系。

**素质目标**
1. 锻炼观察分析能力。
2. 具备快速接受新事物的能力。

### 知识引入

#### 一、造车新势力售后服务的特点

新能源汽车产业的兴起及国家政策的大力扶持，促进了造车新势力的诞生和发展。2014年前后，造车新势力蔚来、小鹏、理想等品牌涌现出来。**造车新势力，泛指那些具有创新创业特征的跨界从事新能源乘用车生产的、依托互联网建立销售渠道的新兴汽车企业**。真正意义上的造车新势力不包括由传统汽车企业独立出来或是转型升级而来的新能源汽车生产企业，它必须要拥有全新的服务理念和服务体系。造车新势力与以前的国有独资、合资汽车厂商以及大型民营汽车企业坐拥原始资本积累的投产运作有本质的区别。

造车新势力

随着新能源汽车销量的不断增长，售后服务是不可忽视的重要课题。售后服务真正的精髓在于维修品质、服务效率和客户体验等。对于造车新势力而言，需要通过创建专属服务品牌，助力终端销售，还需要通过运营种子客户，助力售后服务，造车新势力售后服务具有以下特点。

### （一）基础服务逐步完善

造车新势力由于造车时间短，服务体系不健全，正处于逐步完善基础服务的过程中。蔚来、小鹏、理想汽车等造车新势力的优秀企业，提供的基础性服务相较于有着数十年甚至上百年历史的传统汽车企业而言基本无差别。其中，小鹏汽车还增加了违章查询服务，蔚来汽车增加了年检代办等增值服务，服务触点不局限于维修保养等单一的服务场景，这不仅为用户带来更加便捷的用车体验，还进一步完善了车辆全生命周期内的服务场景。

### （二）维修保养项目少

新能源汽车维修保养项目具有独特性，新能源汽车故障主要出现在动力蓄电池、驱动电机、电控系统、车载智能中控屏等部位。基础保养由于不需要像燃油汽车一样更换火花塞、机油、机滤等，因此新能源汽车日常保养费用比燃油汽车的保养费用低。

针对新能源汽车维修保养项目少的特点，为了增加用户黏性，各家造车新势力纷纷推出延长质保服务期政策。在个性化需求探索方面，部分企业还增加了"会员订购制度"，如基础的保养套餐、上门取送车里程数、智能流量包等，针对不同车主量身定制以满足其用车需求。

### （三）售后服务数字化

造车新势力售后服务市场的智能服务，一方面是车辆必备的远程诊断、OTA（空中下载技术）升级；另一方面则是智能化增值售后服务，如智能提醒、智能充电，甚至还包括智能理赔、车险等。从用户服务层面来说，造车新势力的智能研发能力加上其与生俱来的数字化基因，可以通过车主的用车行为数据分析车主的用车习惯，发现车主潜在的用车安全隐患，从而为车主提供更好的智能化服务。

### （四）用户群体年轻化、个性化

新能源汽车用户群体越来越年轻化，传统的售后服务项目已不能满足日益增长的用户需求，智能化、便捷化、个性化的服务已在汽车售后服务业界成为共识。在技术的助力下，车联网的发展势必更加成熟，因此，会员流量制也将成为一种全新的智能售后服务模式。截至目前，蔚来、小鹏、理想等造车新势力已经开始实行"会员流量制"的定制服务项目。

## 二、造车新势力的销售及售后服务体系

随着新能源汽车市场份额的不断提升，以理想汽车为代表的新能源汽车品牌与传统燃油汽车品牌相比，不仅在汽车动力方式和销售模式等方面存在不同，还在售后服务方面为汽车行业带来了新模式。以蔚来、特斯拉为代表的大多数新能源汽车企业"轻资产"化的商业模式进入了汽车销售及售后服务领域。

## （一）造车新势力的销售体系

造车新势力的销售体系主要依靠线下的直营体验中心或零售中心以及线上的官方 App 来实现。例如：到 2023 年 8 月末，理想汽车的零售中心已达到 346 家，覆盖 130 个城市；特斯拉体验中心、蔚来体验中心以及蔚来空间等都是造车新势力的直营体验店。

### 1. 直营体验中心（零售中心、蔚来空间）

相比于传统的 4S 店，造车新势力的直营体验中心负责售前咨询和试乘试驾。由产品专家或销售顾问为客户讲解产品知识，解决客户疑问，带领客户试乘试驾，将客户体验放在第一位。客户体验良好，可以选择官网或 App 完成线上下单，所有车辆的销售均需要在官网下单，并且售价都是统一的。

### 2. 蔚来中心

蔚来汽车改变了传统汽车行业的维修和售后服务模式，将资源重新整合，成立了体验式的蔚来中心，这个中心有别于其他品牌的体验中心。在蔚来中心，有车型展示区，客户可以和销售顾问购车咨询、试乘试驾，还有大型的生活场所、会客厅、图书馆、共享办公、厨房、咖啡厅，还有亲子空间。蔚来中心为用户打造了一个自由的交友空间，这种全新的形式提升了客户体验度。

## （二）造车新势力的售后服务体系

当汽车从出行工具向智能科技商品转变，消费者买车更多考虑的是产品背后的附加服务价值。**党的二十大报告提出了"构建优质高效的服务业新体系，推动现代服务业同先进制造业、现代农业深度融合"**，这为进一步提升新能源汽车服务业水平，推进新能源汽车服务业高质量发展指明了方向和道路。造车新势力的售后服务体系以高度集成化的设计思路、软件驱动硬件的智能产品、空中升级的技术能力，颠覆着传统的汽车售后服务。造车新势力的售后服务网络模式还处于不断完善和不断变革中，它们以直营和代理为代表的渠道模式创新，构建区别于传统特约经销商模式的新能源汽车售后服务网络格局，围绕销售、服务、充电、换电等业务，衍生出体验中心、交付中心、服务中心、钣金喷漆中心、换电站等不同功能场所。渠道模式创新使造车新势力的售后服务网络不再局限于传统汽车企业的特约经销商模式。下面，我们从以下几方面了解造车新势力的售后服务体系。

### 1. 造车新势力售后服务——交付中心

有的造车新势力的品牌交付中心负责车辆的 PDI 检测（售前检测）、尾款支付、金融/保险办理、车辆置换、上牌办理、充电桩安装、车辆交付等事宜，还有的品牌交付中心采用智能交付系统完成客户车辆交付。以特斯拉品牌交付中心为例，交付中心采用模块化流水线的交付模式，创新应用 Delivery Vision（交付愿景）智能交付系统。它可以帮助车主确认预计交车时间、让员工更好地掌握业务办理状态，而交付业务也能更有效地分配交付现场的人员，提高交付速度，带来数字化、智能化的交付体验。

有的新势力汽车企业还推出了"自助交付"服务。车主只需要线上交付尾款、提前办好保险，即可在约定的交付时间携带证件直接前往交付中心办理临时牌照、向工作人员领取车钥匙等物品，然后就可以前往停车场取车，最快仅需 30min 完成车辆交付。

## 2. 造车新势力售后服务——服务中心

造车新势力的售后服务一般分为虚拟服务中心、400电话客户服务中心、实体服务中心三部分。特斯拉品牌的售后服务中心工作流程如图2-2所示。

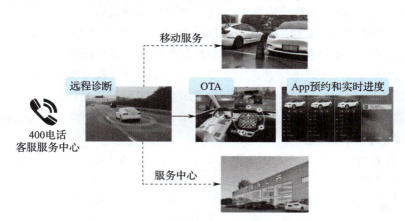

图2-2 特斯拉品牌的售后服务中心工作流程

（1）造车新势力售后服务——虚拟服务中心 虚拟服务中心通过智能化的后台、远程诊断技术和移动服务，提供在线解答、预约维修和移动服务，它是一支强大的车辆数据分析团队，能给客户带来良好的服务体验，为用户节省时间的同时还可以有效为实体服务中心分流。

一般的虚拟服务中心团队主要由服务专员和服务技师组成。服务专员收集用户问题，跟进400电话并将收到的问题进行分类、整理、回复客户、安排预约线下维修等工作；服务技师主要通过远程诊断、提供OTA（在线）升级等技术手段解决车辆故障。如果远程无法解决，服务专员会根据问题的类型派出移动服务技师前往客户的指定地点，或者为客户预约进入实体服务中心，并提前做好服务相关的准备工作，高效解决问题。远程诊断专家负责每日升级技术需求的远程诊断，分析并判定解决方案。目前有20%～30%的车辆问题可以在客户无须进店的情况下通过远程诊断来解决。

在经过虚拟服务中心的远程问诊、预约登记后，车主根据需求前往实体服务中心进行线下维修时，实体服务中心会提前准备好维修工单、维修准备项目、维修配件和维修技师，大幅缩短车辆检测和维修时间。大多数造车新势力售后服务流程如图2-3所示。

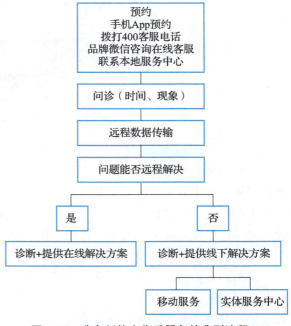

图2-3 造车新势力售后服务的典型流程

现在的新能源汽车可以实时连接网络,上传车辆的各种数据,如故障码、电池电量、电机温度、驾驶行为等。这些数据可以帮助虚拟服务技师对车辆的状态进行实时监控和分析,如果发现任何异常情况,服务技师可以及时通知客户,提醒他们需要进行哪些操作。这种方式不仅提高了诊断的效率,也使得客户可以在第一时间得知车辆的状态,防止可能出现的问题。同时,远程诊断也能帮助制造商收集大量的车辆运行数据,有利于产品的持续改进和优化。

(2) 造车新势力售后服务——400电话客户服务中心　造车新势力会提供多场景的服务方案,最简单的就是通过400电话客户服务提高客户满意度。在完善的基础服务组织架构之上,造车新势力的售后服务以400电话客服为纽带覆盖多种服务场景。

400电话客户服务中心是联系各个环节的桥梁,全天24小时在线,提供道路救援等业务支持,车主有任何用车问题都可以电话咨询。

(3) 造车新势力售后服务——实体服务中心　造车新势力都建有直营的实体服务中心,某造车新势力的实体服务中心如图2-4所示。实体服务中心只负责品牌车辆的维修保养工作,大多数都不包含钣金喷漆中心,不能进行事故车的修理。例如蔚来汽车的服务中心,可以完成以下事项:

1) 可以三分钟快速换电,精准定位,快速拆卸。

2) 可以移动充电,一键加电,代客加电。

3) 可以一键呼叫,上门取送车服务,保养服务,代步车服务。

图2-4　某造车新势力的实体服务中心

### 3. 造车新势力售后服务——直营/授权钣喷中心

造车新势力汽车企业的售后维修服务大致分为内部维修与外部维修两类。所谓的内部维修由实体服务中心完成,通常只负责非事故车的维修保养,如四轮定位等;外部维修的服务主体为车企直营或授权的钣金喷漆中心,不仅能修复车辆的外观损伤,还兼具维护车辆功能性、安全性以及延长车辆使用寿命的作用,其中绝大多数为授权的钣金喷漆中心。直营实体服务中心加授权钣金喷漆中心构成了造车新势力汽车企业的售后维修体系。

造车新势力汽车企业在产品上市后,就会布局好授权钣金喷漆中心,为事故维修做好准备。造车新势力汽车企业为让客户在授权钣喷中心享有与直营服务体系一致的服务体验,要求授权钣喷中心不断提升服务及维修质量,树立汽车维修行业新标杆。理想汽车对授权钣金喷漆中心要求见表2-1。

表 2-1 理想汽车对授权钣金喷漆中心的要求

| 行业经验 | 主修高端豪华汽车品牌 |
|---|---|
| | 具有良好的服务高端客户的运营能力 |
| | 具备二类及二类以上维修资质 |
| 地理位置 | 临近交通便利的城市主要道路,且公共交通便利 |
| | 临近汽车相关产业销售区 |
| 基础设施 | 建筑面积≥1500m²,维修工位数量≥15个 |
| | 场地建筑状态保持良好,能够展示理想LOGO(标志)且展示形象良好 |
| | 同时具备机电维修职能与钣喷维修职能,且位于同一场地 |
| | 电力满足额外运营两个7kW的慢充充电桩 |
| 财务要求 | 财务运营状况良好,自由资金储备充足 |
| 团队要求 | 具备经验丰富的脱产售后服务管理人员、独立的零件管理人员 |
| | 具备超过5年以上经验的事故接待≥2人 |
| | 具备超过5年以上经验的钣金技师≥2人,涂装技师≥2人 |

### 4. 造车新势力售后服务——换电站

为了解决新能源汽车客户的电池焦虑问题,部分汽车企业选择通过换电实现"车电分离"的策略来解决客户的担忧。以蔚来汽车为代表推行的换电站对动力蓄电池回收、电力"削峰填谷"高效利用有着极大的商业价值。蔚来二代换电站如图2-5所示,全站共布置了202个监控传感器、37个具有SDK(软件开发工具包)功能的智能摄像头,结合算力达21Tops(1Tops代表处理器每秒钟可进行一万亿次操作),具有强大的边缘计算能力,使换电站能自动诊断设备故障,自动确定解决方案。

图 2-5 蔚来二代换电站

## 任务三 走进 O2O 模式工场店

### 任务导入

张明发现学校附近新开了一家"途虎养车工场店",从牌匾上看,有别于其他路边修理厂,维修人员着装统一,感觉管理很正规,虽然没有4S店的场地大、设施完备,但也给人一种可信任感。张明很想了解这样的维修企业有哪些特点,与特约经销商、造车新势力的售后服务体系有什么不同,是否可以维修新能源汽车。

新能源汽车售后服务管理

## 任务目标

**知识目标**
1. 掌握O2O模式工场店的概念和定位。
2. 掌握O2O模式工场店的服务模式。

**技能目标**
1. 能识别O2O模式工场店。
2. 能分析O2O模式工场店的特点。

**素质目标**
1. 培养"工匠"意识。
2. 具备高科技售后服务人才素养。

## 知识引入

随着我国居民人均可支配收入持续增加和生活水平的不断提高，用户消费需求呈现个性化、多样化趋势。需求牵引供给，人们对美好生活的需要带动供给侧发生业态和服务模式上的创新。像途虎养车、天猫养车等作为O2O模式服务企业的市场领跑者，它们关注新能源汽车客户需求端变化并持续创新新能源汽车的售后服务模式。

途虎养车、天猫养车原来是属于燃油汽车时代的汽车养护连锁品牌。为了能继续引领新能源汽车时代的后市场连锁经营，途虎养车成立专注于为新能源汽车服务的全资子公司，天猫养车主要从事新能源汽车相关服务项目以及在门店提供新能源汽车专享工位，其服务模式主要是通过获得整车厂商如零跑汽车、小鹏汽车，电池厂商如宁德时代等授权维修获取订单来源，依托其遍布全国的O2O连锁店，开展外派动力蓄电池检测维修服务，以及旧动力蓄电池回收、充电桩维修服务等，开启新能源"售服一体化"新模式。

在服务模式上，它们采用线上线下融合的一体化方案，让车主享受到线上下单、线下服务的智慧养车体验。在特殊时期，这些O2O模式的售后服务企业可以提供上门取送车、无接触养车以及紧急救援服务，满足车主的多样化需求。

## 一、O2O模式工场店

### （一）O2O模式工场店概念

O2O即Online To Offline（线上到线下），O2O模式工场店是指将线下的售后服务与互联网结合，让互联网成为连接客户与服务企业的纽带，让互联网成为线下服务的前端。4S店消费高，而街边维修店的信任体系缺失，这些因素给了O2O企业成长的机会。现在大家熟知的途虎养车、天猫养车、京车养车等就是汽车售后服务领域比较有代表性的O2O模式工场店。

随着中国汽车后市场规模突破万亿元级，车主对汽车后市场服务的需求也在不断升级。

O2O 模式的汽车售后服务企业从数量、服务形式都在不断发展变化。到 2023 年 5 月末，途虎养车工场店已成为拥有超过 5000 家工场店，覆盖 1500 个地区，其中下沉工场店超 1600 家，门店体系全国省市覆盖率超 97%。

### （二）O2O 模式工场店定位

以途虎养车、天猫养车、京车养车为代表的汽车售后服务工场店，它们都是依托于互联网的线上+线下一体化的汽车售后服务平台。这里的"工"代表工匠精神，"场"代表专业服务的场所，"工场店"代表工匠精神和服务精神，这是工场店的定位。

> **课堂讨论**
>
> 说说你对工匠精神的理解。你心目中的工匠应该具备哪些特征？

---

**素养园地**

### 工匠的内涵特征

#### 一、工匠的界定

"工"在《说文解字》中的释义是："工，巧饰也，……凡工之属皆从工。""匠"的本义指的是木工，后泛指在某一方面具有熟练技艺的人。如今我们提到"工匠"一词，包含"工"和"匠"二字的内涵，就是在各行业中具有一定行业知识技能的能工巧匠。

#### 二、工匠的内在特征

工匠的内在特征十分丰富，这里仅从四个维度，对其内部特征进行简要概述。

1. 态度维度——精艺专注、技能立身的心态

表现为专心致志的心态，重在"专"字上。做事有耐心，有恒心，能坚持，心无旁骛，八风不动，专注喜爱之事而充满乐趣和热情。

2. 质量维度——提质创新、匠心独运的追求

表现为一丝不苟的追求，重在"谨"字上。认真工作，注重工作质量，不投机取巧，这是工匠精神的核心和精髓。主要表现在工作行为上的谨慎，不虚夸，脚踏实地。这种品质促使匠人们不断改进和革新，从而完善和提升产品品质和服务水平。

3. 技术维度——精益求精、品质为先的作风

表现为精益求精的作风，重在"细"字上。特别注重细节的完美和极致，追求很高，没有止境。

4. 道德维度——爱岗敬业、不忘初心的品质

表现为爱岗敬业的品质，重在"敬"字上。即对职业的敬畏，在工作中有对责任的极端敬畏、对岗位的极端敬畏、对质量的极端敬畏。匠人一生满怀职业敬畏，一生的职业就是他们的理想和追求所在。

**启示**

虽然经过历史变迁，但"工匠"的内涵依然未变：精艺专注、技能立身的心态；提质创新、匠心独运的追求；精益求精、品质为先的作风；爱岗敬业、不忘初心的品质。

## 二、O2O 模式工场店的服务模式

### （一）线上途径

O2O 模式工场店的线上途径是通过服务软件聚焦年轻化和定制化服务项目，联合主流短视频平台推广短视频＋直播模式，助力带货；在定制化层面，将推出大规模个性化定制（Customer to Manufacturer，C2M）服务，品牌方帮助产品厂商及门店寻找更精准的产品或者服务定位。

### （二）线下途径

O2O 模式工场店的线下途径关注数字化带动行业转型，从连锁管理、服务能力、技术要求三方面着力进行数字化能力提升。

### （三）供应链途径

在"一物一码"的基础上，O2O 模式工场店供应链途径更多地聚焦正品如何溯源，提高商品库存的智慧化管理能力，最终帮助厂商、门店提高运营效率。

以天猫养车推出的"货无忧"智能系统为例，目前已经实现了"10 万＋"汽车配件的在线智能管理。依托新康众建立的前置仓配送网络，天猫养车配件服务可做到"5 千米 30 分钟配送、90 天无理由退换"。根据门店存量车辆数据，"货无忧"智能系统可实现精准备货，根据施工订单系统化出库和库存盘点，备货更准确，还能降低门店仓库面积，节省租金。

### （四）人才培育途径

人才始终是行业的重中之重，各 O2O 模式工场店也积极响应国家关于打造知识型、技能型、创新型劳动者的号召，把人才管理放在了重要位置，定期对员工能力进行线上线下培训、考核。未来品牌方还会联合厂商打造联合培训体系，推动技师认证、产教融合以及双轨制教学，最终为技师提供专业路径、管理路径以及经营路径等不同发展方向。

### （五）服务保障途径

售后服务质量担保一直是消费者关注和关心的，所以 O2O 模式工场店也给客户提供各种保障。例如，途虎养车平台给客户提供的三年轮胎险和十年动力总成险，同时也会进一步打通品牌联合售后服务的形式，这些都会帮助供应商和平台共同建立消费者心目中的正品专业形象。

#### 1. 打造客户"智慧车管家"

O2O 模式工场店针对车主焦虑，通过智慧管理系统推出"智慧养车"服务，通过智能化技术规范汽车后市场服务流程，构建"流程标准、价格透明、服务有保障"的行业良性发展生态。协同云计算、大数据、人工智能（AI）等先进技术优势，目前，O2O 模式工场店已经构建出覆盖消费者养车全场景需求的服务体系。通过"预约精准化、服务标准化、检测智能化、流程可视化、价格统一化、施工透明化、责任溯源化"等多种举措，O2O 模式工场店彻底扭转传统养车场景下消费者的被动局面，打造"车况全透明、价格全透明、服务全透明、售后有保障"的智慧养车新体验。O2O模式工场店通过以下措施实现智慧养车。

1）车况全透明：O2O模式工场店的大数据库已涵盖市场上98%主流车型的精准维修数据。在O2O模式工场店智慧门店，消费者车辆进店后通过信息录入，系统便可自动为车主精准匹配车辆维保方案。

2）价格全透明：O2O模式工场店配件供应链保障，所有配件全国统一价格，保证品牌直供正品。车辆过检后，系统会自动为消费者匹配对应的服务项目和价格，实现"价格全透明"，避免过度营销。

3）服务全透明：车辆进入门店后，智能摄像即可自动识别，追踪到施工工位，并可通过O2O模式工场店App将维保施工全过程直播推送给用户，且所有施工视频可在线保留一定时间，支持车主回看溯源，做到"售后有保障"。

O2O模式工场店通过"智慧车管家"将服务的全过程数字化。数字化带来的是标准化和安全感，解决了客户焦虑。

### 2. 打造门店"智慧管理体系"

1）门店管理：目前各个品牌的O2O模式工场店的智慧管理系统，已经打通了"车主预约、门店接单、会员服务、车辆智能检测、库管配货、全车系施工指导、施工验收"等门店全服务场景流程体系，通过模块化系统移植，让门店具备智能管理能力，提升门店管理水平。同时，通过客户管理系统，每辆车都能被精准管理，实现客户"离店不离线"。

2）技术保障：O2O模式工场店从各大主机厂、零部件制造商引入多位资深专家，帮助门店解决遇到的各种技术难题。同时，这些店还掌握巨大的养车施工大数据，覆盖主流车型的各类维保项目，一线技师即使遇到不熟悉的车型、项目，也能通过平台搭建的智能体系中的图文、视频施工指导等解决问题，让所有维保问题都有标准化、专业化的解决方案。

3）门店运营：O2O模式工场店通过各种线上、线下相结合的营销活动，实现"服务找人"的突破，增强门店的主动获客能力，用精益化管理促进门店利润增长。"付费会员制"是门店最高效直接的经营工具和客户管理工具，精准解决客户留存和管理能效。

传统模式中，尽管对技师也有各种监督、培训、管理，但在施工过程中依然很难规范其行动。O2O模式工场店通过"透明车间"，可以针对车辆类型、环境以及维修过程、动作等情况进行实时抓取和判定，实时管理标准执行，达到了通过技术实现智慧管理的目的。

在新能源汽车售后服务领域，除了天猫养车和途虎养车，华胜和恒泰也是两家很有代表性的企业。早在2016年，华胜就切入新能源汽车业务，同时，华胜也是最早一批和特斯拉合作的维修企业，首先在上海、南京和温州三个城市成为特斯拉的授权钣喷中心。除了特斯拉，华胜早期还和某家造车新势力合作过。

很显然，如果仅仅参与授权钣喷业务，那么维修企业体现的价值有限，很容易被取代。但是介入到充电、三电维修等业务当中，维修企业具备技术能力，再加上本身的线下网络，搭配人才培训体系，可以极大地提升售后服务企业的竞争力。

## 任务四　认识新能源汽车售后服务企业组织机构及岗位设置

### 任务导入

田健是某高职院校新能源汽车检测与维修技术专业的学生，即将要就业实习了，面对各个品牌 4S 店及新势力品牌的招聘信息有点迷茫，因为他对这些企业的组织机构和岗位设置了解不多。你是不是也和田健同学一样不知道如何选择实习岗位呢？

### 任务目标

**知识目标**

1. 了解汽车售后服务企业的组织机构。
2. 掌握经销商及新势力汽车企业服务企业的岗位设置。
3. 了解特约经销商售后服务部的岗位职责。
4. 掌握造车新势力的销售及售后服务的特色岗位的岗位职责。

**技能目标**

1. 能够搜集信息，准确分析经销商各部门、各岗位的特点。
2. 能够根据售后服务各岗位特点确定适合自己的目标岗位。
3. 能够对标售后服务岗位要求制订提升职业岗位能力的计划。

**素质目标**

1. 培养积极努力、追求上进的人生态度。
2. 培养正确的择业观念。

### 知识引入

## 一、传统汽车企业 4S 店的组织机构及岗位职能

### （一）特约经销商的组织机构

在日常的运营工作中，特约经销商的组织机构之间需要相互配合才能提高工作效率。一般情况下，不同品牌的 4S 店组织机构不尽相同，但大致相似，特约经销商的组织机构如图 2-6 所示。

图 2-6　特约经销商的组织机构

（二）各组织机构的职能及岗位设置

1. 销售部

（1）机构职能　负责根据汽车企业对整车销售的有关规划积极开拓市场，完成工作年会制订的季度、年度销售计划，认真做好客户的开发及维护工作。定期将销售经营情况及市场信息汇报给总经理。

（2）岗位设置　销售部设置的岗位有销售总监、销售经理、销售顾问等，如图2-7所示。

2. 售后服务部

（1）机构职能　按照汽车企业售后服务部对品牌服务的要求，对客户车辆进行售后服务工作，解决客户对服务的各种投诉，向汽车企业售后服务部反馈产品质量信息和客户意见，维护汽车企业和经销商的品牌形象。

（2）部门设置　售后服务部下设服务部、备件部、维修车间、技术部，售后服务部机构设置如图2-8所示。

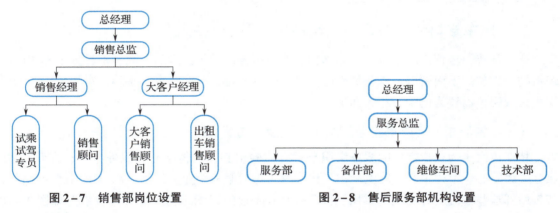

图2-7　销售部岗位设置　　　　图2-8　售后服务部机构设置

3. 客户关系管理部

客户关系管理部有时也称为市场部，其人员岗位设置如图2-9所示。

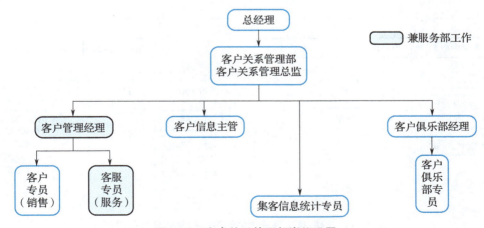

图2-9　客户关系管理部岗位设置

(1) 机构职能　负责对客户信息进行管理，维系客户关系，进行客户投诉管理，提高客户区管理及服务水平，倾听客户心声，提升服务质量，整合经销商各部门的客户关系和客户满意度，提高经销商客户关系和客户满意度水平。

(2) 岗位设置　客户关系管理部设置的岗位有客户关系管理总监、客户管理经理、客户信息主管、客服专员（服务）等。

### 4. 综合管理部

(1) 机构职能　负责经销商的人事关系管理以及经销商的日常行政办公和后勤保卫管理。

(2) 岗位设置　综合管理部下设机构人力资源部、行政部，岗位有人力资源经理、行政经理等。

### 5. 财务部

(1) 机构职能　负责经销商日常的财务预算与财务往来。

(2) 岗位设置　财务部的岗位有财务经理、会计等。

## 二、造车新势力服务企业的组织机构及岗位设置

造车新势力根据产品定位、产品结构、客户服务需求等因素的不同，都设置了不同的组织机构和岗位。下面就以造车新势力的典型代表特斯拉、蔚来汽车、小鹏汽车售后服务的组织机构及岗位设置为例学习相关知识。

### （一）特斯拉品牌服务企业的组织机构及岗位设置

特斯拉汽车为客户提供的服务组织形式有体验中心、交付中心、服务中心、直营/授权钣金喷漆中心。上述中心实际上承担了传统汽车售后服务企业里的销售部、市场部、交付部和售后部这些部门所有功能的累积。特斯拉服务企业的组织结构及部分岗位设置如图2-10所示。

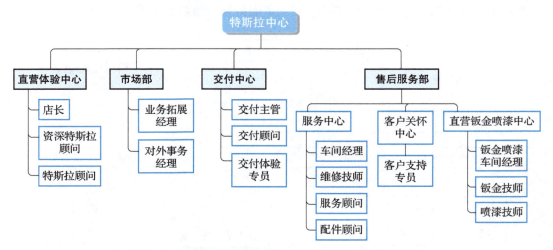

图2-10　特斯拉服务企业的组织机构及部分岗位设置

### 1. 直营体验中心

特斯拉的销售部通常以直营体验中心的形式呈现，一般都建在一二线城市的大商场中，也可以叫商场超市店，主要负责客户咨询、产品展示、试乘试驾等。直营体验中心设置的岗位有：店长、资深特斯拉顾问、特斯拉顾问等。特斯拉顾问就是传统4S店的销售顾问。

### 2. 交付中心

交付中心负责购买客户的车辆交付工作。此部门设置的主要岗位有：交付主管、交付顾问、交付体验专员等岗位。交付顾问负责客户订车后，与客户对接的相关事项。交付体验专员主要负责车辆交付工作以及车辆交付前、中、后的全程管理。

### 3. 售后服务部

售后服务部包括服务中心、客户关怀中心和直营钣金喷漆中心。服务中心加上直营钣金喷漆中心，就相当于传统4S店的售后服务部，它包含了车间修理、备件管理、精品销售、客户接待等功能。服务中心设置的岗位有：车间经理、维修技师、服务顾问、配件顾问等。客户关怀中心有客户支持专员岗位，直营钣金喷漆中心有钣金喷漆车间经理、钣金技师、喷漆技师等岗位。

### 4. 市场部

市场部负责对外市场开拓，主要设置的岗位有：业务拓展经理，其业务比较丰富，既包含市场活动，又包含金融保险等衍生业务合作商管理，销售业务发展专员是业务拓展经理的下属；对外事务经理，是代表特斯拉官方的公共关系岗位，有的城市还配有公关经理，市场专员协助对外事务经理的工作。

通过特斯拉服务企业设置的组织机构及岗位发现，没有门店财务岗位，其都是通过企业App完成线上下单、线上交易，为门店积累了大量的财务数据。通过对比发现，特斯拉的组织机构和岗位设置与传统4S店从业务内容上比较来看，基本无大的差别。

## （二）蔚来汽车服务企业组织机构及岗位设置

蔚来汽车客户服务模式主要分为五种类型：蔚来空间是蔚来汽车最主要的销售渠道；蔚来中心是蔚来品牌宣传以及用户维系的场所，也可以是区域管理办公场所；服务中心是蔚来售后服务的直营门店；交付中心是完成车辆交付的场所；授权钣金喷漆中心是蔚来事故车维修门店；能源团队主要负责换电站业务，包含合作选址、工程交付、设备维护、值守等任务，也包含如家用充电桩安装等基础工作。蔚来汽车服务企业组织机构及主要岗位设置如图2-11所示。

### 1. 蔚来空间

蔚来空间作为纯销售功能的门店，主要承担蔚来品牌和产品的展示、销售功能，组织结构很简单，与特斯拉体验中心类似，包含店长、蔚来顾问、在线蔚来顾问、高级蔚来顾问、产品专家岗位。蔚来空间相对于蔚来中心而言，投入少、面积小，但数量多，辐射更广，能高效地为品牌增加触点。

### 2. 蔚来中心

蔚来中心除了包含蔚来空间的销售职能以外，还承担着品牌传播、用户运营、市场拓展等职能。

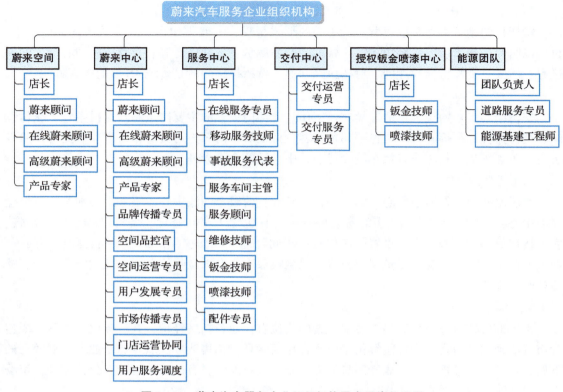

图 2-11 蔚来汽车服务企业组织机构及主要岗位设置

用户运营主要负责发展用户、用户社群维系以及售前咨询服务等，负责电商的网络营销、App 社群维护、售前线上咨询等工作。用户运营的主要岗位有用户发展专员和用户服务调度。用户发展专员有新媒体运营方向、活动运营方向等，主要负责新媒体宣传素材制作、活动策划、执行、资源协调等；用户服务调度负责售前售后服务咨询、解答用户疑问和归纳用户的诉求建议，并及时地反馈与跟进。蔚来中心还设有品牌传播专员、空间品控官及市场传播专员等岗位，目的是扩大品牌影响力。

### 3. 服务中心

蔚来售后服务中心主要负责故障救援、机电维修、保养等业务。移动服务技师主要负责故障救援；事故服务代表专员是蔚来的特色岗位，负责"无忧服务"项目的取送车服务。

### 4. 交付中心

蔚来交付中心主要负责车辆交付，设置了交付运营专员和交付服务专员岗位，通过协调管控交付中心资源、提前梳理及准备交车流程，为用户在付款方式、充电桩安装、生产状态、物流进度、上牌政策等诸多环节给予指导和帮助，通过跨部门团队协作，最终将车辆交付给用户。

### 5. 授权钣金喷漆中心

为了满足事故车客户的需求，蔚来还授权了一些钣金喷漆中心。这些授权的钣金喷漆中心不是直营店，业务范围仅局限于事故车维修。

## 6. 能源团队

能源团队包含家用充电桩安装交付、换电、补能等服务。能源团队主要设置道路服务专员、能源基建工程师等岗位。道路服务专员有高优服务方向、换电站值守方向、充电桩方向等，分工明确。

蔚来品牌的售后服务企业也不设财务管理人员。为了落实独特的"无忧服务"业务，增设服务代表专员，还设置了全行业唯一的各地换电站服务团队。

### （三）小鹏汽车服务企业的组织机构及岗位设置

小鹏汽车的销售服务有直营和代理两种形式，渠道形式分为直营体验中心（销售店）、售后服务中心、销售服务中心（4S店），组织机构基本与传统汽车的4S店一致，只是个别岗位名称有所变化。小鹏汽车的服务由直营体验中心和售后服务中心完成，销售服务中心（4S店）的岗位设置包含了直营体验中心和售后服务中心的岗位。小鹏汽车服务企业的组织机构和主要岗位设置如图2-12所示。

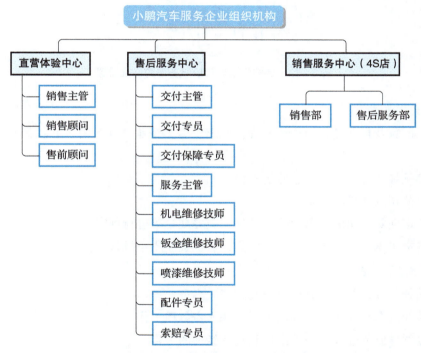

图2-12 小鹏汽车服务企业组织机构及主要岗位设置

## 三、体验汽车服务企业岗位

每个类型的服务企业的岗位设置及岗位职责各有差异，每个类型的服务企业也会根据实际业务情况进行岗位调配。下面我们以特约经销商和造车新势力为例介绍服务企业的岗位职责和特色岗位。

## （一）特约经销商售后服务部的岗位职责

特约经销商售后服务部的岗位设置如图 2-13 所示。岗位描述这里只介绍管理岗位，其他部分岗位会在后面的项目中具体介绍。

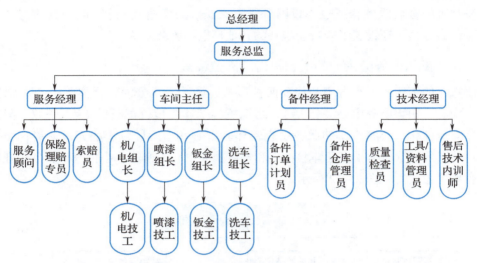

图 2-13　特约经销商售后服务部的岗位设置

### 1. 总经理的职责

1）落实国家及行业的各项法律法规，制定、落实企业方针政策，并贯彻汽车企业的各项政策。

2）直接领导各部长及服务总监的工作。

3）负责公司内文件的审批。

4）负责定期对公司的经营状况、管理、服务质量等进行评审。

5）有投资决策权、经营权、人事任免权、现金使用审批权等。

### 2. 服务总监的职责

1）按品牌服务的要求，管理经销商的售后服务业务。

2）负责与汽车企业售后服务部门联络并落实各项工作。

3）直接领导服务经理、备件经理和技术经理的工作。

4）负责重大质量问题及服务纠纷的处理。

5）定期向总经理和汽车企业售后服务部汇报经销商的生产、经营和管理等工作。

6）具有生产指挥权、监督权、内部人员调动权，对公司投资、经营等活动的建议权。

### 3. 服务经理的职责

1）负责解决服务过程中与客户发生的纠纷。

2）负责与备件经理协调，解决维修所需备件。

3）负责外出救援服务、预约服务、客户投诉、走访客户等工作的管理，并参与对重大维修服务项目的评审。

4）负责下属劳动纪律的管理，负责所辖区域环境的管理。

5）监督和指导服务顾问、索赔员和保险理赔专员的日常业务。

### 4. 车间主任的职责

1）随时掌握维修车辆的工作进度，督促工作的有效性和高效性。

2）能够按照进厂车辆的优先次序和员工的技术水平，合理组织分配任务。

3）定期统计车间员工效率表及返修率，按照需要做适当人员的调整，最大限度地提高工作效率。

4）充分利用设备资源和人力资源。

5）严格管控车间成本。

### 5. 备件经理的职责

1）负责保证维修所需的备件供应，对是否是原厂备件负责。

2）负责建立合理的备件库存量，指导库管员对库房的管理。

3）负责备件订购计划的审批。

4）负责组织备件的到货验收及备件的入库检验，负责定期组织人员进行库存盘点。

5）负责审核备件管理账目，抽检库存备件状况。

6）负责实施备件管理方面的培训。

7）负责制定备件位置码。

### 6. 技术经理的职责

1）负责定期收集技术疑难问题及批量投放的质量信息。

2）负责技术服务手册（HST）等技术资料的消化、吸收并指导使用。

3）协助车企开展技术支持工作。

4）负责监督、指导维修人员使用专用工具，负责控制、监督经销商的维修质量。

5）负责疑难故障的诊断及维修技术攻关，指导车辆维修。

6）负责建立文件化的质量体系。

## （二）造车新势力服务企业的特色岗位描述

### 1. 销售顾问

由于新势力汽车企业都采用直营门店的运营模式，销售顾问的岗位职责和任职要求也会有差异，还有的汽车企业把销售顾问定义为产品专家。销售顾问是在各城市门店直接面向所有客户，通过热情专业地向客户讲解产品并且为客户带来良好的试乘试驾体验以促成销售。该职位主要负责完成客户接待、客户试乘试驾、促成订单的销售全流程，完善客户体验。

（1）岗位职责

1）提升高质量客户体验：为客户和爱好者介绍电动汽车的优点，普及电动汽车知识。

2）鼓励客户试驾，通过试驾提供高质量的客户体验，建立良好的客户关系。

3）探索和激发客户需求，协助资深顾问完成选配、促成订单转化。

4）持续建立并管理潜在客户资源，通过电话、邮件、试驾等线上线下方式维系客户关系。

5）按要求接受公司层面的各项培训，并严格遵守公司相关规章制度。

（2）任职要求

1）对销售工作抱有热情，具有出色的沟通能力和客户服务意识、良好的自我管理能力及自我学习能力。

2）持有有效驾驶证，熟练驾驶，且无不良行驶记录。

3）能够接受零售业的工作时间。

4）高度认可企业文化及产品，具备优秀的团队合作意识。

5）熟练使用办公软件。

6）优先考虑本科及以上学历，有零售行业或大客户销售经验人员。

## 2. 交付体验专员

交付部门提供订单维护与交付准备的一切支持，并为客户创造高效、专业、有温度的服务体验。交付体验专员通过帮助客户整备车辆、沟通交车地点，陪同客户对车辆的功能和系统进行演示，最重要的是为客户提供优质的服务体验。

（1）岗位职责

1）管控与协调交付中心资源，如停车位数量、交付礼品数量。

2）提前确认当日/当周预约数量，配合交付顾问控制交付进度。

3）提前确认 PDI（交付前检查）状态及车辆问题，并及时反馈给交付顾问。

4）提前准备车辆手续，确保手续准确齐全。

5）处理客户现场需求，如现场办理保险手续、牌照手续。

6）负责解决交付现场出现的客户投诉。如交付体验专员处理现场客户投诉后，客户仍有后续需求，交付体验专员需要继续跟进。

7）跟进车辆交付后的客户满意度，及时针对客户交付疑虑，提出反馈和解决方案。

8）利用客户关系管理（Customer Relationship Management，CRM）系统，确保信息能及时高效地传达给管理部门。将客户意见反馈给公司的市场营销和产品开发团队，完善客户交车体验。

（2）任职要求

1）出色的英语和中文口头表达能力、书面表达能力。

2）持有有效驾驶证，熟练驾驶，并无不良行驶记录。

3）具备优质客户服务经验者优先。主动进取，目标导向，有上进心。

4）具有创造性思维，能独立迅速地解决关键问题。

5）能够和多个业务部门建立并保持良好的工作关系。

6）优先考虑本科及以上学历，并且有相关销售服务背景和工作经验者。

### 3. 移动维修技师

移动维修技师是上门服务的维修专家。他们对车辆进行优质维护并对车辆负责，现场解答客户用车方面的问题，同时负责保持车间和移动服务车辆整洁有序。

(1) 岗位职责

1) 根据维修手册的标准有效准确地进行车辆维修，并记录维修工单。

2) 诊断车辆故障原因，并给予维修建议或进行适当的维修工作。

3) 熟练使用工作系统，做好日常工作的维护和记录。

4) 在系统里准确记录客户反馈的问题和数据。

5) 负责维修工序质量的自检。

6) 使用和维护各种不同的手动工具和电动工具、车间工具和测试设备。

7) 进行车载设备和服务车辆检查，定期保养车辆，查询违章、保险、年审信息，检查车上安全用品和工具。

8) 当天服务的客户必须在出发前联系客户，确认服务信息。到达上门地点后跟客户沟通确认服务内容。

9) 在交付之前确定车辆相关问题已解决，并展示维修成果，以确保客户满意。

10) 管理好每天领取的配件（新件、旧件）。

11) 对移动服务车上的危险品及化学品进行有效的管理。

12) 高效地处理多项任务和判断优先级处理任务，在预期时间内完成给定任务。

13) 工作过程中应严格遵守安全生产规章制度和操作规程，服从管理，正确佩戴和使用劳动防护用品，防止发生安全生产事故。

14) 发生员工受伤或虚惊事件以及现场存在的 EHS（环境、健康、安全）隐患必须如实上报。积极参与到 EHS 活动中，对不安全的行为和状态提出改进建议。

(2) 任职要求

1) 具备 3 年以上汽车维修工作经验。具备熟练的驾驶技能。

2) 掌握汽车维护和修理的方法、技术、配件、工具和材料等知识和技能，包括测试、诊断、供热通风与空气调节（HVAC）服务、油压、制动、电力系统和模块的测试及修理。

3) 掌握汽车服务中的化学用品和润滑油的使用。

4) 优秀的口头沟通能力和书面沟通能力。

5) 优先考虑：

①高中及以上学历，汽车技术相关专业或持汽车机械相关认证者。

②有接触客户或处理客户投诉经验者。

③厂商培训认证专家/OEM（原始设备制造商）培训和混合动力经验者。

④具备良好的汽车专业英语书写能力。

⑤持有低压电工证者。

### 4. 保修索赔专员

（1）岗位职责

1）基于保修政策、流程以及管理规定，积极向保修相关业务人员宣贯，确保按要求执行。

2）积极向客户沟通保修政策，协理支持保修相关的客户抱怨，以促进客户满意。

3）实时查阅技术、保修等相关通告内容，并协助做好内部信息传递，确保信息一致性。

4）基于车辆情况、政策以及基本技术结论，负责客观、准确地鉴定保修案例。

5）基于保修规定要求，负责及时、准确地收集相关保修资料。

6）负责及时、准确提交和跟进处理保修单据，以确保保修费用顺利进入结算流程。

7）负责店里保修旧件的运营管理，确保保修旧件正常返还、销毁。

8）实时关注保修关键指标状况，并负责制订和执行相应整改方案。

9）协助完成总部、区域的保修业务审计工作。

（2）任职要求

1）认可公司文化，具备创业公司需要的心理素质，高职及以上学历，机械、汽车技术相关专业优先考虑。

2）3年以上中高端汽车售后保修相关工作经验（有高端电动车经验者优先），了解汽车和零部件基础产品知识。

3）熟练应用 Word、Excel 等办公软件。

4）有良好的沟通能力、协调能力和组织能力，有良好的团队协作精神。

## 项目拓展

### 红旗品牌体验中心

红旗体验中心一改传统4S店的模式，创新并打造一种更加注重客户感知的模式，让客户除了可以感受到基本的产品体验、销售体验和服务体验外，还让客户体验到作为"国车"品牌、历经了60年历史沉淀的厚重且独特的红旗文化，致力于为客户提供全场景、全生命周期的贴心出行解决方案，力争让客户体验并享受红旗品牌汽车带来的尊贵精致生活。

红旗品牌"心服务"

# 项目三

## 接待新能源汽车客户

### 任务一　学习服务接待礼仪

#### 任务导入

2021 年 5 月，王女士的大众 ID.4 新能源汽车到 4S 店做了定期保养，第二天接到了 4S 店的回访电话，王女士给出了一般的评价。据王女士反馈，接待王女士的服务顾问衬衫不整洁，服务用语不专业，感觉整体服务水平一般。针对王女士反映的这种情况，服务顾问在接待客户时，要注意哪些方面的礼仪才能让客户获得良好的服务体验呢？

#### 任务目标

**知识目标**
1. 掌握服务顾问的岗位职责及能力素质要求。
2. 掌握服务顾问的仪容仪表礼仪规范。
3. 掌握服务顾问的仪态礼仪规范。
4. 熟悉服务顾问的其他各种接待礼仪规范。

**技能目标**
1. 能根据岗位职责要求对标自己就业目标岗位。
2. 能根据岗位要求制订提升自己岗位职业能力的计划。
3. 能在接待客户过程中恰当地运用服务礼仪。
4. 能遵循礼仪规范接待客户。

**素质目标**
1. 培养服务意识、尊重意识。
2. 树立正确的价值观和择业观。
3. 培养礼仪素养。

#### 知识引入

##### 一、认识服务顾问岗位

经销商的售后服务接待主要由服务顾问来完成，服务顾问（Service Advisor，SA）负责接待客户和处理客户车辆维护修理相关事宜，是汽车维修保养活动的沟通中心（图3-1）。汽车服务顾问是客户接触经销商的第一面窗口，是体现"以客户为中心"服务理念的关键一环，直接关系到经销商的企业形象。

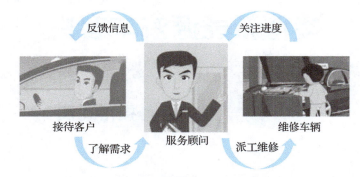

图3-1 服务顾问岗位职责

### （一）服务顾问的岗位职责

1) 负责来店车辆的接待、维修工单制作、故障初步诊断工作，协调售后服务前台与车间、配件、索赔的工作衔接。

2) 通过聆听客户描述，准确理解和开发客户的需求，确定保养修理项目/费用/维修时间，制定维修派工单。

3) 完整准确地填写维修派工单，认真核对送修人及车主信息等资料，及时录入计算机并更新，确保车辆信息的完整和准确。

4) 熟记常用备件价格和维修工时费用，把维修估价偏差控制在合理范围内，避免客户产生异议。

5) 安排客户在休息区休息、给予工作餐，并在车辆维修期间及时向客户告知维修进度和预计完工时间。

6) 保持与车间人员的良好沟通，掌握车辆维修进程，保证完工时间，确保准时交车给客户。

7) 依据客户需求及维修工单做交车前的检查，确保维修项目完成，无遗漏。

8) 依据维修工单维修记录内容，须在汽车经销商数据库管理系统（Database Management System，DMS）内录入建议维修项目及原因，并在陪同客户验车时告知客户。

9) 完工交车时，须向客户展示维修旧件和维修成果，并逐一解释维修项目、费用构成，取得客户认同。

10) 在环车检查和完工交车环节中须告知客户下次保养时间、维修项目、费用及维修时间，开发客户需求和购买力。

11) 负责来店车辆的下次保养提醒，延续本次服务的热情，增强客户下次来店的信心，减少客户流失率。

12) 处理好客户投诉，根据实际情况进行详细解释，最大限度地减少客户投诉。

### （二）服务顾问的能力和素质

服务顾问由于素质能力和经验存在差异，因此售后服务企业一般把服务顾问分为助理服务顾问、服务顾问、资深服务顾问和首席服务顾问等不同级别。服务顾问的能力素质如图3-2所示，不同级别的服务顾问，能力素质不同，为客户带来的服务体验也有很大差别。

服务顾问需要具备以下能力：

1）具有大专以上文化程度，汽车专业或汽车维修检测相关专业毕业。

2）具备汽车专业知识，有较丰富的汽车维修经验。

3）能够准确地判断故障原因，并能准确估算维修价格及维修时间。

4）具有管理经验，头脑灵活，有较强的语言表达能力、组织协调能力。

5）能熟练操作计算机，会使用常用办公软件。

6）会驾驶汽车，有驾驶证。

7）有较强的责任心，能吃苦耐劳，具有团队协作精神。

图3-2　服务顾问的能力素质

由于服务顾问的接待工作比较灵活，接触的客户有很多类型，如果服务顾问能掌握一定的心理学知识，及时了解客户的需求，知道客户希望你为他做什么，对提升服务质量有很大帮助。服务顾问的主要工作对象是维修客户，建立和维护自己的客户群体，为自己赢得一定数量的忠诚客户。

**课堂讨论**

你认为大学生在就业选择过程中，除了薪资要求外，更应该注重哪些方面？

## 二、服务接待礼仪

"礼仪"中的"礼"原意是"表尊敬、崇敬之意"，"仪"原意是指"礼"的形式，包括一些礼节、仪式等，具体表现为仪容仪表、肢体语言、礼貌用语等。运用有形、规范、系统的服务礼仪接待客户，不仅可以树立服务人员和企业良好的形象，还可以培养受客户欢迎的服务规范和服务技巧，让服务人员在与客户的交往中赢得理解、好感和信任。规范的接待礼仪必须通过学习、培养和训练，才能成为服务顾问的行为习惯。

### （一）仪容仪表

#### 1. 男服务顾问

男服务顾问仪容仪表如图3-3所示。

（1）面目五官

1）头发：每天洗头，梳理整齐，无头皮屑。

图3-3　男服务顾问仪容仪表

2）刘海：梳理前额刘海以保持额头洁爽。
3）颜色：保持原色，不染发或染成黑色。
4）发型：短发，发脚侧不过耳，后不触领，服贴整齐，不可蓬松杂乱。
5）眼睛：清洁、无分泌物，避免眼睛布满血丝。
6）脸：保持面部清洁、净面。
7）口腔：饭后清洁牙齿，无残留物及异味，口气清新。
8）指甲：保持清洁，定期修剪指甲，指甲长度要短于指尖。

（2）着装原则

着装要显得庄重、整洁、大方，全身着装的颜色保持在3种以内。
1）穿西装的原则：熨烫平整、西装最下面一粒纽扣不扣、衣袋平整不放杂物。
2）衬衫：各品牌的标准工装。
3）领带：领带要紧贴领口，系得美观大方（包括领带颜色、长短、领带夹）。
4）胸牌：佩戴于西装或衬衫左侧口袋上1cm且位于口袋正中间处。

### 2. 女服务顾问

女服务顾问仪容仪表如图3-4所示。

（1）面目五官

1）头发：梳洗整齐，没有头皮屑。
2）刘海：梳理前额刘海以保持额头洁爽。
3）颜色：头发颜色不得过于鲜艳、怪异。
4）发型：长发要扎成马尾或者盘发，短发要打理整齐。
5）发饰：选用大小适中的发饰，不要太夸张。
6）眼睛：保持清洁、无分泌物，避免眼睛布满血丝。
7）化妆：需要化淡妆，涂亮口红。
8）口腔：保持清洁、无残留物及异味，口气清新。

图3-4 女服务顾问仪容仪表

9）指甲：保持清洁，定期修剪，指甲长度要短于指尖；若涂指甲油，颜色只限于透明色。
10）香水：用清新淡雅的香水，不用浓烈的香水。

（2）着装原则 女服务顾问着装要保持简单、大方、整洁、明快的原则。

## （二）肢体语言

一个人的举手投足、言谈举止，可以充分展现他的气质，能真实地透射出他的素质修养、文化内涵等内在形象。服务顾问在为客户服务的过程中，恰当地运用肢体语言，能给客户带来舒服的服务体验。肢体语言一般包括微笑、眼神、站姿、坐姿、走姿、蹲姿、握手、递名片等。

### 1. 微笑

（1）微笑可以感染客户 微笑可以使客户感到温暖，可以拉近人与人之间的距离，让客户觉得你对人非常真诚，有利于改善你与客户的人际关系。人际交往是一个互动的过程，当你面带微笑，对方也会不自觉地被你感染，心情也会变得愉悦。

（2）微笑可以激发热情 微笑传递给客户这样的信息：见到你我很高兴，我愿意为你服务。所以，微笑可以激发服务热情，使服务顾问永远保持主动服务的心态，从而为客户提供优质、周到的服务。

（3）**微笑可以增强创造力** 当你微笑的时候，你就处于轻松愉悦的状态，可以提高大脑活力，有助于思维活跃，从而可以创造性地解决客户的问题。

### 2. 眼神

目光接触是交往中常见的沟通方式，眼神不同，含义也不同。与客户谈话时，正确地与客户进行眼神交流是对客户的尊重。

1）眼神要平视，真诚、自然地注视。
2）注意眼睛不能游离，也不能长时间只盯住一个方向。
3）与客户对话时，要看着对方的眼睛，表示礼貌、真诚与尊重。
4）道别或握手时，更应该用目光注视着对方的眼睛。

### 3. 站姿

服务顾问的站姿如图3-5所示。

图3-5 站姿

1）上身正直、挺胸收腹、腰直肩平、两臂自然下垂。
2）两腿相靠站直、肌肉略有收缩。
3）眼睛平视，嘴微闭，面带微笑。
4）女子站立时，双脚呈"V"型或"人"字型，双膝靠紧，两个脚后跟靠紧。
5）男子站立时，双脚与肩同宽。
6）身体站直，双手交叠放在小腹部位。

### 4. 坐姿

服务顾问的坐姿如图3-6所示。

图3-6 坐姿

1）头部端正，胸部前挺，双目平视，面带微笑。
2）男士：腰背部挺直，双腿垂直，双膝分开，不超过肩宽。
3）女士：双膝并紧，双脚向左或向右斜放，腿部与地面成侧倾角。
4）坐时应坐椅子的2/3。
5）就座要轻缓，上身正直，双肩放松平放，躯干与颈、髋、腿、脚正对前方。

### 5. 走姿

走姿美的要诀是：头部伸直，肩部放松，整个胸部自然舒展挺起，腹部和臀部适度收缩；走路时，要让重心落在前脚掌，身体略向前倾，走姿如图3-7所示。

图3-7 走姿

### 6. 蹲姿

下蹲时要一脚在前，一脚在后，两腿向下蹲，前脚全着地，小腿基本垂直于地面，后脚跟提起，脚掌着地，臀部向下。两脚一前一后稍分开，停在要拿或捡的东西旁边，下蹲时屈腿，一膝向地，同时用手拿取物品。背不要弯，也不要低头，上身始终保持挺立，显得端庄大方，蹲姿如图3-8所示。

### 7. 握手

握手时，按照上级在先、长者在先、女性在先的顺序进行握手；握手时，力气不宜过大，但也不宜毫无力度；握手时，应目视对方并面带微笑，不能戴着手套与人握手；握手的时间以 3~5s 为宜，握手如图 3-9 所示。

### 8. 递名片

递名片的次序是由下级或访问方先递名片，如当介绍时，应由被介绍方先递名片，递名片时，应说些"请多关照""请多指教"之类的寒暄语；互换名片时，应该用右手拿着自己的名片，用左手接对方的名片后，用双手托住对方的名片；互换名片时，也要看一遍对方职务、姓名等。递名片如图 3-10 所示。

图 3-8 蹲姿

图 3-9 握手

图 3-10 递名片

## （三）礼貌用语

### 1. 声音的运用

1）声音大小：全场听得见，声音有强弱变化。
2）讲话速度：快慢适中，约每分钟 100~120 字，重要的地方放慢语速。
3）音调变化：根据内容改变，有高昂、有低沉，配合面部表情。
4）重音运用：在关键词句上加强，时而轻松叙述。
5）顿挫使用：短暂的顿挫可以促使听者期待或思考。
6）措辞格调：通俗易懂，深入浅出，避免粗俗或咬文嚼字。
7）逻辑顺序：先后成章，不颠三倒四，举例后能回到中心。
8）情绪修饰：要有表演者精神，依据内容体现情意，吸引听众。

### 2. 标准服务用语

1）欢迎光临。
2）先生/女士您好。
3）有什么需要帮忙的？
4）请问先生/女士您需要在这里等吗？
5）有什么问题，请随时跟我联系。
6）这是我的名片，请多多指教！

### 3. 禁忌语言

经常使用禁忌语言，会让客户对经销商的服务产生不专业、不热情、不周到的印象。与客户沟通过程中，要避免使用以下语言：

1）不知道。
2）好像。
3）可能、大概、也许等含糊不清的语言。
4）不能，不可以。
5）这不是我的责任。
6）问题不大，还行。

## （四）电话礼仪

电话礼仪，不仅体现于职场中，而且日常的每个电话都需要注重礼仪。良好的电话礼仪也在无形中向对方传递公司的形象，在日常生活中，良好的电话礼仪也能体现个人的礼貌和修养。

### 1. 接电话的流程和注意事项

接电话的流程如图3-11所示。

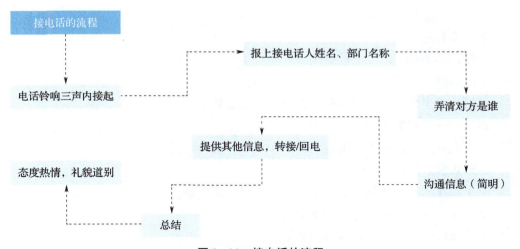

图3-11 接电话的流程

接电话的注意事项：

1）电话铃响在三声之内接起。
2）电话机旁准备好纸笔进行记录。
3）确认记录下的时间、地点等。
4）告知对方自己的姓名。

### 2. 拨打电话的流程和注意事项

拨打电话的流程如图3-12所示。

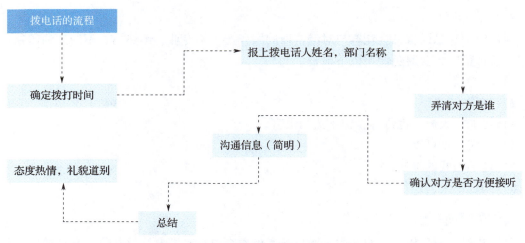

图 3-12　拨打电话的流程

拨打电话注意事项：

1）重要的第一声。
2）要有喜悦的心情。
3）清晰明朗的声音。
4）进行认真清楚的记录。
5）了解拨打电话的目的。
6）挂电话前的礼貌。

3. 转接电话标准用语

1）您好！这里是××公司！有什么可以为您服务的？
2）请稍候，我将为您转接。
3）对方占线，请您稍等一下。

4. 留言电话注意事项

1）××现在不在，我是××，是否可以由我为您服务？
2）对不起，××不在，是否需要留言？
3）对不起，××正在……是否需要等候呢？

## 任务二　执行新能源汽车售后服务流程

 任务导入

张明通过学习和实际演练已经能熟练按照汽车售后服务流程的要求规范地接待燃油汽车客户了，但张明还是很好奇，如果碰到新能源汽车客户，是不是也和燃油汽车客户一样接待呢？

## 任务目标

**知识目标**

1. 掌握新能源汽车售后服务流程与汽车售后服务核心流程的差异。
2. 了解引导停车、交车准备的注意事项。
3. 掌握预约、环车检查、维修服务、自检/互检、交车的注意事项。

**技能目标**

1. 能够描述新能源汽车售后服务流程的关键内容。
2. 能够在新能源汽车接待服务过程中体现客户关怀。
3. 能规范运用服务接待术语与客户进行沟通与交流。
4. 能够描述新能源汽车环车检查、维修服务、自检/互检、交车中的工作安全事项。

**素质目标**

1. 培养安全意识、规则意识。
2. 培养团队合作意识。
3. 培养商务沟通能力。
4. 培养执行能力。

## 任务实施

### 任务2.1 了解典型品牌经销商的新能源汽车售后服务流程

#### 知识引入

随着汽车"新四化"(电动化、网联化、智能化、共享化)的持续推进,新能源汽车未来将继续保持高速发展。各大汽车企业推出了众多新能源汽车车型。汽车电动化的发展必将带来售后服务行业的众多变化。而汽车维修服务实现流程化管理,不但可以体现以"客户为中心"的服务理念,展现品牌服务特色与战略,还让客户充分体会有形化服务的特色,以提升客户的忠诚度。

我们以大众品牌经销商新能源汽车售后服务核心流程(图3-13)为例,它是在大众品牌服务核心流程框架基础上根据新能源汽车的产品性能、服务需求制定的服务流程。

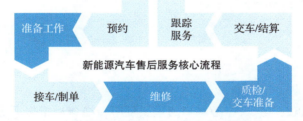

图3-13 大众品牌经销商新能源汽车售后服务核心流程

大众品牌新能源汽车售后服务的核心流程，提炼出服务、维修过程中的关键步骤，并总结新能源汽车售后服务核心流程中各环节的注意事项（图3-14），提醒各环节各岗位人员时刻注意安全。

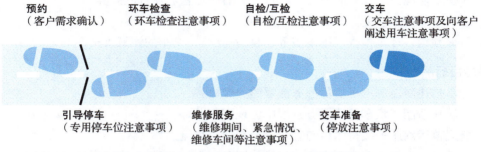

图 3-14 新能源汽车售后服务核心流程中各环节的注意事项

新能源汽车售后服务核心流程针对差异点发生的具体步骤及环节，系统性地进行新能源汽车售后服务流程与燃油汽车服务流程的差异阐述（表3-1），确保一线人员和管理者能够快速、清晰地按照该流程，开展新能源汽车的售后服务业务，提升经销商新能源汽车服务管理质量和客户满意度。

表 3-1 新能源汽车售后服务流程与燃油汽车服务流程的差异

| 步骤 | 流程环节 | 差异点 |
| --- | --- | --- |
| 1 | 预约 | 与客户确认车辆是否为新能源汽车，并根据本店的维修资质来判断是否可接受预约 |
| 2 | 准备工作 | 车间调度员做好工位、人员、设备等准备工作，确保新能源汽车专用工位及工具在预约时间段内的资源可用 |
| 3 | 接车/制单 | 引导客户将车辆停至新能源汽车指定停车位并进行登记 |
| | | 服务顾问在接待客户时，先询问客户是否是新能源汽车，如果是新能源汽车，根据客户描述的故障现象判断本店是否有资质/能力进行维修，如果没有，推荐客户到相对应的普通新能源汽车经销商或电池维修中心进行维修 |
| | | 涉及更换动力蓄电池或者蓄电池模块的车辆，服务顾问在 DMS 系统内做好数据维护 |
| 4 | 车间维修 | 涉及动力蓄电池、电机或是存在危险的维修、互检，将由大众认证高压电技师或高压电专家完成 |
| 5 | 质检/交车准备 | 涉及动力蓄电池、电机或是存在危险的维修，质量检查员必须通过高压电技师或专家认证 |

## 任务 2.2 执行典型品牌经销商新能源汽车售后服务流程

### 任务 2.2.1 预约客户

**知识引入**

一、预约

预约作为经销商邀约客户、服务客户的重要环节，在售后维修服务中起到了重要作用。预约服务中，准确地识别客户是精准服务的基础。

## 1. 预约的方式

预约分为经销商主动预约和客户主动预约两种形式。预约方式如图3-15所示。经销商主动预约是经销商根据DSM提醒服务及客户档案，主动预约客户进行维修服务。客户主动预约是客户主动与经销商预约进行维修保养服务。

电话　　　对话　　　汽车企业品牌App　　汽车企业客户微信公众号　　短信　　微信

图3-15　预约方式

客户也分为预约客户和非预约客户，他们对服务的期望值有差异。预约客户期望：服务企业为我的来店做好一切充分准备，能全面履行预约时的承诺，最好能超越这些承诺。非预约客户期望：来店维修最好不要等待或者等待时间不要太久，有足够的工位、服务人员等。

## 2. 预约的意义

预约是售后服务流程的第一个重要环节，因为它是与客户关系建立的第一个触点，从而也就提供了立即与客户建立良好关系的机会。预约的意义主要体现在以下方面：

1) 可以缩短客户等待时间，保证客户按约定的时间取车，减少客户抱怨。
2) 可以提高车间的设备利用率，提高单车收益。
3) 可以避开维修的高峰时段，起到"削峰填谷"的作用。
4) 可以及时订购备件，减少备件库存。

## 3. 预约工作内容

1) 服务顾问需要与客户确认车辆是否为新能源汽车，并根据本店的维修资质来判断是否可接受预约。预约确认新能源汽车如图3-16所示。

图3-16　预约确认新能源汽车

2) 询问客户及车辆的基础信息（核对老客户数据、登记新客户数据），对于系统内有记录的新能源汽车，服务顾问与客户核实信息即可。

3) 询问行驶里程。

4) 询问上次维修时间及是否是重复维修。

5)确认客户的需求、车辆故障问题。

6)介绍特色服务项目及询问客户是否需要这些项目。

7)确定服务顾问的姓名,预约完成后,告知客户后续将由专属的新能源汽车服务顾问为其提供专业服务。

8)确定接车时间、暂定交车时间。

9)提供价格信息并告诉客户携带相关资料,如行驶证、保养手册、购车发票(首保车辆)等。

10)传递服务准备信息时,必须注明为新能源汽车客户,最好能识别更具体的信息,如:BEV(纯电动汽车)、PHEV(插电式混合动力电动汽车)、HEV(混合动力电动汽车)。

开始预约

沟通预约需求

确认客户需求

预约参考话术

### 4. 预约要点

1)保证必须的电话礼仪。

2)了解客户潜在需求,详细了解客户车辆服务记录。

3)尽可能收集信息,缩短客户服务登记的时间。

4)确保让客户清楚可能需要做的其他服务项目。

5)准确的预计时间与费用。

6)尽可能将预约放在空闲时间,避免太多约见安排在上午的繁忙时间及傍晚。

7)留20%的车间容量应对简易修理、紧急修理和前一天遗留下来的修理及不能预见的延误。

8)将预约间隔开(例如,按分钟间隔),防止重叠。

9)与安全有关的、返修客户及投诉客户的预约应予以优先安排。

### 5. 预约流程

(1)进行预约 根据提醒服务系统及客户档案,经销商主动预约客户进行维修,对返修客户和投诉客户要特别标出,以引起其他相关工作人员的注意。预约流程如图3-17所示。

(2)填写预约表 参考客户档案,将客户及车辆资料写在任务委托书上。

(3)确认预约 提前与客户联络,确认预约客户。

a)进行预约　　b)填写预约表　　c)确认预约

图3-17 预约流程

## 二、准备工作

### 1. 工作内容

1）草拟工作订单：包括目前已了解的内容，可以节约接车时间。

2）检查是否是重复维修，如果是，在订单上做标记以便特别关注。

3）检查上次维修时发现但没纠正的问题，记录在本次订单上，以便再次提醒客户。

4）估计是否需要进一步工作。

5）通知有关人员（车间、备件、接待、资料、工具方面的人员）做准备。

6）提前一天检查各方的准备情况（技师、备件、专用工具、技术资料等方面人员的准备情况）。

7）根据维修项目的难易程度合理安排人员（新能源汽车需要安排高压电技师进行维修）。

8）定好技术方案（对于重复维修、疑难问题）。

9）如果是外出服务预约，还要做好相应的其他准备。

### 2. 准备工作要点

1）填写欢迎板。

2）填写"预约登记表"。

3）备件部设有专用的预约备件存放区。

4）准备新能源汽车维护相应的工具、专用工位和技术方案。例如，服务顾问查阅产品技术信息以及相应的操作是否需要高压电技师进行维修。如果需要高压电技师，则必须确认在约定时间内的工作安排。

5）落实负责的预约备件完全到位。

6）提前1小时电话确认。

7）服务顾问确保做好新能源汽车的准备工作。

8）如果准备工作出现问题，预约不能如期进行，尽快告诉客户重新预约。

9）建议车间使用工作任务分配板。

### 3. 准备工作流程

（1）准备任务委托书　参考客户档案，打印出资料或预约表，将客户及车辆资料写在任务委托书上面。对返修客户和投诉客户要特别标出，以引起其他相关工作人员的注意。准备工作流程如图3-18所示。

a）准备任务委托书

b）确认备件库的预约备件

c）确认维修技师

图3-18　准备工作流程

（2）确认备件库的预约备件　服务顾问对确定的维修备件通过 DMS 通知备件库预拣，设置预拣区。如果有缺件，就立即通知服务顾问。备件部根据实际情况采取订货措施，并将到货时间通知服务顾问。

（3）确认维修技师　根据维修项目的难易程度合理安排维修技师（新能源汽车需要安排高压电技师进行维修），准备相应的工具、工位和技术方案。

▶ **任务 2.2.2　接待客户**

### 知识引入

#### 一、接车/制单

##### 1. 接车/制单工作内容

1）识别客户需求（按客户类型分类）。
2）自我介绍。
3）耐心倾听客户陈述。
4）当着客户的面使用车辆保护罩。
5）全面彻底进行维修检查。
6）如果必要与客户共同试车。
7）总结客户需求，与客户共同核实车辆、客户信息，将所有故障及客户意见（修或不修）写在任务委托书上，请客户在任务委托书上签字。
8）提供详细价格信息。
9）签署关于车辆外观、车内物品确认单或将此内容写在任务委托书上。
10）确定交车时间和方式（交车时间尽可能避开收银台前的拥挤时间）。
11）向客户承诺工作质量，做质量担保说明和超值服务项目说明。

##### 2. 接车/制单工作要求

1）遵守预约的接车时间（客户不用等待）。
2）预约的服务顾问要在场，不能因为工作忙，就指派其他人员（如维修人员）代替，这样会让客户感到不受重视，客户会产生不信任感。
3）请求服务经理指派人员协助你，以免在繁忙时间对客户造成不便。
4）戴好胸牌，以便客户知道自己在与谁打交道，这样有利于增加信任。
5）接车时间要充足（有足够的时间关照客户及进行维修方面的解释说明）。
6）将接待的客户分为预约客户、未预约客户。

预约客户：取出已准备好的任务委托书和客户档案，陪同客户进入维修区。这样，客户会感到对他的预约十分重视，他对接待这一环节会很满意。

未预约客户：仔细询问，按接待规范进行登记。

7）如果有必要试车，应与客户一起试车，发现新的故障还要增加维修项目。若服务顾问对故障判断没有把握，也可以请一位有经验的技师一起进行车辆诊断。

8）告诉客户进行的维修工作的必要性和对车辆的好处。

9）在确定维修范围之后，告诉客户可能花费的工时费及材料费。如果客户对费用有异议，应对此表示理解，并进行必要的解释。

10）在一些情况下，如果只有当拆下零件或总成后才能准确地确定故障和与此相关的费用时，报价应当特别谨慎。服务顾问应当告诉客户诸如以下的措辞："以上是维修 PTC 加热器总成的费用，维修充配电总成的费用核算不包括在内，只有在 DC/DC 变换器拆解出后才能确定"等。

11）分析维修项目，告诉客户可能出现的几种情况，并表示会在处理之前事先征得客户的同意。例如，客户要求更换主接触器，服务顾问应当提醒客户，可能会发现电池包模组电压偏低，拆卸电池包后将检查结果告诉客户，征求客户的意见。

12）服务顾问打印任务委托书，与客户沟通确认后，请客户在任务委托书上签字确认。

13）提醒客户拿走车上的贵重物品。

## 素养园地

### 新能源汽车"买得起却修不起？"

**1. 新能源汽车发生意外磕碰，维修费用高达 54 万元**

近日，黄先生驾驶一款某品牌的新能源汽车在行驶过程中意外与山体发生碰撞，导致车灯与底盘部件受损、动力蓄电池板向内凹陷。依据现场情况来看，车损并不严重，修理一番还能继续使用。当 4S 店的维修报价单发来时，黄先生陷入了沉思，脑子里合计着"我的车总价才 24.9 万元，你发给我 54 万元的维修单？"根据 4S 店介绍，碰撞车辆无法单独更换底部铝板，只能将整个动力蓄电池组进行更换。车头维修定价为 9 万余元，更换动力蓄电池组的费用更是高达 40 万元。加上一些其他的费用一共 54 万元。面对如此报价，维修实在没有必要，黄先生直接选择让保险公司定全损。

**2. 轻微摩擦，维修费用 1.9 万元**

一辆某品牌新能源汽车与另一辆汽车发生轻微摩擦，从旁观者角度来看，最多就是补补漆花几百元就能解决。然而这辆新能源汽车的维修费高达 1.9 万元，仅一个激光雷达就报价 9000 元。要知道该车的整车售价也才 177900 元。该品牌新能源汽车在四周搭载了 4 个激光雷达，按此报价 4 个激光雷达加车身修复费用不菲。新能源汽车维修费为何如此昂贵？

### 大有可为的新能源汽车

**1. 新能源汽车售后服务行业的痛点**

与燃油车相比，新能源汽车浮现出来的问题是：维修成本超乎想象。激光雷达、动力蓄电池等易损件的费用高昂，特别是动力蓄电池，一旦要换，几乎等于燃油车换发动机，从目前来看，动力蓄电池的维修成本远高于发动机。现阶段，新能源汽车动力蓄电池系统是将电芯直接封装为电池包，电池包继续拼装为一个电池组，接着以一个整体嵌入底盘，与底盘严丝合缝。如此设计的原因之一是为了提升电池效率，保护电池，增加续驶里程。可由于底盘与电池组集成度高，只要一个地方出了问题，就要整体更换。仅电池维修就要付出购车成本一半以上的价钱。激光雷达和毫米波雷达等硬件昂贵又易损，一旦碰撞时受损，基本无法维修，只能更换。越来越多的新能源汽车设计强调一体化，其优势是可以降低制造成本，轻量化可以延长车辆续驶里程，还能提升车辆操控性，但随之而来的是维修成本更高，一旦碰撞严重就无法修复，只能整体更换。新能源汽车不修则已，一修就"伤筋动骨"，这已成了普遍存在的现象。

### 2. 新能源汽车大有可为

党的二十大报告中提到"推动能源清洁低碳高效利用,推进工业、建筑、交通等领域清洁低碳转型",还提到"推动绿色发展,促进人与自然和谐共生",因此,新能源汽车的发展是大势所趋,它符合绿色发展理念,并且新能源汽车受到国家政策、资金的支持,在购车时车主享受免交购置税,并且上牌和限行方面也享有政策倾斜优势。另外,新能源汽车内部设计简洁,功能使用方便,行驶过程中不会出现发动机噪声、抖动等问题,驾驶舒适度也很高。新能源汽车售后服务需要建立统一的服务标准,上下产业链协同合作,开放各自的技术数据,打破门槛,构建起一整套新能源汽修人才培养体系,相信新能源汽车售后服务一定会赢得越来越多客户的满意和认可。

**启 示**

成功从来不是一蹴而就的,新事物的发展总是在曲折中上升。新能源汽车现在虽然还有很多问题,只要将问题——解决,新能源汽车一定会迎来春天!

### 3. 接车/制单工作流程

接车流程如图3-19所示。

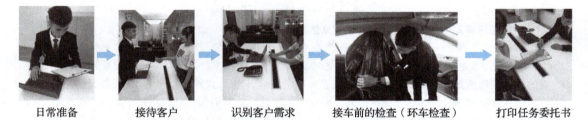

图3-19 接车流程

(1)**日常准备** 在客户到来之前,准备必要的文件、脚垫、座椅套等。

(2)**引导停车** 新能源汽车通过预约或者临时进场时,为预防安全风险,车辆引导员应该指引车主将车辆停到新能源汽车专用停车位。

**注意事项:**

1)车位专车专用,规范停放。

2)车位周边请注意不要停放其他车辆,防止意外情况发生。

3)车位周边不要放置易燃易爆物品,停在开阔地带,保持周边通风。

4)引导员应具备快速识别新能源汽车的能力。

迎接客户

(3)**接待客户** 礼貌地迎接客户,进行自我介绍,询问客户姓名,以及是否为预约客户等。对于未预约客户,在任务委托书上写下客户和车辆的资料,询问客户是否为第一次到店。对于预约客户,取出已准备好的任务委托书和客户档案/资料。

(4)**识别客户需求** 耐心倾听客户陈述,询问检查目的和里程表读数,然后确定技术检查程序(例如,40000km例行检查),了解故障现象及故障产生的情况等,用客户的原话将故障现象及要求写在任务委托书上。

(5)接车前的检查（环车检查） 在填写任务委托书之前与客户一起对车辆进行环车检查，环检的内容如图3-20所示。环车检查时，要当着客户的面使用"五件套"，提供手提袋装纳客户的物品，同时看一下车辆是否存在某些缺陷（如车身某处有划痕、某个车灯破碎等）、有无贵重物品留在车中等，把这些缺陷在任务委托书上注明。如果故障在行驶中被发现，应与客户一起进行试车。

1. 服务顾问就驾驶座，检查内饰情况、电子指示系统、舒适系统、燃料或电量及里程，记录车辆设置以便交车时复位。开机舱盖锁、行李舱盖锁、燃油箱盖锁，并在"接/交车单"上做记录。然后服务顾问下车，关好车门

2. 服务顾问前往车头前方，打开机舱，检查机舱盖、前保险杠、前照灯及转向灯、油液液面，线束连接、油液管状况等，并在"接/交车单"上做记录

3. 服务顾问前往车身右侧，沿顺时针方向检查车身右侧、右侧车门、车顶右侧、右侧轮胎及油箱盖，并在"接/交车单"上做记录

4. 服务顾问前往车尾，在征得客户同意后，打开行李舱盖，检查行李舱盖、后尾灯、后保险杠、行李舱内备胎及随车工具并在"接/交车单"上做记录

5. 服务顾问前往车身左侧，沿顺时针方向检查车身左侧、左侧车门、车顶左侧、左侧轮胎及天线等，并在"接/交车单"上做记录

图3-20 环车检查

新能源汽车高压电额定电压在300～500V，极为危险。服务顾问接车后，环车检查时需要防范高压电危险。

**注意事项：**

1）新能源汽车高压电额定电压均在350V以上，易产生高电压危险。环车检查中，不要随意触碰带有高压电警告标识的高压电部件，防止意外触电。

2）目测观察所有高压电连接插头、线束（橙色）是否破损，高压电部件是否破损等，如果发现异常，及时联系HVT（高压电技师）/HVE（高压电专家）。

3）如果客户要求提供"快捷服务"，建议由具备HVT资质的技术人员来完成操作。

4）如果车辆有"吡吡"的异响声，或有刺鼻气味，请立刻发出警报并联系HVE。

5）返修或投诉的车辆可要求车间主任协助，在任务委托书上清楚标注"返修"或"投诉"。

(6)打印任务委托书 总结客户需求，解释要做的工作、估价并确定交车日期及时间，与客户共同核实车辆、客户信息，将所有故障及客户意见（修或不修）写在任务委托书上，服务顾问打印任务委托书，客户在任务委托书上签字。

环车检查

制订任务委托书

送客户休息

接车制单参考话术

### ▶ 任务2.2.3 派工维修客户车辆

### ← 知识引入

#### 一、维修

##### 1. 维修的重要性

维修作业是维修企业的核心环节，维修企业的经营业绩和车辆维修质量主要由此环节产生，因此，做好维修工作十分必要。

##### 2. 维修的工作内容

1）遵守接车时的安排。
2）车间或小组分配维修任务，全面完成订单上的内容。
3）保证修车时间。
4）订单外维修需征得客户签字同意。
5）正确使用专用工具、检测仪器，参考技术资料，避免野蛮操作。
6）做好各工种和各工序之间的衔接。
7）维修技师在任务委托书上签字。

##### 3. 维修的工作要求

1）维修人员要保持良好的职业形象，穿着统一的工作服和安全鞋。
2）维修时要使用座椅套、脚垫、翼子板罩、转向盘套、变速杆套等必要的保护装置。
3）不可做在客户车内吸烟、听音乐、使用电话等与维修无关的事情。
4）维修时车辆要整齐摆放在车间，时刻保持地面、工具柜、工作台、工具等的整齐清洁。
5）维修时工具、油水、拆卸的部件及领用的新件不能摆放在地面上。
6）新能源汽车在维修过程中，若涉及高电压系统操作，必须严格遵守高压电安全操作规则。

**注意事项：**

①严格按照授权作业范围，由相应等级人员完成相应的操作。
②操作前，由具备HVT资质的技师确认高电压系统状态，并切断高压电；确认高电压系统已经正常断电；若出现无法断开高压电的情况，请立即联系HVE，并由HVE完成高压断电。
③操作中，严格遵守高电压车辆车间流程，时刻关注车辆状态。
④采用双人小组工作模式，相互监督和检查是否规范操作，一旦出现危险，请及时制止，必要时要采取断电及急救措施。

7）维修完毕后，将旧件、工具、垃圾等收拾干净。
8）将更换下来的旧件放在规定位置，以便客户带走。

9）将座椅、转向盘、后视镜等调至原来的位置。如果拆卸过蓄电池、收音机、电子钟等的存储已被抹掉，应重新恢复。一定要注意以上工作细节。

 实施维修　　 维修增项处理　　 维修自检　　 维修工作参考话术

## 二、质检/内部交车

### 1. 质检的重要性

只有稳定的维修质量才能使客户满意，因此，在维修过程中和维修结束后认真进行质检不仅可以保障客户满意率，更重要的是，可以减少返修率，为企业节省时间和金钱，提高企业在客户心中的地位。

### 2. 质检/内部交车的方式

1）自检。

2）互检或班组长检查。

3）终检：终检员签字（安全项目、重大维修项目根据行业标准检验）。

### 3. 质检/内部交车的工作内容

1）随时控制质量，在客户接车前纠正可能出现的问题，即自检。

2）路试（技师/工或服务顾问进行路试）。

3）在任务委托书上写明发现但没去纠正的问题，服务顾问签字。

4）新能源汽车在自检和互检过程中也需要做好安全保护：车辆的高压电网络和动力蓄电池存在危险，可能引起燃烧、其他伤害和威胁生命的触电危险。只能由具有相关资质并受过培训的专业人员执行高压车载电网和直接受其影响的系统上的作业。维修工作应始终遵守现行的法律规定和技术要求，必要时参考事故预防规定以及维修手册。新能源汽车质检时应遵循"4 保证"原则。

新能源车辆自检/互检"4 保证"原则如下：

①保证遵守相应品牌汽车标准和规范，由具有相应资质的人员进行高压电系统断电。

②对高电压相关部件进行目视检查，保证车辆高压电部件及线束完好无破损。

③保证维修标识和工具全部收回，不遗漏在客户车内。

④保证车辆正常，高电压部件插头连接完好，能正常上电行驶，仪表内无高压电系统故障警告灯。

5）清洁车辆。

6）停车并记录停车位。

7）准备服务包（特色服务介绍等宣传品、资料、礼品、客户意见调查卡等）。

8）向服务顾问说明维修过程及问题。

#### 4. 质检/内部交车的工作要求

1) 了解客户的车辆历史,包括是否曾被召回。
2) 确认客户提到的所有需求。
3) 让客户了解获得所需信息的重要性。
4) 向客户解释,如果费用或时间变化,会及时联系告知客户。
5) 确保维修车间通过进行有效的工作分配,做好准备为预约和未预约的客户提供服务。
6) 如果是返修或投诉,请维修经理亲自确认你做的交车准备工作(例如,做的工作内容、工作质量、换掉的零件、文件等)。
7) 建议让当初接待客户的服务顾问做交车准备工作,并在交车时对所做的工作进行解释。

#### 5. 质检/内部交车流程

(1) 维修后质量自检  随时控制质量,在客户接车前纠正可能出现的问题,查看任务委托书,以确认最后检查已完成。如有必要,维修技师或服务顾问进行路试。要求服务经理批准特别修理(如昂贵的修理、保修工作或返修等)的收费。要求服务经理亲自确认返修或进行投诉车辆的交车前的最后检查。在修理手册或质量保证书中记录已完成的检查。质检流程如图 3-21 所示。

(2) 清洁车辆  确认车辆内外已清理干净,确认其他交车前的工作(将座椅恢复到原来位置),再次检查接车前的检查项目(如车身损伤等),并与原先的检查进行比较。

(3) 准备交还给客户的材料  准备要交还给客户的资料或要给客户展示的旧件、维修手册或质量保证书。

图 3-21  质检流程

▶ **任务 2.2.4  交车/结算**

**► 知识引入**

## 一、交车/结算

### (一) 交车/结算的工作内容

1) 新能源车辆交车准备:高压电安全检查。在交车前准备工作中,服务顾问需要对车辆进行检查。检查过程中需要注意高压电安全问题。交车准备"4必须"原则如下：

①高压电部件警示标识必须完好，无损坏。

②维修警示牌及维修专用工具必须完全收回，没有遗漏在客户车内。

③高压电必须完全恢复，仪表内无高压电系统故障警告灯。

④新能源车辆交车（客户安全）。

2）新能源车辆交车：在交车过程中，服务顾问带领客户进行维修说明和车辆状态检查时，需要时刻注意高压电安全问题。交车时要遵循充电"5务必"、用车"1切勿"原则。

①务必遵守规定的操作规范，确保先结束充电过程，之后再拔下充电插头。

②务必防水、防潮及防液体侵入，确保防护好插头连接，避免水雾、潮气和其他液体进入。

③务必使用由整车企业认可的充电电缆。

④务必保证一个安全回路充一辆车。切勿在一个熔丝电路的插座上同时为多辆车充电，为其他车辆充电时请使用其他的安全回路。

⑤务必确保插头和充电电缆无损坏，并由有资质的专业人士定期检查。

⑥切勿自行打开、保养、修理高电压网络部件（车上通过橙色电缆连接或带有警告标识的部件）。

3）向客户说明任务委托书外的工作和发现但没去解决的问题，对于必须维修但客户未同意的项目要请客户签字。

4）向客户展示换下来的旧件。

5）指示客户看所做的维修工作。

6）告知某些备件的剩余使用寿命（例如制动部件、轮胎）。

7）向客户讲解必要的维修保养常识，宣传经销商的特色服务。

8）向客户宣传预约的好处。

9）告别客户。

交车展示

结算费用解释

结算离开

交车结算参考话术

## （二）交车/结算的工作要求

1）准时交车。

2）交车时间要充分。

3）遵守估价和付款方式。

4）确保车辆内外清洁，检查维修过的地方无损坏或油污。

5）应该逐项解释收费（工时费和零件价格）。

6）作为汽车保养专家，应向客户讲述在维修过程中发现的问题，以及如何防止故障再发生。例如告诉客户："您的爱车制动摩擦片只剩下4mm，大约只能行驶6000~7000km，一定记得要及时更换，否则制动效果会降低，也会造成制动盘磨损。"

7）在客户取车时，服务顾问带领客户验车，并尽可能说明免费为客户进行的项目。例如告诉客户："驻车制动器行程太大了，可能导致驻车制动器失效，我们已经给您调整了"。

8）当面展示给客户的额外关怀。例如：给"吱吱"作响的车门铰链加油润滑；调整风窗玻璃清洗液喷嘴角度等。

9）向客户提出关怀性建议。例如告诉客户："轮胎气压不足会增加行驶阻力，因此，您应经常检查胎压；风窗玻璃清洗液喷嘴被车蜡堵住了，清洗液喷不出来，我们已将车蜡清除，以后您打蜡时要多注意。"

### （三）交车/结算流程

#### 1. 通知客户提车

到休息室或打电话通知客户维修工作已完成，请客户提车。交车/结算流程如图3-22所示。

图3-22 交车/结算流程

#### 2. 解释所做的工作和收费情况

解释所做的工作，并展示换下的零件。陪客户到车旁，展示接车前检查的项目都完成（例如，门铰链已加油），展示所做工作的质量（如果在诊断时进行了路试，此时也应与客户一起进行路试），向客户讲述在维修中发现的问题，并且提供有用的信息。向客户解释收费项目、价格和费用明细及总费用。

#### 3. 请客户付款

取下座椅套，陪客户至业务接待处，请客户付款，通知客户下次保养检查的时间。询问客户，何时进行维修后跟踪回访比较方便。

#### 4. 送客户离店

交还维修手册或质量保证书、车锁匙等，陪同客户取车，感谢客户，并且送他离店。

▶ **任务2.2.5 跟踪服务**

## 知识引入

### 一、跟踪服务

#### 1. 跟踪服务的意义

1）对客户惠顾表示感谢，提升客户信任度。

2）了解客户对服务是否满意；如果客户不满意，采取行动解决任何可能存在的问题。

3）将跟踪结果反馈给服务顾问、服务经理、车间主任等，找出改进工作的措施，以利于今后的工作。

4）通知客户下一次例行保养的时间。

## 2. 跟踪服务的工作内容

跟踪服务的工作内容如图3-23所示。

图3-23 跟踪服务的工作内容

## 3. 跟踪服务的工作要求

1）打电话时为避免客户觉得他的车辆有问题，建议使用标准语言及标准语言顺序，发音要自然、友善。

2）不要讲话太快，一方面给没有准备的客户时间和机会回忆细节，另一方面避免客户觉得你很急于结束对他的回访。

3）不要打断客户，记下客户的评语，无论批评或表扬。

4）在维修48小时之内回访。

5）打回访电话的人要清楚基本的维修常识，具备一定的语言技巧，清楚沟通。

6）打电话时间要回避客户不方便接听电话的时间。

7）如果客户有抱怨，不要找借口，告诉客户你已记下他的意见，并让客户相信，如果他愿意，有关人员会与他联系并解决问题。有关人员要立即处理，尽快回复客户。

8）对跟踪的情况进行分析及采取改进措施。

9）对客户的不合理要求进行合理解释。

## 4. 跟踪服务流程

（1）维修后跟踪　取出有关的任务委托书（在维修后48小时内），通过电话，在预约的日期和时间联络客户，并且按照预定的程序进行跟踪回访（例如，感谢客户惠顾、确认客户是否满意等）。如果客户满意，感谢客户，并欢迎继续光临惠顾；如果客户不满意或有投诉，感谢客户向你提出了问题，助你杜绝同样的问题。请客户将车开回维修中心，解决投诉的问题并立即向维修经理报告投诉。跟踪服务流程如图3-24所示。

（2）回访跟踪结果反馈　总结当天跟踪的结果，向维修经理报告跟踪结果。

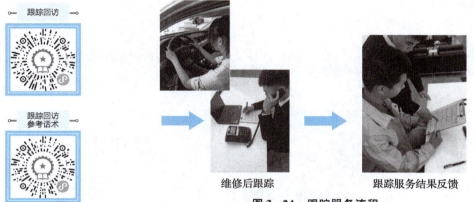

图3-24　跟踪服务流程

**课堂讨论**

你认为如何才能成为一名优秀的服务顾问？

## 项目拓展

### 电动乘用车售后服务规范

2022年12月，中国汽车流通协会发布公告，《电动乘用车售后服务规范》（以下简称《规范》）团体标准获批发布，自2023年1月1日起正式实施。作为我国首部新能源汽车售后服务规范，该标准的出台将有效规范新能源汽车厂商售后服务行为、提升售后服务能力和服务水平以及用户体验。

途虎养车作为起草单位中唯一一家汽车后市场企业，在标准化和智慧门店建设等方面贡献出"途虎智慧"。途虎养车新能源汽车售后业务相关负责人表示，《规范》对维修场地、维修设备及工具、维修技术人员和服务流程等提出规范化要求，有助于解决新能源汽车售后服务操作不规范、服务质量不合格和安全不达标等问题，让行业更标准、更透明。

《规范》要求维修场地应具备与服务项目相匹配的电动乘用车维修专用工位、动力蓄电池维修专用工位、动力蓄电池存放区域、充电停车位，应配置故障诊断仪、具备诊断功能的计算机设备和绝缘拆卸设备及工具等电动乘用车维修设备及工具。维修技术人员应经过培训合格持证上岗，从事涉电维修作业的技术人员应持有与作业内容相匹配的高压或低压电工操作证。此外，《规范》还针对服务流程提出一系列标准化要求。

# 项目四

## 管理新能源汽车维修车间

### 任务一　安全管理新能源汽车维修车间

#### 任务导入

王磊是新能源汽车检测与维修技术专业的学生。随着新能源汽车产销量逐年激增，王磊对新能源汽车的售后服务前景也越来越有信心，因此他想从事新能源汽车维修工作，但是由于担心新能源汽车维修时涉及高压电安全问题，一想到未来要从事新能源汽车维修还有点紧张。下面我们和王磊同学一起走进新能源汽车维修车间，通过学习提升认知，克服紧张情绪。

#### 任务目标

**知识目标**

1. 了解新能源汽车售后服务企业的分类及不同类别企业的业务范围。
2. 掌握新能源汽车维修人员的资质要求及岗位要求。
3. 了解新能源汽车专用维修车间的要求，掌握新能源汽车专用维修工位、专用维修工具的要求。
4. 掌握新能源汽车维修车间安全制度、安全标识和充电安全。
5. 掌握新能源汽车维修喷漆和钣金作业的注意事项。

**技能目标**

1. 能描述新能源汽车售后服务网络服务企业分类及业务范围。
2. 能描述新能源汽车维修人员的资质要求、岗位职责。
3. 能正确穿戴个人防护用品。
4. 能识别高压电安全标识。
5. 能描述充电、喷漆、钣金作业的安全注意事项。

**素质目标**

1. 培养安全操作意识。
2. 培养安全防护意识。

新能源汽车售后服务管理

### 知识引入

新能源汽车售后服务企业的维修车间，主要从事新能源车辆的保养、故障诊断与维修、事故车维修、拆检以及钣喷修复、动力蓄电池维修等工作。各岗位人员相互配合、相互协调，保证维修时间和维修质量。由于新能源汽车在维修时涉及高压断电等作业，因此，新能源汽车维修车间安全管理尤为重要。

## 一、新能源汽车售后服务企业类别

目前有三种不同类别的新能源汽车售后服务企业，通常将它们分为普通售后服务企业、授权新能源汽车售后服务企业和动力蓄电池维修中心三类。这三类服务企业分别具备不同的功能，被授权允许开展不同的新能源汽车维修业务。具体新能源汽车售后服务企业维修业务范围见表4-1，不允许越级维修。

表4-1　新能源汽车售后服务企业维修业务范围

| 业务范围类型 | 普通售后服务企业 | 授权新能源汽车售后服务企业 | 动力蓄电池维修中心 |
| --- | --- | --- | --- |
| 服务/检验 | 允许 | 允许 | 允许 |
| 标准维修和诊断（无须高压电系统断电） | 允许 | 允许 | 允许 |
| 高压电系统断电 | 不允许 | 允许 | 允许 |
| 高压电维修、动力蓄电池更换 | 不允许 | 允许 | 允许 |
| 动力蓄电池维修 | 不允许 | 不允许 | 允许 |
| 特殊情况/支持 | 不允许（需要高压电专家提供维修支持） | 不允许（需要高压电专家提供维修支持） | 允许 |

## 二、新能源汽车维修人员的资质及作业要求

### （一）新能源汽车维修技师作业范围

各个汽车企业都会对新能源汽车维修技师分等级认证，新能源汽车维修技师认证等级一般可以分为三级，从低级到高级分别是一般电气接触人员（EIP）、高压电技师（HVT）、高压电专家（HVE），他们的具体作业范围如下。

#### 1. 一般电气接触人员（EIP）的作业内容

一般电气接触人员（EIP）指的是在接受了充分作业指导后，有足够的能力在带高压电系统的电动车辆上从事一定作业项目的人员，需要掌握作业项目、不当作业时的潜在危险以及必要的防护装置和安全措施。对于电动汽车，一般的保养工作不需要进行高压电系统断电。所有从事电动车辆操作的人员（如服务顾问或PDI人员）都必须至少具有EIP资质。

对一般电气接触人员的要求如下：
1）从事任何保养工作，并在断电的高压电系统上进行作业。
2）针对高压电车辆的所有作业，EIP 是最低认证要求。
3）无认证的人员不得在电动车辆上执行任何作业。

### 2. 高压电技师（HVT）的作业内容

高压电技师在 EIP 的基础上，还可以完成以下工作：
1）标准化高压断电。
2）识别动力蓄电池安全等级的分类。
3）整体更换动力蓄电池。

### 3. 高压电专家（HVE）的作业内容

高压电专家在 HVT 的基础上，还可以完成以下工作：
1）动力蓄电池维修。
2）采用多种技术手段断开高压电。
3）在一定范围内跨经销商提供技术问题支持。

EIP、HVT、HVE 的作业范围如图 4-1 所示。

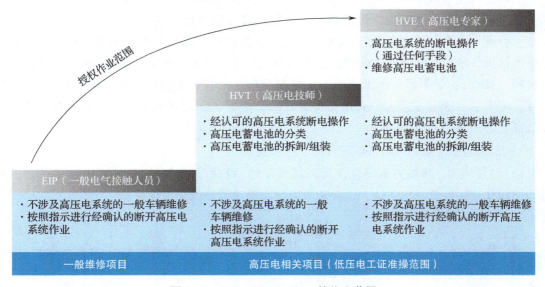

图 4-1　EIP、HVT、HVE 的作业范围

## （二）新能源汽车维修作业流程

根据新能源汽车故障类型，需要不同等级的高压电维修技师进行维修。不同等级的维修技师在维修新能源汽车时，会遵照图 4-2 所示的新能源汽车维修作业流程。维修作业流程针对保养作业、高压电系统作业、在高压电系统附近或在高压电系统上进行的作业进行了定义。

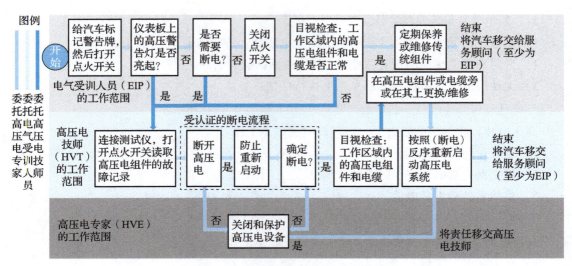

图4-2 新能源汽车维修作业流程

### （三）新能源汽车维修技师岗位要求

新能源汽车维修服务人员的资质，包括国家和新能源汽车维修服务企业两个层面的要求：通过中华人民共和国应急管理部（以下简称应急管理部）考核，合格后发特种作业操作证，管理1000V以下低压电工作业，它是从事新能源汽车售后维修的必需证件，涉及高压电维修操作的技师，需要提前考取；新能源汽车维修服务企业则必须具有两名认证的高压电技师（HVT）；如果是电池维修中心，则需要具有一名认证的高压电专家（HVE）。EIP、HVT、HVE认证是逐层上升的关系，其中HVT、HVE人员必须具有特种作业操作证才能参加认证。

#### 1. 新能源汽车维修技师（HVT/HVE）资质要求

1）经过培训、考核并取得应急管理部颁发的"特种作业操作证"如图4-3所示。特种作业操作证——低压电工证，这是从事新能源汽车维修的必需证件。

 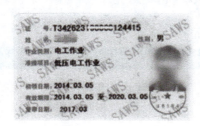 

图4-3 特种作业操作证

2）经过汽车企业新能源汽车结构原理与维修技术培训并通过考核。

3）新能源汽车维修必须由两名持证的维修人员同时进行，其中一名人员作为维修监护人员。

#### 2. 新能源汽车维修技师（HVT/HVE）岗位职责——监护和操作人员岗位职责

1）监护人员：引导车辆进入新能源汽车专用维修工位。

2）操作人员：在新能源汽车专用维修工位设置高压警告标识。

3）监护人员：监督并协调具有维修资质的人员维修车辆。

4）操作人员：按正确要求检查并穿戴个人安全防护装备。

5）监护人员：监督维修操作人员规范操作流程。

6）操作人员：需要维修高电压系统前，必须先执行高压电中止与检验。

### 3. 新能源汽车维修技师（HVT/HVE）岗位职责——监护人员监护内容

新能源汽车维修监护人员的技术技能等级应高于操作人员且具有丰富的实际工作经验并熟悉现场及设备情况。

1）进行高压电切断时，监护所有操作人员的活动范围，使其与带电设备保持规定的安全距离。

2）带电作业时，监护所有操作人员的活动范围，使其与高压电部件保持规定的安全距离。

3）监护操作人员的工具使用是否正确、工作位置是否安全，以及操作方法是否正确等。

4）工作中监护人员因故离开工作现场时，必须另行指派了解有关安全措施的人员接替监护并告知操作人员，使监护工作不致间断。

5）监护人员发现操作人员中有不正确的动作或违反规程的行为时，应及时提出纠正，必要时可令其停止工作，并立即上报。

6）所有操作人员不准单独留在维修保养中的专用工位区域内，以免发生意外触电或电弧灼伤。

7）监护人员应自始至终不间断地进行监护，在执行监护时，不应兼做其他工作。但在动力蓄电池与新能源汽车断开的情况下监护人员可参加班组的工作。

8）其他新能源汽车维修安全监督工作。

### 4. 新能源汽车维修（HVT/HVE）——个人防护要求

穿戴个人防护装备（图4-4）是保护个人在高压电环境下安全工作的重要手段。每次维修前，维修技师均需要检查个人防护装备的完好性并正确穿戴，才能进行维修工作。关于个人防护用品的注意事项如下：

1）进行高压电操作时，必须穿戴个人防护装备。

2）穿戴前检查防护装备是否完好，如防护手套是否有破损、安全帽是否破裂等。

3）维修动力蓄电池必须铺设绝缘垫，穿着工作鞋，保护自身安全。

4）防护手套为橡胶制品，注意定期更换。

安全帽
提供最高1000V直流
电压的保护（戴护目镜）

防护服

工作鞋
高电阻

防护手套
电压最高为1000V

内部手套
棉质

绝缘垫

图4-4 个人防护装备

新能源汽车售后服务管理

### 三、新能源汽车专用维修车间、维修工位和维修工具要求

新能源汽车维修车间有高压电安全风险，场地设施必须符合安全管理及相关标准。同时，除了普通维修车间的安全要求外，高压电维修车间必须制定相关的管理制度，加强安全管理，杜绝触电、火灾等安全事故的发生。

#### （一）新能源汽车专用维修车间要求

作为高电压车辆的维护与检修，新能源汽车高压专用维修车间有特殊的场地要求和工位要求。

##### 1. 工位数量、设备及面积

具备两三个标准工位（大小约为7m×4m），至少具备一台双柱龙门举升机。

##### 2. 采光

注意光的方向性，应避免对工作产生遮挡和不利的阴影。对于需要识别颜色的场所，应采用不改变自然光光色的采光材料。

##### 3. 照明

当天然光线不足时，应配置人工照明，人工照明光源应选择接近天然光色温的光源。

##### 4. 干燥

高压电维修车间必须保持干燥，场地应避免积水或漏雨的情况发生。保持干燥的要求是为了降低维修人员的触电风险。

##### 5. 通风

高压电维修车间保持通风有利于在维修车辆期间产生的有害物排出，并在发生触电事故的情况下，通风的环境能够更加有利于伤者呼吸到更多氧气。

##### 6. 卫生

应符合 GB/T 12801—2008《生产过程安全卫生要求总则》的有关要求。

#### （二）新能源汽车专用维修工位要求

##### 1. 专业维修新能源汽车维修企业

造车新势力的服务中心或者是获得新能源汽车企业授权的独立售后维修企业的维修工位可以分为以下三类：

（1）新能源汽车一般维修的工作区域　一般电气接触人员（EIP）在一般维修工作区域开展与高压电无关的保养和一般维修，新能源汽车一般维修的工作区域如图4-5所示。工作场所面积7.8m×4.5m。按照所需开展的作业内容配备所需的工具、设备和设施等。

（2）新能源汽车高压电维修的工作区域　在高压电维修的工作区域主要完成：由高压电技师（HVT）断电后的高压电车辆上开展的作业；在配备可诊断性动力蓄电池和高压电系统断电状态下的高压电车辆上开展的作业。工作场所面积为7.8m×4.5m；副区面积为1.2m×4.5m，作为平台剪叉式升降机、发动机吊车和动力蓄电池更换横梁的储物区。操作车间充电电缆需使用380V/16A不间断电流（推荐）。新能源汽车高压电维修的工作区域如图4-6所示。

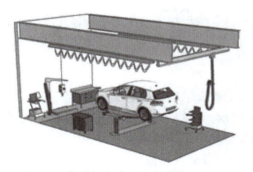

图4-5 新能源汽车一般维修的工作区域

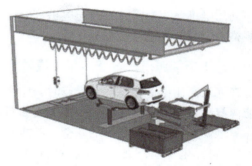

图4-6 新能源汽车高压电维修的工作区域

（3）新能源汽车动力蓄电池维修的工作区域 新能源汽车动力蓄电池的维修通常可以在常规车间环境中进行（例如，常规工作区域+副区）。必须对工作区域进行标示并对环境进行划分（例如，使用屏障带、高压电警告牌，以防止无关人员擅自进入）。拆卸动力蓄电池的工作空间须与其他设备保持至少1m的安全距离，以作为两名维修技师的行动区域。维修车间充电电缆需使用380V/16A不间断电流（推荐）。新能源汽车动力蓄电池维修的工作区域如图4-7所示。

图4-7 新能源汽车动力蓄电池维修的工作区域

### 2. 传统汽车企业的4S店

传统汽车企业的4S店为了维修新能源汽车，通常会在维修车间设有两个专用工位用于新能源车型的维修。新能源汽车专用维修工位有专用标记以便与常规车位区分，并配有水基灭火器，用于安全防范，如图4-8所示。

**注意事项：**

1）专车专用，按要求进行配置。

2）车位周边请注意不要停放其他车辆，防止意外情况发生。

3）车位周边不要放置易燃易爆物品，每个车位均要配置水基灭火器。

4）电池举升机及专用维修工具就近摆放，便于维修时使用。

5）安全标识应符合GB 2894—2008《安全标志及其使用导则》、GB 2893.5—2020《图形符号 安全色和安全标志 第5部分：安全标志使用原则与要求》的有关要求。当工位上有高电压车辆进行维修时，必须布置有明显的警告标识，避免他人未经允许进入高电压工位而发生危险。

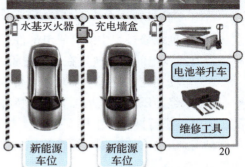

图4-8 新能源汽车专用维修工位

高压电维修车间需要安装充电桩，电气线路应符合生产用电的要求，确保接线良好，电缆规格符合要求并没有破损老化等。

### （三）新能源汽车维修专用工具要求

在涉及高压电部件检测、维修时，应使用授权品牌要求的高压电维修工具。一汽-大众新能源汽车需要的高压电维修专用工具如图4-9所示，这些工具具有良好的高压电绝缘性，以保障维修人员高压电维修的安全。新能源汽车维修专用工具使用注意事项如下：

1）高压电危险，维修人员在进行高压电维修时，务必使用高压电维修专用工具。

2）高压电不要直接测量，必须通过高压电专用工具接出后进行测量和分析。

3）不要使用绝缘等级不够的设备。普通测量设备绝缘等级较低，在高压电状态下使用危险性极大。

4）每次使用高压电测量设备前，要检查其外观的完好性，如果出现外表老化等情况，需要进行更换。

包含高压绝缘垫、电压测试仪的维修技师工具套件，用于高压电组件及高压蓄电池维修

高压蓄电池输出口测试连接线，用于检测电池高压电输出是否正常

高压电部件测试连接线，用于高压电系统断电、高压绝缘测量、先导线检测等

高压蓄电池直流充电口测试线，用于电池维修直流充电口高电压测量

7.2kW车载充电机测试连接线，用于检测充电机高压电绝缘等是否正常

图4-9 新能源汽车高压电维修专用工具

## 四、新能源汽车维修安全要求

### （一）新能源汽车维修安全管理制度

1）车辆维修过程中的高压电部件必须立即标识明显的"高压勿动"的警示标志，并禁止将带有高压电的部件放置在无人看管的环境下。

2）车辆在充电过程中不允许对高压电部件进行拆装、维修等工作。

3）未经高压电安全培训并取得特种作业操作证（低压电工证）的维修技师，不允许对高压电部件进行拆装、维修等操作。

4）高压电部件拆装、维修前，维修技师必须检查及穿戴个人安全防护装备，并使用绝缘工具进行拆装操作。

5）高压电部件拆装、维修过程中，维修技师禁止带手表、金属笔等金属物品在身上。

6）高压电部件拆卸、维修前必须进行高压电终止操作，即根据车型切断低压电源和拆卸高压电维修开关，并检验确认相关部件没有高压电。

7）进行车身焊接前应清理周围易燃物品，做好车身的保护，预防飞溅及着火，并严格

按照焊接及钣金维修工艺进行操作。

8) 维修完毕后上电前，确认车辆无人操作。

9) 更换高压电部件后，高压电缆接口必须按照标准力矩拧紧，并测量线路绝缘性能正常。

10) 在执行车辆维修期间，必须同时有两名持有上岗证的维修技师进行工作，其中一名维修技师作为工作的监护人，监督维修的全过程。如果发生触电事故，监护人应该立即采取有效措施执行急救。

11) 如果发生火灾，不要惊慌，要及时采取正确的方法灭火。首先要切断电源，立即离开车辆并站在远离车辆的上风。在采取救火措施的同时立刻报警（电话号码：119、110）。

12) 每天检查车间的灭火器是否在固定的位置、是否在有效期内。要充分了解灭火器、消防栓等消防设备的性质和正确使用方法。

### （二）操作高压电系统需要遵循的事项

1) 所有橙色电缆都带有威胁生命的高压电。

2) 不要将喷射水管或高压清洁器正对着高压电组件。

操作高压电系统注意事项
（3个视频）

3) 不要让润滑油、油脂、触点喷剂等接触高压电接头。

4) 当靠近带高压电的组件附近进行操作时，要切断系统电源。

5) 在焊接之前必须将车辆断电。

6) 必须防止灰尘和湿气沾染到所有松开的高压电连接装置。

### （三）操作高压电系统需要遵循的重要事项

1) 务必更换受损的电缆。

2) 身体上或身体内佩戴电子/医疗生命和健康维持设备（如起搏器）的人员不得操作高压电系统（包括点火系统）。

3) 所有使用的测量仪器应适当而且是经过批准的。

4) 小心操作潮湿的高压电系统（如湿润的组件，尤其沾有道路用盐的组件，会导致生命危险！）。

### （四）新能源汽车维修安全标识使用规范

新能源汽车警告及禁止标识如图4-10所示，能够提醒其他人当前的危险状态以及禁止的操作。请在维修过程中规范使用。新能源汽车维修安全标识使用注意事项如下：

1) 高压电维修必须使用安全标识，以提醒其他人危险状态及禁止的操作。

2) 断电流程中按照提示规范使用安全标识，断电成功后，一定要使用安全锁上锁。

3) 断电过程使用的标识如图4-10a、b、f、h所示。

4) 隔离危险车辆及动力蓄电池时，请使用警戒线及防止危险警报标识如图4-10c、d、e、g所示。

5) 新能源汽车高压电组件壳体上使用的危险警告标识如图4-10i、j所示。

6) 安全标识务必保证干净整洁，脏污破损后要及时更换。

a）禁止插入　　b）禁止接通　　c）请勿接近　　d）禁止烟火　　e）蓄电池危险　　f）高压电危险

g）警戒线　　h）安全锁　　i）电压危险！接触可能造成电击或烧伤！操作前关闭高压电系统　　j）注意！零件带有高压电。操作前断开高压电系统并阅读维修资料

图 4-10　新能源汽车警告及禁止标识

### （五）新能源汽车维修高压电安全——安全充电

新能源汽车充电过程不正确、忽视通用的安全防护规定、使用不合适的或损坏的插座和充电电缆、通过不合适的电气装置进行充电，以及动力蓄电池处置不当，都可能导致短路、触电、爆炸、着火、严重烧伤和伤害乃至死亡。因此，充电时务必按照规范操作（图 4-11）。

图 4-11　新能源汽车充电

新能源汽车充电注意事项——充电牢记"5 务必"：

1）务必遵守规定的操作规范，确保先结束充电过程，之后再拔下充电插头。

2）务必防水、防潮及防液体侵入，确保防护好插头连接，避免水雾、潮气和其他液体进入。

3）务必使用安全认可的充电电缆。

4）务必保证一个安全回路给一辆车充电，切勿在一个熔丝电路的插座上同时为多辆车充电，为其他车辆充电时请使用其他的安全回路。

5）务必确保插头和充电电缆无损坏，并定期由有资质的专业人士进行检查。

### （六）新能源汽车触电事故急救

1）救助伤员时，首先确保电气系统已经断电。将钥匙从点火开关上拔出，并将维护插接器从动力蓄电池的配电箱中拔出。

2）使用非导体（如木头制品）将暴露在外的带电电缆从伤者身上移开。

3）保持安全距离，因为存在产生电弧灼伤的风险。警告周围的人不要碰触带电备件（设立警戒线）。

4）如果伤者失去意识，关闭电流供给，使其恢复呼吸和心血管循环。如有必要，立即进行心肺复苏。对于心室颤动，采取除颤措施。

5）如果伤者仍有反应，冷却灼伤部位，并使用无菌、无绒的衣物覆盖伤口。即使伤者感觉良好，仍须保持观察。

6）立即拨打救助服务电话。

## 五、新能源汽车车身维修

新能源汽车若涉及钣金或油漆作业,同样需要严格遵守新能源车辆相关的操作要求,以确保操作的安全性,以及人员及车辆的安全。

### (一)认识新能源汽车钣金维修技师岗位

钣金维修技师主要负责修理、更换损坏的汽车零部件,使损坏车辆恢复到出厂标准,最终完美修复车辆。

#### 1. 岗位职责

1)负责事故车辆的拆解、报价,并根据具体车型的技术标准制订维修方案。
2)根据出厂技术规格,进行车身、纵梁等矫正,车辆外覆件、筋线等造型修复。
3)负责协助理赔顾问,完成事故车辆的定损、复勘等工作。
4)拆卸和安装所有车身部位,包括悬架、电路和气囊等。
5)喷漆后重新装配、调整前照灯,以及负责车辆交付前的最终校准和调整工作。
6)熟悉系统功能和线路、部件、装配总成,能够系统化地进行综合维修、装配和修复基础系统。
7)能够操作或快速学习使用所有的设备和系统,正确使用各类钣金工具和设备,做好日常清洁和维护,能够在设备出现故障时查明故障。
8)负责检查车辆以确保在交车前车辆恢复到出厂标准。
9)严格按照安全操作规程作业,做好个人职业卫生防护,佩戴好个人防护用品和用具。
10)加强安全生产意识,注意工作场地的清洁卫生。

#### 2. 任职条件

1)具备 5 年及以上 4S 店或者 OEM(原始设备制造商)4S 店钣金技师经验(某新势力汽车企业的要求)。
2)具备将损坏的金属或塑料板恢复到原厂标准的能力,及具备胶粘铆接、电阻电焊的实操技能,能够使用机械/手动工具在承受 50lb(1lb≈0.45kg)重量物品的情况下站立、弯曲、下蹲、旋转、抬起、移动。
3)有汽车专业知识与技能,有防腐蚀保护/恢复技术的知识。
4)通过汽车企业钣金技师认证。

某些新势力汽车企业会优先考虑具备丰富的修理技术和工具知识、能够完成重大事故车身修理且具备焊工证者。

#### 3. 工作注意事项

(1)车身工作 电动汽车的车身作业可由具备 EIP 资质的钣金技师执行,高压电零件旁的车身工作(组装工作以及玻璃和凹痕修复)和矫正高压电动汽车车身工作,须由高压电技师(HVT)进行高电压系统断电后执行。

(2)焊接工作 高电压系统须由高压电技师(HVT)断电后,焊接工作可以由一般电气接触人员(EIP)进行操作。在高压电元件旁开展焊接工作时需要覆盖高压电元件,并在焊接后检查外观。

(3) 钣金工作　使用切削刀具、成型工具、锋利的工具在高压电部件和高压电线束附近或热源附近工作，如焊接、钎焊、热风吹、热粘结合红外线干燥等，需要请求 HVT 资质人员进行断电操作。

### （二）认识新能源汽车喷漆维修技师岗位

喷漆维修技师主要负责破损车辆车身的修补和修复，使破损车辆的车身漆面恢复到出厂标准，最终让客户满意。喷漆维修技师应安全正确地操作所有钣金、喷漆工具和设备，同时做好日常清洁和维护。

#### 1. 岗位职责

1）具有汽车喷漆维修领域系统知识。

2）熟悉汽车新的喷漆工艺。

3）能够如图 4-12 所示操作喷漆设备和系统，维护并保持设备的清洁和维修状态。

4）能够当设备出现故障时查明是系统的故障还是使用者使用不当造成的，严格按照设备制造商的要求维护和穿戴个人防护装备和防护面具。

5）严格遵守安全操作规程进行作业，做好个人职业卫生防护，佩戴好个人防护用品和用具。

图 4-12　喷漆维修技师

6）加强防火意识，认真做好漆料等易燃物品的保管以及危险废物的清理收集工作。

7）通过技术信息和操作手册能够很快熟悉并且能够专业地操作新系统和设备。

#### 2. 任职条件

1）具备 5 年及以上 4S 店喷漆技师经验，具备将损坏的漆面恢复到原厂标准的能力。

2）能使用机械/手动工具在承受 50lb 重量物品的情况下站立、弯曲、下蹲、旋转、抬起、移动。

3）具备防腐蚀保护/恢复技术的知识。

4）具备较强的抗压能力，能够接受高要求、高质量的工作标准。

新势力汽车企业会优先考虑具备丰富的喷绘涂料品牌和色彩搭配知识、修复技术和工具知识的技师或具备国家喷漆中级技术等级证书者，以保证能够独立完成整个车身的喷漆工作。

#### 3. 工作注意事项

1）电动汽车的涂装工作可由一般电气接触人员执行，不需要高压电系统断电。

2）过度的干燥温度存在损坏动力蓄电池单元的危险。

3）在 80℃的干燥温度时，持续烘烤时间不超过 30min；在 60℃的干燥温度时，持续烘烤时间不超过 45min。

4）当红外线干燥时，务必防止所有高压电元件直接被红外线辐射。

5）如超过上述条件，必须拆下动力蓄电池，将动力蓄电池与整车分离。

> **课堂讨论**
>
> 对新能源车辆维修时，不遵守安全操作规程，会带来哪些危险？

## 新能源汽车在维修厂内自燃

### 一、新能源汽车高压蓄电池自燃起火

2022年3月11日,林某因其所有的纯电动小型轿车发生故障将车辆送往某维修公司维修,维修公司对车辆电池进行拆解分离并放置在维修厂内。次日,车辆电池起火引发整车燃烧。维修公司工作人员发现后立即进行灭火。当日,车辆再次起火,经消防救援站处置后将火扑灭。

林某认为维修厂在维修车辆过程中保管不当致使车辆发生燃烧并且燃烧后未及时采取补救措施导致车辆完全烧毁,造成车辆损失故诉至法院,要求维修公司赔偿其车辆损失7.5万元以及车辆保险费损失。

维修厂辩称,案涉车辆的放置、保管均符合维修规范,不存在保管不当的情形。车辆损毁系车辆电池自燃引起,相应责任应当由原告自行承担。车辆燃烧后,维修公司已经及时采取了补救措施,不存在任何过错。

### 二、新能源汽车无维修、无充电状态下自燃

2020年8月31日凌晨6点左右,位于杭州良渚街道的一家汽修厂起火,火灾导致汽修厂数十辆汽车几乎全被烧毁,经过消防认定,此次火灾是位于一层的一辆新能源汽车动力蓄电池故障引起的。与以往报道的新能源汽车自燃不一样的是,此次火灾是在无维修、无充电的状态下引起的动力蓄电池自燃。作为车主,应该如何更安全地使用新能源汽车?作为维修厂,需要如何避免新能源汽车维修时出现自燃的问题?

某新势力品牌车辆在维修服务中心内维修时起火,某传统品牌的新能源车辆在4S店内维修时起火。两起火灾因扑救及时,无人员伤亡。

## 安全使用新能源汽车和安全维修新能源汽车

**1. 作为新能源车主,如何安全地使用新能源汽车?**

即便是最为稳定的镍氢电池,在使用时也会有燃烧的可能性,只有做好完善的电池管理系统,并在使用上加强防范,才可以确保新能源汽车使用的安全性。新能源汽车的使用安全主要体现在动力蓄电池使用的3个方面:**科学充电、避免磕碰、谨慎涉水**。

**2. 作为新能源售后服务企业,需要如何避免新能源汽车维修时出现自燃的问题?**

杭州良渚街道汽修厂新能源汽车起火事件给很多维修企业敲响了警钟。作为维修企业,会经常遇到新能源汽车故障车辆,需要从以下几方面规避风险:

1)加强防火意识,遵守安全规章制度。

2)避免过夜存放:当遇到新能源汽车维修时,需要避免过夜存放车辆,尽可能当日交车,如果需要在维修厂内过夜存放待修的新能源汽车,尽可能将车辆放到户外空旷的位置,避免周围有其他车辆或易燃易爆物品。

3)设立专修工位。

4)增加风险意识。

## 任务二　管理新能源汽车维修技术

### 任务导入

小李刚去某新势力汽车企业的机电维修岗位实习,他和师傅一起完成了一台车辆的维修任务,而且在师傅的指导下进行了仔细的检查,没发现问题。他看着师傅很有条理一项一项地进行维修并检查,他就很想知道师傅是按照什么技术标准进行作业和检查的。下面我们就和小李一起学习新能源汽车维修执行的技术标准吧。

### 任务目标

**知识目标**
1. 了解新能源汽车维修技术管理的内容。
2. 掌握新能源汽车日常维护、一级维护、二级维护的技术标准。
3. 掌握新能源事故车救援现场维修流程。
4. 了解新能源事故车救援准备事项。
5. 掌握新能源事故车动力蓄电池分类规则。
6. 掌握新能源事故车处置措施。

**技能目标**
1. 能描述新能源汽车日常维护、一级维护、二级维护的技术标准。
2. 能描述新能源事故车救援现场维修流程。
3. 能进行新能源事故车动力蓄电池分类。
4. 能描述新能源事故车的处置措施。

**素质目标**
1. 培养安全、环保意识。
2. 培养工匠精神。

### 知识引入

#### 一、新能源汽车维修技术管理的内容

随着新能源汽车保有量的增加,我国的新能源汽车维修企业获得了更多的发展机遇,但也带来了新能源汽车维修人才的巨大缺口。经营难、管理难以及提高难等问题,经常困扰着新能源汽车企业及维修企业的经营者。因此,建立一个长效的管理机制,认真做好新能源汽车售后服务的技术管理,让关键员工能够在服务理念与服务技能上的双重表现都能达到或超过客户的期望,从而为企业积累更多的客户资源,并巩固与扩大新能源汽车维修企业的市场地位,便显得尤为重要。

各个新能源汽车企业对售后服务维修技术管理要求、售后维修生产企业（经销商、服务中心、授权的独立售后企业）的技术信息反馈、技术资料的利用、专用工具的使用以及维修质量的控制工作等进行了详细全面的规定，以促进汽车维修企业维修技术管理工作的有效进行。

### （一）技术文件的管理及使用

1）各维修企业指定专人负责技术文件的下载、汇总、下发、应用等工作，建立资料目录及借阅档案，做到可随时借阅，确保技术文件正确、及时使用。

2）做好技术文件的保密工作。

3）各维修企业负责按技术文件上的内容对维修技师展开内部培训，维修技师会查阅维修技术资料，并按维修资料要求进行维修。

### （二）专用工具及测量仪器的技术管理

1）按新能源汽车企业的要求配备专用工具及测量仪器并建立借用档案。

2）定期维护、保养专用工具和测量仪器，保证无损坏，仪器辅助设施配置齐全，建立维护档案。

3）有计划地对维修技师进行专用工具、设备使用培训。

4）对缺少的必备的专用工具要尽快订货完善，避免因为缺少专用工具而影响维修质量。

## 二、管理新能源汽车维护技术

### （一）认识新能源汽车保养

比亚迪新能源汽车保养攻略

新能源汽车保养（保养又叫维护）分为首次保养（以下简称首保）和定期保养电动系统专用装置及发动机总成、变速器总成、空调系统、冷却系统、燃油系统、动力转向系统等。某品牌纯电动汽车的保养周期见表4-2，混合动力电动汽车（HEV）的保养周期见表4-3。

表4-2 某品牌纯电动汽车的保养周期

| 保养次数 | 保养节点 | |
|---|---|---|
| 首保 | 3个月 | 5000km |
| 第二次保养 | 15个月 | 25000km |
| 第三次保养 | 27个月 | 45000km |
| 第四次保养 | 39个月 | 65000km |
| 第五次保养 | 51个月 | 85000km |
| 保养一次 | 之后每隔 | |
| | 12个月 | 20000km |

小贴士 时间、里程二者以先达到者为准。

表 4-3 某品牌混合动力电动汽车的保养周期

| 保养次数 | 保养节点 | | |
|---|---|---|---|
| 首保 | 6 个月 | 3500HEV 里程 | |
| 第二次保养 | 18 个月 | 总里程 11000km | HEV 里程 8500km |
| 第三次保养 | 30 个月 | 总里程 18500km | HEV 里程 13500km |
| 第四次保养 | 42 个月 | 总里程 26000km | HEV 里程 18500km |
| 第五次保养 | 54 个月 | 总里程 33500km | HEV 里程 23500km |
| 第六次保养 | 66 个月 | 总里程 41000km | HEV 里程 28500km |
| 保养一次 | 之后每隔 | | |
| | 12 个月 | 总里程 7500km | HEV 里程 5000km |

时间、总里程、HVE 里程三者以先达到者为准。

### 1. 首保

按汽车企业规定的时间、里程及时进行新车首保，无论是对汽车的技术状态，还是对将来车辆索赔，首保影响都非常大，因此，详细地了解首保这项业务是非常必要的。

（1）首保的目的　汽车生产企业为了保证使用该企业系列产品的用户其车辆处于良好的技术状态，决定对售出的车辆进行强制性首次保养。此项工作由经销商承担，对用户免费，费用由汽车生产企业承担。

（2）首保规定

1）凡用户购置汽车生产企业的产品，行驶到规定里程或时间范围，应该接受新车首次免费保养。

2）超过里程的车辆将不提供免费保养服务。

3）保养项目按照规定（保养手册）进行。

4）保养后，用户认可，由服务企业和用户在保养手册上盖章签字，以便日后办理索赔业务。未经首次保养的车辆，无索赔权。

（3）首保程序

1）用户提供行驶证、产品合格证、保养手册、免费保养凭证。

2）经服务企业审核、车证相符，对未超出保养里程或时间的车辆给予免费保养服务。

3）首保项目根据品牌和车型的不同会有不同，可扫描二维码一汽-大众 ID.4 保养项目单进行学习。

### 2. 定期保养

定期保养由于时间和里程的约定，包含的项目非常多，各个品牌也会略有不同，可扫描二维码一汽-大众 ID.4 保养项目单了解新能源车辆的常规保养项目。

## （二）新能源汽车维护技术要求

随着大量新能源汽车投入市场，对传统维修企业提出新的挑战。目前，行业管理部门对新能源汽车维修企业没有另行规定准入条件。因此，传统维修企业在维修技术、设施设备、维修场地、管理制度等方面还不适应维修新能源汽车的要求，在维修过程中存在大量安全隐患。为了保证众多新能源维修企业合规、安全地维护新能源汽车，维修技师在进行新能源汽车维护作业时要遵守一定的技术要求。这里我们主要研究适用于纯电动汽车维护的技术要求，混合动力电动汽车的电动部分可以参照执行。

以纯电动汽车为代表的新能源汽车维护分为日常维护、一级维护和二级维护。日常维护可以由新能源汽车使用者在出车前、行车中和收车后执行，一级、二级维护由专业人员执行。一级、二级维护周期应按照车辆维修保养手册、使用说明书及 GB/T 18344—2016《汽车维护、检测、诊断技术规范》的规定，结合车辆类别、车辆运行状况、行驶里程、道路条件和使用年限等确定。纯电动汽车维护分为常规维护和电动系统专用装置维护。

### 1. 新能源汽车日常维护

新能源汽车使用者在日常车辆使用过程中发现异常应及时报修。以清洁、调整和安全检查为主要作业内容的新能源汽车日常维护作业项目见表 4-4；电动系统专用装置日常维护作业项目和要求见表 4-5。

表 4-4　新能源汽车日常维护作业项目

| 序号 | 日常维护 | 常规系统 | 电动系统 | 备注 |
| --- | --- | --- | --- | --- |
| 1 | 清洁 | 车身（如车窗等） | 高压电部件相关风冷过滤网 | 如采用压缩空气吹扫或使用工业级吸尘器除尘 |
| 2 | 调整 | 常规工作介质（如油液、电、胎压等） | 高压电工作介质（如制冷剂、冷却液、动力蓄电池的电量等） | 如采用压缩空气吹扫或使用工业级吸尘器除尘 |
| 2 | 调整 | 运动部件（如门窗铰链）润滑 | 电动传动系统零部件润滑 | 如采用压缩空气吹扫或使用工业级吸尘器除尘 |
| 3 | 安全检查 | 底盘（如制动、传动、悬架、转向等） | 驱动电机及控制器工作状态检查 | 出现任何高压警示，立即停用处理！ |
| 3 | 安全检查 | 电气（如灯光、照明、信号等） | 仪表指示灯检视 | 出现任何高压警示，立即停用处理！ |

表 4-5　电动系统专用装置日常维护作业项目和要求

| 序号 | 作业项目 | 作业要求 |
| --- | --- | --- |
| 1 | 仪表、信号指示装置 | 1) 检查仪表外观及指示功能，仪表应完好有效，指示功能应正常<br>2) 检查信号指示装置，信号指示应无异常声光警告和故障提醒<br>3) 检查电池荷电状态（SOC）示值或参考行驶里程示值情况，示值应符合车辆维修手册的规定 |
| 2 | 驱动电机系统 | 1) 检查运行工作状况，运行应平稳，且无异常振动和噪声<br>2) 检查系统外观及连接管路，表面应清洁，管路应无渗漏现象 |
| 3 | 冷却系统 | 1) 检查风冷过滤网外观，过滤网应洁净、无破损<br>2) 检查运行工作状况，运行过程中应无异常噪声和渗漏现象<br>3) 检查冷却液液面高度，液面高度应符合车辆维修手册的规定 |

(续)

| 序号 | 作业项目 | 作业要求 |
|---|---|---|
| 4 | 充电插孔 | 1）检查充电插孔外观，插孔应无烧蚀、异物，插座应清洁、干燥<br>2）检查防护盖，防护盖应锁闭完好 |
| 5 | 电气舱、电池舱 | 1）检查电气舱舱门和电池舱舱门的关闭状态，舱门锁闭应完好有效<br>2）鼻嗅检查，舱体周围应无刺激或烧焦等异味 |

### 2. 新能源汽车一级维护

（1）常规系统一级维护　新能源汽车常规系统一级维护中与传统汽车类似的结构、部件应按照 GB/T 18344—2016《汽车维护、检测、诊断技术规范》执行一级维护。

（2）高压系统一级维护　电动系统专用装置一级维护作业项目和要求见表4-6。绝缘电阻检测记录表见表4-7。

**表4-6　电动系统专用装置一级维护作业项目和要求**

| 序号 | 作业项目 | | 作业要求 |
|---|---|---|---|
| 1 | 整车绝缘 | | 检查整车绝缘电阻监测系统，绝缘电阻监测系统无报警，如存在异常情况，参照表4-7内容进行检查并记录，绝缘电阻应符合 GB 18384—2020《电动汽车安全要求》的规定 |
| 2 | 动力蓄电池系统 | 工作状况 | 1）检查仪表显示的 SOC、电压、电流、温度等示值，示值应符合车辆维修和保养手册的规定<br>2）检查电池箱压力阀的外观，阀体应无破损和堵塞 |
| | | 外观 | 1）检查电池舱舱盖，电池舱舱盖应锁闭正常且无变形<br>2）检查电池箱壳体表面，壳体表面应无异常变形和破损、无磕碰及损坏、无异味和异常渗漏情况<br>3）检查电池托架结构表面，托架结构表面应无异常断裂、变形和锈蚀<br>4）检查系统表面是否存在积尘或杂物，对存在积尘或杂物的地方，应使用风枪或毛刷进行清洁，外表面应无明显积尘或杂物，且干燥<br>5）检查电池外部高低压电接口，高低压电接口内部应无水迹、烧蚀等痕迹，低压电通信接口端子应无变形或松动现象<br>6）检查高压电线束及插接器，高压电线束应无破损，与车辆运动部件无干涉，插接器应清洁、无破损<br>7）检查动力蓄电池管理系统壳体、连接线束及插接器，壳体及连接线束应清洁、干燥，插接器完好，线路布设无干涉 |
| | | 冷却系统 | 1）检查冷却液液面高度，视情况补给或更换冷却液，液面高度应符合车辆维修保养手册的规定<br>2）检查冷却管路固定情况，软管与硬管连接处无异常渗漏，管路布设无干涉<br>3）检查散热器或冷却装置的外观，应清洁，连接管路应固定可靠且无异常泄漏现象 |
| 3 | 驱动电机系统 | 外观 | 1）检查驱动电机箱体、减速器箱体及驱动电机控制器壳体外表面，外表面应无明显积尘、渗漏或裂纹，且应清洁、干燥<br>2）检查高压电线束，线束应无破损和老化现象，接线柱无氧化腐蚀现象<br>3）检查连接线束，线束应清洁、干燥且线路布设无干涉 |
| | | 冷却系统 | 1）检查冷却液液面高度，视情况补给或更换，液面高度应符合车辆维修保养手册的规定<br>2）检查冷却管路的固定情况，软管与硬管连接处应无异常渗漏，管路布设无干涉 |
| | | 润滑系统 | 检查润滑系统，视情况补给或更换润滑油脂，润滑油液位或润滑脂使用应符合车辆维修保养手册的规定 |

（续）

| 序号 | 作业项目 | 作业要求 |
|---|---|---|
| 4 | 高压电配电系统 | 1）检查各系统配置及系统箱体外表面是否存在积尘或杂物，对存在积尘或杂物的地方，应使用风枪或毛刷对箱体外部、内部各装置及相关插接器表面等进行清洁，外表面应无积尘或杂物且干燥<br>2）检查高压电主开关通断情况，主开关通断功能应有效，开关动作灵活、无卡滞现象，并紧固熔断器接线螺母，熔断器接线螺母应固定牢靠 |
| 5 | 高压电维修开关 | 1）检查高压电维修开关工作状态及外观，应无松动发热现象，无烧蚀变形<br>2）检查插拔、通断连接情况，插拔、通断过程中应无卡滞现象 |
| 6 | 车载充电机 | 1）检查车载充电机外表面是否存在积尘或杂物，对存在积尘或杂物的地方，应使用风枪或毛刷进行清洁，外表面应无积尘或杂物且干燥<br>2）检查车载充电工作状态，充电连接配合应正常，充电保护应有效 |
| 7 | 电源变换器 | 检查电源变换器外表面是否存在积尘或杂物，对存在积尘或杂物的地方，应使用风枪或毛刷进行清洁，外表面应无积尘或杂物且干燥 |
| 8 | 电动空气压缩机 | 1）检查电机运行状况，电机运行应无异响<br>2）检查电机机体和控制器壳体等外表面是否存在积尘或杂物，对存在积尘或杂物的地方，应使用风枪或毛刷进行清洁，外表面应无积尘或杂物且干燥<br>3）检查连接线束、接线柱，连接线束应无破损老化，接线柱应无氧化腐蚀<br>4）检查控制器连接线束，控制器连接线束应清洁、干燥且布线规范<br>5）检查电机润滑系统，视情况补给或更换润滑油脂，润滑油液位或润滑脂使用应符合车辆维修保养手册的规定<br>6）检查电动空气压缩机管路，管路应无漏气现象<br>7）检查空气滤清器或油滤清器，并按规定里程或时间更换滤清器，滤清器应清洁且无破损 |
| 9 | 转向系统 | 1）检查转向电机工作状况，电机运行应无异响<br>2）检查电机机体和控制器壳体外表面是否存在积尘或杂物，对存在积尘或杂物的地方，应使用风枪或毛刷进行清洁，外表面应无积尘或杂物且干燥 |
| 10 | 空调系统 | 1）检查空调系统风机工作状况，风机运转应正常，且无异响<br>2）检查系统各管路连接情况，各管路连接可靠且无松动<br>3）检查电动空调压缩机、正温度系数（PTC）加热器、蒸发器及冷凝器等外表面，对存在积尘或杂物的地方，应使用风枪或毛刷进行清洁，外表面应无明显积尘或杂物且干燥<br>4）检查系统连接管路外表面，管路应无渗漏、破损现象 |
| 11 | 电动除霜器 | 检查电动除霜器，其外表面应无尘土杂物堵塞 |
| 12 | 充电插孔 | 1）检查保护盖开启和锁闭情况，保护盖的开启锁闭功能有效<br>2）检查充电插孔接插情况，接插应可靠无松脱情况<br>3）检查充电插孔外表面，表面应无异物、烧蚀及生锈痕迹，插座内部应干燥、清洁 |
| 13 | 整车线束、插接器 | 1）检查整车线束外表面，线束绝缘层应无老化、破损，且无裸露<br>2）检查整车插接器外表面是否存在积尘或杂物，对存在积尘或杂物的地方，应使用风枪或毛刷进行清洁，外表面应无积尘或杂物且干燥 |
| 14 | 制动能量回收系统 | 检查制动能量回收系统工作状况，仪表显示的制动能量回收反馈信息应正常有效 |
| 15 | 高压电警告标记 | 检查高压电警告标记是否完好、规范、清晰，粘贴是否牢固、无脱落 |

表 4-7　绝缘电阻检测记录表

车牌号：　　　　　　　作业人员（签字）：　　　　　　　检测日期：　　年　　月　　日

| 直流项 | 正极对车身 | | 负极对车身 | |
|---|---|---|---|---|
| 检测项目 | 测量值 | 结果 | 测量值 | 结果 |
| 动力蓄电池 | | | | |
| 驱动电机控制器 | | | | |
| PTC 加热器 | | | | |
| 电动除霜器 | | | | |
| 电源变换器 | | | | |
| 车载充电机 | | | | |
| 充电插孔 | | | | |
| 高压电维修开关 | | | | |
| 交流项 | U 相对车身 | V 相对车身 | W 相对车身 | |
| 驱动电机 | | | | |
| 电动转向电机 | | | | |
| 电动空气压缩机 | | | | |
| 驱动电机控制器 | | | | |
| 车载充电机 | | | | |

注：1. 结果一栏符合要求的记√，不符合要求的记○。

　　2. 若无表中某项或某几项，则这些项目不做要求；若存在其他项目，宜做相应增项。

### 3. 新能源汽车二级维护

（1）新能源汽车常规系统二级维护基本作业　应符合 GB/T18344—2016《汽车维护、检测、诊断技术规范》中规定的作业项目及要求。

（2）新能源汽车常规系统二级维护检测项目　见表 4-8。

表 4-8　新能源汽车常规系统二级维护检测项目

| 序号 | 检测项目 |
|---|---|
| 1 | 制动性能，检查制动力 |
| 2 | 转向轮定位，主要检查前轮外倾角和转向盘自由转动量 |
| 3 | 车轮动平衡 |
| 4 | 前照灯 |
| 5 | 操纵稳定性，有无跑偏、发抖、摆头 |
| 6 | 传动轴，有无泄漏、异响、松脱、裂纹等现象 |

（3）高压电系统二级维护

1）使用诊断仪对电动系统专用装置进行进厂检验，读取故障码并确定应维护的项目。

2）根据驾驶人反馈的车辆技术状况和电动系统专用装置进厂检验结果确定电动系统专用装置附加作业项目。

3) 电动系统专用装置二级维护作业项目包括表4-6和上一条2) 确定的附加作业项目，并在此基础上有所增加，增加的作业项目和要求见表4-9。

表4-9 电动系统专用装置二级维护增加的作业项目和要求

| 序号 | 作业项目 | 作业要求 |
| --- | --- | --- |
| 1 | 动力蓄电池系统 | 1) 检查系统安装固定情况，紧固动力蓄电池箱体及托架、动力蓄电池管理系统箱体等固定螺栓，紧固力矩应符合车辆维修保养手册的规定<br>2) 检查高压电线束、接线柱等连接固定情况，线束及接线柱的连接应固定可靠、无松脱；紧固动力蓄电池及动力蓄电池管理系统的正负极接线柱固定螺栓，紧固力矩应符合车辆维修保养手册的规定<br>3) 检查线束固定情况、插接器连接情况，线束应固定可靠、无脱落，插接器应锁紧可靠<br>4) 按照车辆维修保养手册要求进行气密性检查，系统气密性应符合车辆维修保养手册的规定 |
| 2 | 驱动电机系统 | 1) 检查系统安装固定情况，紧固力矩应符合车辆维修保养手册的规定<br>2) 检查高压电线束、接线柱等连接固定情况，线束及接线柱的连接应固定可靠、无松脱，紧固驱动电机的三相接线柱、电机控制器的三相接线柱及正负极接线柱的固定螺栓，固定螺栓的紧固力矩应符合维修保养手册的规定<br>3) 检查线束固定情况、插接器连接情况，线束应固定可靠、无脱落，插接器应锁紧可靠<br>4) 视情况或按维修保养手册规定里程或时间要求更换轴承<br>5) 检查电机高压电接线盒内部状况，接线盒内部应干燥、无冷凝水 |
| 3 | 高压配电系统 | 1) 检查系统安装固定情况，紧固高压配电装置及系统箱体的固定螺栓，紧固力矩应符合车辆维修保养手册的规定<br>2) 检查高压电线束、接线柱等连接固定情况，线束及接线柱的连接应固定可靠、无松脱<br>3) 检查线束固定情况、插接器连接情况，线束应固定无脱落，插接器应锁紧可靠 |
| 4 | 高压电维修开关 | 检查固定情况，紧固固定螺栓，紧固力矩应符合车辆维修保养手册的规定 |
| 5 | 车载充电机和电源变换器 | 1) 检查机体安装固定情况，紧固固定螺栓，紧固力矩应符合车辆维修保养手册的规定<br>2) 检查高压电线束及其插接器之间的连接固定情况，线束及接线柱的连接应无松脱 |
| 6 | 电动空气压缩机 | 1) 检查电机机体和控制器壳体安装情况，紧固安装固定螺栓，紧固力矩应符合车辆维修保养手册的规定<br>2) 检查高压电线束、接线柱等连接固定情况，紧固电机三相接线柱固定螺栓，紧固力矩应符合车辆维修保养手册的规定<br>3) 检查控制器线束固定情况、插接器连接情况，线束及接线柱的连接应无松脱 |
| 7 | 转向系统 | 1) 检查转向电机机体和控制器壳体安装固定情况，紧固力矩应符合维修保养手册的规定<br>2) 检查高压电线束、接线柱等连接固定情况，紧固转向电机的三相接线柱、电机控制器的三相接线柱及正负极接线柱的固定螺栓，紧固力矩应符合维修保养手册的规定<br>3) 检查控制器线束固定情况、插接器连接情况，线束应固定无脱落，插接器应锁紧可靠 |
| 8 | 空调系统和电动除霜器 | 检查部件安装固定情况，固定螺栓的紧固力矩应符合车辆维修保养手册的规定 |
| 9 | 整车线束和插接器 | 检查线束固定情况和插接器的连接情况，线束应固定可靠、无脱落，插接器应锁紧可靠 |

(4)**高压电系统维修诊断**  高压电系统维修诊断的范围包括二级维护中发现的高压电系统故障和客户报修的高压电系统故障。高压电系统诊断步骤如下：

1）查阅技术档案（车辆运行记录、维修记录、检测记录、总成维修记录等）。

2）充分问诊：向客户了解车辆历史技术状况（汽车动力性、异响、转向、制动及动力蓄电池状态、润滑料耗等）。

3）现场检查，使用专用设备检测并根据需要进行路试。

4）高压电系统二级维护基本作业项目及要求见表4-10。

表4-10  高压电系统二级维护基本作业项目及要求

| 序号 | 项目 | 要求 | 方法 |
| --- | --- | --- | --- |
| 1 | 驱动电机工作状态 | 仪表未报驱动电机故障 | 行驶过程中目视检查 |
| 2 | 发电机工作状态 | 仪表未报发电机故障 | 行驶过程中目视检查 |
| 3 | 动力蓄电池工作状态 | 仪表未报动力蓄电池故障 | 行驶过程中目视检查 |
| 4 | 外接充电状态* | 充电过程中无异常断电，充满电后系统应自动终止 | 外接充电检视 |
| 5 | 电动转向工作状态 | 转向轻便、自如、无中断 | 行驶过程中检查 |
| 6 | 电动空气压缩机工作状态 | 仪表指示制动气压在规定范围 | 行驶过程中目视检查 |
| 7 | DC/DC变换器工作状态 | 仪表指示低压系统电压在规定范围 | 行驶过程中目视检查 |
| 8 | 电动真空助力器工作状态 | 制动助力正常 | 行驶过程中检查 |
| 9 | 电动空调工作状态 | 空调制冷有效 | 功能检查 |
| 10 | 暖气制热工作状态 | 暖气制热有效 | 功能检查 |

注：带"*"的项目适用于有外接充电插口的车辆。

5）填写增项单：按照维修手册使用专用检测仪器（精度应满足有关规定）进行车辆故障诊断，填写增项作业单（检测结果应符合国家相关技术标准或根据原厂要求），并报送技术主管审批。

6）备件报价：增项作业单移交备件部门报价。

7）已经报价的增项作业单上传前台，确定维修方向。

申请索赔：根据索赔要求收集故障相关现场数据、视频和照片等。

客户签字：由服务顾问向客户陈述故障原因并取得客户维修确认。

8）维修施工：已经确定的增项作业项目与基本作业项目合并进行二级维护作业。

### 三、新能源事故车的救援处理

新能源汽车的动力蓄电池在碰撞或事故中受损后存在起火隐患，为了保证相关人员和设备安全，各新能源汽车企业都会制订受损新能源汽车的处置流程，指导现场人员安全地处置出现损坏或发生事故的新能源车辆。

#### （一）新能源事故车救援现场维修流程

对新能源事故车现场维修时需要严格按照布置警示、风险评估、整车断电、确认安全、拖走车辆或现场维修、确认修复流程进行，详细的现场维修流程如下：

1）在接收损坏或发生了事故的新能源汽车时必须通知授权维修企业的高压电技师。

2）将新能源事故车停放在室外隔离场地中，并进行观察。

3）通过车辆信息反馈系统向汽车企业的售后服务部门反馈。

4）执行用于动力蓄电池分级的引导型故障查询（GFS）检测程序。检测程序是根据动力蓄电池评估标准对动力蓄电池进行分级的。

5）如果动力蓄电池分级结果显示动力蓄电池采取额外措施，属于警告或危险的临界状态，则需要将动力蓄电池保留在车内，通知高压电专家，并准备回收动力蓄电池用的包装箱。

6）在汽车内观察动力蓄电池5天，定期用合适的温度测量装置检查动力蓄电池的温度，定期向高压电专家通报动力蓄电池的状态。

7）在动力蓄电池状态不稳定时，隔离时间再延长5天。

8）在动力蓄电池的状态稳定时，可由高压电专家拆卸。

### （二）新能源事故车救援准备

#### 1. 新能源事故车救援安全原则

对新能源事故车开始救援作业前请按顺序完成以下工作：

1）断开电源。

2）采取保护措施防止再次接通电源。

3）确认已经断开电源。

4）确认按要求进行接地。

5）覆盖或屏蔽临近高压电部件。

6）安装警示标志。

#### 2. 准备新能源事故车维修工具

除常规维修工具外，需要准备额外的高压电保护和维修工具，具体工具如图4-9所示。为了更好地判断危险等级，还必须准备红外测温仪（图4-13）。

图4-13 红外测温仪

### （三）新能源事故车危险识别和处置措施

如果出现表4-11中所述的危险情况或者仪表显示高压电系统故障，应熄火拔出钥匙，下车后将事故车辆隔离。禁止HVE资质以下人员接近事故车辆，并通知HVE资质人员到场处理。

（1）国家标准对动力蓄电池的分类定义　新能源事故车处置的关键环节是对动力蓄电池的状态进行准确的判断，并在此基础上进行下一步工作。现在新能源汽车使用的动力蓄电池大都是锂离子电池，由于锂离子电池的材料特性，存储和维护不当可能会导致电池损坏，甚至引起火灾、爆炸等。因此，在日常的维修和诊断中，维修技师（HVT/HVE）对动力蓄电池的分类与存储必须有一个清晰的概念。动力蓄电池的分类主要基于动力蓄电池各种状态，如外观/目视、功能检测以及温度测量进行评估。动力蓄电池分类，即电池故障风险级别评估。只有准确实时地对电池性能完成分类测试后，才能针对性地执行后续维修方案，以及存储、包装、运输等环节。根据GB/T 38698.1—2020《车用动力电池回收利用　管理规

范 第1部分：包装运输》的规定，按照处置流程，对动力蓄电池的分级要综合考虑电池的外观、功能和发热，在此基础上将电池分为A类"正常"、B类"警告"和C类"危险"三个级别，如图4-14所示。

图4-14 动力蓄电池的分级

A类蓄电池：结构功能完好，按表4-11检测所有项目检验结果均为"否"，或经防护处理后重新检测所有项目检验结果均为"否"的退役动力蓄电池。

B类蓄电池：按表4-11检测所有项目检验结果有一项或者一项以上为"是"，且国家法律法规对其包装运输没有特殊规定的退役动力蓄电池。

C类蓄电池：除A类蓄电池与B类蓄电池以外，符合国家法律法规对危险废物或其他特殊规定的退役动力蓄电池。

表4-11 动力蓄电池检测记录

| 检测员 | | | | |
|---|---|---|---|---|
| 编号 | | | | |
| 动力蓄电池类型 | □单体（电芯） | □模组 | | □包（组） |
| 序号 | 检测项目 | 检验结果 是 | 检验结果 否 | 推荐处理防护措施 |
| 1 | 是否漏电或存在绝缘失效 | | | 进行绝缘或者放电处理 |
| 2 | 电解液是否泄漏 | | | 收集电解液并采用防泄漏专用包装箱或者采用有效的防泄漏措施解除风险 |
| 3 | 外壳变形、破损或腐蚀是否超出厂家规定的安全限制条件 | | | 诊断并解除风险 |
| 4 | 是否起过火，或有起火痕迹 | | | |
| 5 | 是否冒烟 | | | 隔离放置，待危险解除后进行包装运输或者开包检查、解除风险 |
| 6 | 是否存在浸水痕迹 | | | 判别浸水的安全风险程度并进行风险解除或者风干去除水分 |
| 7 | 动力蓄电池温度、电压等关键参数是否超出厂家规定的安全限制条件 | | | 隔离放置，待危险解除后进行包装运输或者开包检查、解除风险 |
| 检测结果 | 动力蓄电池分类：□A类正常　　　□B类警告　　　□C类危险 | | | |

注：1. 收货人与托运人可根据实际情况确定退役动力蓄电池检测项目和处理防护措施。
　　2. B类动力蓄电池可在采取防护措施后静置至少24小时。
　　3. B类动力蓄电池经过防护处理后可重新进行检测和判定。

动力蓄电池风险评估必须由获得 HVT/HVE 资质的技师执行，分类结果不同，处理方式也有所不同，分类错误可能会导致判断错误，进而造成安全操作风险。对新能源车辆在进厂时和维修过程中，HVT/HVE 需要对车辆整体做风险分类评估。例如，某台新能源车辆碰撞导致动力蓄电池损伤，被拖车进厂时，需要 HVT/HVE 对车辆进行损伤评估，解除安全隐患，不建议直接进车间维修。

（2）某些汽车企业废旧动力蓄电池的分类标准　根据相关规定，有的汽车企业将废旧动力蓄电池分为 A/B 两类，其中 B 类电池根据汽车企业的分类定义，又分为 B 警告类和 B 危险类。某汽车企业的动力蓄电池安全级别分类及特征如下：

1）A 类（正常）动力蓄电池主要特征：

①目视检测外观良好或变形/破损未超出厂家规定的安全极限条件，无直接安全风险。

②设备检测无漏电故障，温度、电压等关键参数都正常的废旧动力蓄电池包（组）、模组。

2）B 类（警告/危险类）动力蓄电池主要特征：目视检测存在冒烟、着火、漏液、变形、破损严重或存在人为拆解痕迹等超出厂家规定的安全极限条件的废旧动力蓄电池包（组）、模组。

某汽车企业的新能源汽车废旧动力蓄电池分类标准见表 4–12。

表 4–12　某汽车企业新能源汽车废旧动力蓄电池分类标准

| 分级 | A 类正常（满足所有条件） | B 类警告（满足一个条件） | B 类危险（满足一个条件） |
|---|---|---|---|
| 目视 | 1）没有相关的机械损坏<br>2）没有液体泄漏 | 1）机械损坏（如凹陷、裂纹或开口、有缺陷的密封）<br>2）腐蚀损坏、刺鼻的气味 | 1）泄漏/怀疑动力蓄电池系统中存在液体<br>2）外露的触点或导线存在机械损坏<br>3）失火、电火花<br>4）烟雾/蒸汽<br>5）噪声（嘶嘶声或噼啪声） |
| 诊断 | 1）动力蓄电池可以进行诊断<br>2）故障存储器中没有相关故障 | 1）动力蓄电池无法诊断<br>2）动力蓄电池可以诊断并且在电池管理系统中存在对电池电压和温度的临界事件 | 1）动力蓄电池无法诊断<br>2）动力蓄电池绝缘故障 |
| 温度 | 上表面温度符合规定，温度低于 55℃ | 上表面温度超过规定，但低于 65℃ | 上表面温度超过规定，且高于 60℃ |

（3）某汽车企业根据动力蓄电池温度对废旧动力蓄电池的判定

1）当动力蓄电池诊断通信正常时，使用诊断设备读取温度值，根据如图 4–15 所示设定的温度范围判断动力蓄电池状态。

图 4–15　动力蓄电池状态温度判定标准

2)当动力蓄电池诊断通信异常时,使用温度检测仪测量电池表面温度,根据如图 4-16 所示设定的温度范围判断动力蓄电池的危险状态。

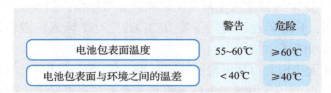

图 4-16 动力蓄电池危险状态温度判定标准

3)电池模组温度判定标准:使用温度检测仪测量电池模组表面温度,根据如图 4-17 所示的温度标准判断电池模组的状态。

图 4-17 电池模组状态温度判定标准

 电池总成或电池模组的温度测量,均以两个判定结果取恶劣值。

### (四)新能源事故车处置措施

#### 1. 有人员伤亡情况处置

如有人员伤亡,须立即进行以下处置:

1)迅速切断电源,或用绝缘钩、干木棍等不导电物体将电源与触电者分开。
2)将事故车辆隔离,禁止 HVE 资质以下人员接近事故车辆。
3)将受害人员仰面平躺,确保呼吸道通畅,坚持就地正确抢救,并拨打急救电话。
4)触电者停止呼吸后应采用心肺复苏法进行急救。
5)通知具有资质的救援人员到场。

#### 2. 安全处置新能源事故车动力蓄电池

根据判断的新能源事故车动力蓄电池的分类,汽车企业会采取不同的处置措施,具体内容见表 4-13。

#### 3. 与充电设备相关情况的处置

1)如果有可能,将充电电缆与充电站/插座或车辆断开,或者如有可能,请切断充电站插座的电源。
2)在断开之前,检查电缆和接头是否存在可见的损坏迹象,切勿触摸任何损坏的部位。
3)切断电源之后,关闭车辆的高压电系统。

表 4-13　新能源事故车动力蓄电池的处置措施

| 直接措施 | 现场处置措施 | | |
| --- | --- | --- | --- |
| | 维修 | 临时存储/隔离 | 包装和运输 |
| A 类正常 | 无须处置 | 临时存储：<br>1）原始包装<br>2）在交通路外面<br>3）不堆积，地面存储<br>4）存储于室内，或者有防水区的室外 | 原始包装 |
| B 类警告<br>1）隔离<br>2）直接在户外或隔离区、隔离柜<br>3）根据需要使用个人防护装备（PPE） | 1）确保车辆不会溜车<br>①变速杆停在 P 位<br>②操作驻车制动<br>2）关闭驱动和高压电系统<br>①关闭点火开关<br>②断开高压电保险装置<br>③断开 12V 蓄电池 | 1）按照报告程序告知相关负责人<br>2）将车辆/动力蓄电池移至合适的外部存储空间<br>3）未装车的动力蓄电池（拆下来的）要采取防水保护 | 1）需要运输箱（必要时拆除）<br>2）包装工作只能由训练有素的人员完成 |
| C 类危险<br>1）保持安全距离<br>2）必要时呼叫火警（如发生火灾）<br>3）不吸入油烟<br>4）封锁广大区域，并告知负责人<br>5）可能的情况下将物体移动到隔离区 | 不维修 | 1）隔离并在必要时呼叫火警<br>2）观察动力蓄电池状态<br>3）如采取额外程序，应与高压电专家进行协调，且由训练有素的工作人员完成 | 1）不包装<br>2）不运输 |

4）在上述情况中，充电站的技术设施将确保安全，且充电站的电源一般将被切断，如不能切断，请立即通知充电站的工作人员。

5）如果充电电缆或接头损坏，切勿使用该充电电缆/接头，并对其进行锁闭以防止未经授权的人员使用，立即通知充电站的工作人员。

**4．车辆着火相关情况处置**

1）如果车辆着火，请立即报火警，同时疏散人员，组织人员迅速撤离火灾现场，并撤离到安全区域。

2）当发生其他突发事件时，启动相应处置方案。

3）如果在工作中可能接触上述烟雾，必须佩戴自给式呼吸器。事先洒水以清除空气中的蒸汽和其他气体。

4）当着火时，消防人员首先进行灭火，并快速对动力蓄电池进行降温。

5）水是首选的灭火剂，因为水还能对动力蓄电池进行冷却。灭火和冷却需要大量的水（大约 200L/min）。

**5．车辆浸入水中情况的处置**

电池包在设计制造时符合防水设计，同时电池自身有保护保险，所以高压电系统浸没在水中并不会增加触电风险。

对于进水车辆，断电之后，判断动力蓄电池处于正常状态后，首先需要使用绝缘设备将车辆脱离水环境并排干水后再进行诊断、分析。

### 6. 需要拖车、运输和存储情况的处置

（1）新能源事故车拖车处置

1）损坏的车辆应该利用平板拖车。

2）如果必须利用牵引杆绳将汽车从危险区域（如公路施工现场）中拖离，需要以步行速度将车辆从危险区域中拖出。

3）严重事故之后，在装车前，高压电系统必须关闭（例如，关闭点火开关，利用现存适用的断点，或断开12V蓄电池）。

4）如果车辆交给专门运输部门或公司，需要告知车辆的驱动类型和消防人员已经采取的措施（例如高压电系统已被关闭等）。必须向上述人员告知损坏或与水接触的高压电部件可能造成的危险（例如，动力蓄电池导致的触电或火灾风险，包括滞后火灾风险）。

5）使用起重机或千斤顶吊起或顶起车辆、利用其他工具开展工作、将车辆装上拖车时，务必确保不得损害任何高压电部件。

（2）新能源事故车运输处置　通过采取相应的措施并考虑损坏的严重程度，车辆运输人员及车辆必须符合国家相关法律法规要求。注意损坏的高压电部件可能造成的风险（例如动力蓄电池导致的触电或火灾风险），每隔一段时间需要对车辆状态进行检查并记录。

（3）新能源事故车停放处置　和常规车辆一样，出于消防安全原因，发生事故的新能源汽车应该停放在露天停车场的受限区域内，并与其他车辆、建筑物、可燃物品和可燃表面保持足够的间距。注意事项如下：

1）不建议将高压电系统已经损坏的新能源汽车停放在封闭的场所内。

2）发生事故的新能源汽车如果在停放时其高压电部件直接暴露在外，则应该采用防水帆布进行覆盖。

3）车辆应该有明显的安全警示标志。

> **课堂讨论**
>
> 汽车保养流程比较烦琐，有的维修技师说，可以不按照流程操作，而且有的项目是不常出问题的项目，不用总检查，这样还可以节省时间。请说说你的观点。

## 任务三　控制新能源汽车维修质量

### 任务导入

2023年8月，张先生开着刚维修好的车辆上了高速公路，一个急转弯，前车轮竟然飞了出去。车上坐有5人，当时高速公路上车辆不多且速度不是很快，才没有酿成大祸，但车

上人员均出现一定程度的轻伤。经查看车辆，由于维修技师疏忽，忘记安装前轮轮毂螺栓。交警出示的事故单显示，该车维修费用为 7860 元，车主要求 4S 店给车上每人赔偿 1 万元的损失费，4S 店最终只赔偿了 13880 元（含维修费）。你认为该 4S 店在维修质量管理方面存在着哪些漏洞？

## 任务目标

### 知识目标
1. 了解质量检查员岗位职责和任职条件。
2. 了解新能源汽车售后服务企业的质量管理制度。
3. 掌握控制新能源汽车维修质量的措施。
4. 了解检验方式的分类。
5. 掌握新能源汽车电动系统专用装置竣工检验项目和要求。

### 技能目标
1. 能描述控制新能源汽车维修质量的措施。
2. 能描述新能源汽车电动系统专用装置竣工验收项目和要求。

### 素质目标
1. 培养尊重生命、敬畏生命的意识。
2. 培养严谨认真、精益求精的工作品质。

## 知识引入

新能源汽车维修保养投诉增多是随着新能源汽车保有量的增加而同时发生的，带有客观内在联系上的必然性。客户车辆维修质量的好坏，是新能源汽车维修企业内部管理的综合反映，它关系着维修企业的生存和发展。因此，不断提高维修质量，是新能源汽车维修企业质量管理的头等大事，也是提高客户满意度的关键因素。

新能源汽车维修质量应以车主对维修服务的满意度作为新能源汽车维修服务质量评价的核心。经调查研究，新能源车主对维修服务质量的满意度通常是由以下因素影响和决定的：救援服务的及时性和方便性；维修服务环境优化；维修故障判断的准确性；维修项目的专业性和客观性；新能源汽车配件的质量和价格：拖车价格、维修工时价格；维修的停驶时间；维修的返修率；维修设备现代化；汽车维修竣工质量承诺；维修作业文明生产、维修代用车服务；汽车维修延伸服务等。

### 一、新能源汽车维修质量管理概述

新能源汽车维修质量是指维修企业对新能源汽车完好技术状况和工作能力维持或恢复的程度。从服务角度讲，维修质量是指客户对维修服务的态度、水平、及时性、周到性及收费等方面的满意程度。因此，质量管理是汽车维修企业生产经营管理中的重要环节。

各新能源汽车维修企业在汽车企业的帮助指导下，必须建立健全内部质量管理制度，通过新能源汽车维修质量的提高来提升一次维修率，进而提高客户满意度。

### （一）认识质量检查员岗位

传统车企的 4S 店还设置质量检查员岗位，对维修后的新能源车辆进行质量检查；造车新势力的售后服务中心，基本不设置质量检查员岗位，由维修技师对维修质量负责，并保证车间的一次修复率。

#### 1. 岗位职责

1）对维修的车辆进行质量检验（终检）及反馈，严格控制并保证维修质量，争取一次修复，尽量杜绝返修。
2）负责返修质量的监督和检查。
3）统计分析质量检验结果，对内部返修、外部返修情况进行统计分析，并提出改进建议。
4）负责参与重大、疑难故障的分析和鉴定。

#### 2. 任职条件

1）具有大专及大专以上学历，新能源汽车或汽车检测与维修相关专业毕业为佳。
2）掌握常用的计算机知识。
3）具有丰富的新能源汽车维修知识和理论知识，具有新能源汽车维修领域 3 年以上工作经验。
4）能熟练驾驶汽车。
5）有较强的工作责任心、工作主动性和执行能力，有服务意识。

### （二）新能源汽车维修企业的质量管理制度

#### 1. 做好维护修理车辆的内部检验工作

对于进店维修的新能源车辆，具有维修资质的维修技师对于维修完成的车辆要进行自检、互检，质量检查员进行车辆的最终质量检验工作。新能源汽车服务企业通过"三检"制，保证新能源汽车维修质量。

#### 2. 做好新能源汽车备件入库检验工作

汽车维修企业的备件员对新购入的备件，在入库前必须逐件进行检查验收。尤其现在的汽车备件市场进一步开放，以次充好、假冒伪劣备件依然存在，作为非专业维修人员的备件采购人员，很难进行细致有效的鉴定，所以更有必要完善与加强验收手段。在维修用件时，维修技师要认真填写"领料单"，注明备件的规格、型号、材质、产地、数量，并由领发人员分别签字盖章。

#### 3. 做好高压电计量器具和检测设备的管理和使用工作

计量器具和检测设备的管理工作是新能源汽车维修质量保证体系链中的重要环节，是保证维修质量的重要手段。因此，必须加强计量器具和检测设备的管理。明确专人保管、使用和鉴定，确保高压电计量器具和检测设备的精度。

#### 4. 建立健全岗位责任制度

新能源汽车的维修质量是靠每个岗位的工作人员来实现的，因此，必须建立严格的岗位责任制度，只有这样才能增强每位员工的质量意识。制定新能源汽车维修技师的岗位责任制度和安全制度，监护人员和操作人员要遵照执行，从而保证车辆的维修质量。

## 二、控制新能源汽车维修质量

### 1. 使用新能源汽车维修专用工具

1）新能源汽车维修技师必须使用专用工具维修车辆。

2）技术经理或培训员负责对新能源汽车维修技师维修过程中专用工具的使用情况（是否正确使用）进行监督。

### 2. 控制新能源汽车维修过程

1）按照新能源汽车流程维修后，维修技师自检并签字确认。

2）维修班长对自检后的车辆进行互检并签字确认。

3）质量检查员对维修后经过自检和互检的车辆进行综合检查，确认没有问题（或发现问题，但用户签字同意不维修）后，签字确认，交付用户使用。

4）每月对维修过程中出现的质量问题进行汇总统计分析（图4-18），找出原因，制订解决措施，专人负责问题的跟踪和解决。

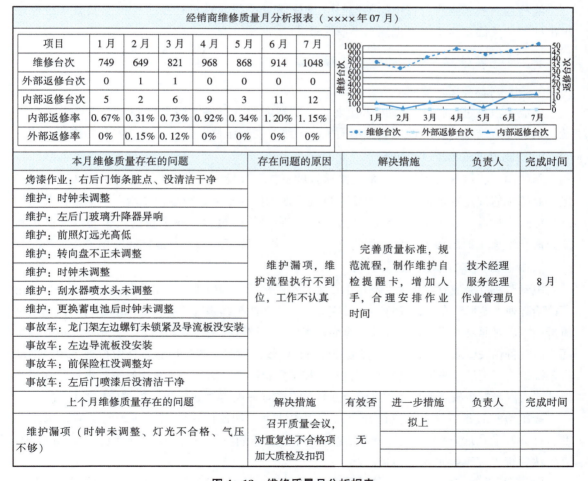

| 经销商维修质量月分析报表（××××年07月） ||||||||
|---|---|---|---|---|---|---|---|
| 项目 | 1月 | 2月 | 3月 | 4月 | 5月 | 6月 | 7月 |
| 维修台次 | 749 | 649 | 821 | 968 | 868 | 914 | 1048 |
| 外部返修台次 | 0 | 1 | 1 | 0 | 0 | 0 | 0 |
| 内部返修台次 | 5 | 2 | 6 | 9 | 3 | 11 | 12 |
| 内部返修率 | 0.67% | 0.31% | 0.73% | 0.92% | 0.34% | 1.20% | 1.15% |
| 外部返修率 | 0% | 0.15% | 0.12% | 0% | 0% | 0% | 0% |

| 本月维修质量存在的问题 | 存在问题的原因 | 解决措施 | 负责人 | 完成时间 |
|---|---|---|---|---|
| 烤漆作业：右后门饰条脏点、没清洁干净 | 维护漏项，维护流程执行不到位，工作不认真 | 完善质量标准，规范流程，制作维护自检提醒卡，增加人手，合理安排作业时间 | 技术经理 服务经理 作业管理员 | 8月 |
| 维护：时钟未调整 | | | | |
| 维护：左后门玻璃升降器异响 | | | | |
| 维护：前照灯远光高低 | | | | |
| 维护：转向盘不正未调整 | | | | |
| 维护：时钟未调整 | | | | |
| 维护：刮水器喷水头未调整 | | | | |
| 维护：更换蓄电池后时钟未调整 | | | | |
| 事故车：龙门架左边螺钉未锁紧及导流板没安装 | | | | |
| 事故车：左边导流板没安装 | | | | |
| 事故车：前保险杠没调整好 | | | | |
| 事故车：左后门喷漆后没清洁干净 | | | | |

| 上个月维修质量存在的问题 | 解决措施 | 有效否 | 进一步措施 | 负责人 | 完成时间 |
|---|---|---|---|---|---|
| 维护漏项（时钟未调整、灯光不合格、气压不够） | 召开质量会议，对重复性不合格项加大质检及扣罚 | 无 | 拟上 | | |

图4-18 维修质量月分析报表

## 三、新能源汽车维修质量检验

新能源汽车维修质量检验可以按检验方式和维修检验过程分类。

### (一)按检验方式分类

#### 1. 自检

自检指新能源汽车维修技师对自己维修的车辆,对照各车型维修手册的要求,自我进行质量评定。自检是汽车维修中最直接、最基本、最全面的检验。自检中维修人员对维修质量进行自我评定,坚持实事求是的态度是自检的关键,这一环节保证了汽车维修质量。

#### 2. 互检

互检一般由班组长或者相邻工位的维修技师进行。对于新能源汽车,可以由监护人员进行互检。互检重点是对关键维修部位的维修质量进行抽检把关,以免给后序维修工序的工作,甚至维修竣工车辆造成不必要的后患、故障和返工。

#### 3. 终检

终检指对汽车维修过程中的关键点(维修质量控制点)进行预防性检验及整车维修竣工出厂的把关性总检验,严把汽车维修质量关。

### (二)按新能源汽车维修检验过程分类

#### 1. 新能源汽车进厂检验

新能源汽车进厂检验会在进店初期,按照新能源汽车售后服务核心流程的要求进行检验。根据鉴定结果有针对性地安排不同资质的维修技师维修,以保证维修安全和维修质量。

#### 2. 新能源汽车维修过程检验

新能源汽车维修过程检验一般由维修技师自检和互检,汽车维修企业应根据实际情况确定必要的维修质量控制点,由专职检验员进行强制性检验。二级维护及增项维修过程节点始终贯穿过程检验,4S店由质量检查员完成并签字确认。过程检验项目的技术要求应满足新能源汽车维修手册的要求,要求规定不明确的,则以国家、行业及地方标准相关要求为准。

#### 3. 新能源汽车维修竣工出厂检验

电动汽车在完成常规系统、高压电系统二级维护后,均应进行竣工检验。汽车维修竣工出厂检验必须由专职汽车维修质量检查员完成,一般在汽车维修竣工后、交车前进行。汽车维修质量检查员对照维修质量技术标准,全面检查汽车,测试有关性能参数。二级维护完成后,车间应由具备相关资质(EIP)的检查员进行高压电竣工检验。竣工检验合格由检查员填写电动汽车维护竣工出厂合格证并向客户交付有关技术资料后方可出厂。汽车维修竣工出厂后在质量保证期内汽车发生故障或损坏,维修企业和客户按有关规定"划分和承担相应的责任"。

竣工检验时各项参数应符合产品使用说明书,如使用说明书不明确时,应以国家标准、行业标准及地方标准为准。竣工检验不合格的车辆应进行进一步的检验、诊断和维护,直到达到维护竣工技术要求为止。其中:

1)常规系统二级维护竣工技术要求应按GB/T 18344—2016《汽车维护、检测、诊断技术规范》规定执行。

2）电动汽车高压电系统二级维护竣工检验应在整车高压上电情况下检查和检测。电动系统专用装置二级维护竣工检验项目和要求见表4-14，其竣工检验记录单见表4-15。

表4-14 电动系统专用装置二级维护竣工检验项目和要求

| 序号 | 检验项目 | 检验要求 |
|---|---|---|
| 1 | 故障码 | 使用诊断仪进行故障诊断，应无故障信息 |
| 2 | 仪表和信号指示装置 | 仪表和信号指示装置的功能应正常，且无异常信息 |
| 3 | 灭火装置 | 灭火装置应无警告信号，压力值在正常范围内，产品装置在有效期内 |
| 4 | 充电状态 | 充电连接应配合正常，充电保护应有效 |
| 5 | 外观 | 1）高压电系统部件应干燥干净，无异物、积尘、变形破损<br>2）线束、插接器应无积尘、破损和老化<br>3）高压电警告标记应齐全、规范、清晰且固定完好 |
| 6 | 固定情况 | 高压电系统部件应安装牢固，线束固定可靠，插接器应锁紧可靠 |
| 7 | 冷却（散热）系统 | 动力蓄电池系统、驱动电机系统等系统冷却功能应正常有效 |
| 8 | 密封性 | 无漏油、漏液、漏气 |
| 9 | 路试检查 | 1）车辆应起步正常，起步、加速平稳且无明显冲击，动力传输应无异响<br>2）转向应轻便，无卡滞现象；行车制动过程中制动能量回收功能正常 |

表4-15 电动系统专用装置二级维护竣工检验记录单

| 托修方 | 车牌号： | | | | |
|---|---|---|---|---|---|
| 承修方 | | | | | |
| 检验项目 | 检验结果 | | | | |
| 故障码 | □无故障码 | □有故障码，信息描述： | | | |
| 仪表和信号指示装置 | □无异常警告或信号提醒 | □有异常警告或信号，信息描述： | | | |
| 灭火装置 | □功能正常且在有效期内 | □更换 | | | |
| 充电状态 | □充电配合正常，充电保护有效 | □充电连接异常 | | | |
| 绝缘性 | □绝缘有效 | □绝缘故障 | | | |
| 检查项目 | 运行状况 | 外观 | 固定情况 | 密封性 | 冷却（散热）系统 |
| 动力蓄电池系统 | | | | | |
| 驱动电机系统 | | | | | |
| 电动空气压缩机 | | | | | — |
| 转向系统 | | | | | |
| 空调系统 | | | | | |
| 电动除霜器 | — | | | — | |
| 高压电维修开关 | | | | | |
| 电源变换器 | | | | | |
| 车载充电机 | | | | | |
| 充电插孔 | — | | — | | — |
| 制动能量回收系统 | | | | | |
| 高压电警告标记 | — | | | | |
| 结论 | | | 检验人员（签字）： 年 月 日 | | |

注：1. 检查结果中符合要求的在对应位置记√，不符合要求的记○，/表示此项不做要求。
2. 若无表中某项或某几项，则这些项目不做要求；若存在其他项目，宜做相应增项。

### 4. 新能源汽车的返修鉴定

返修是对维修质量不合格汽车的补救和纠正措施。新能源汽车返修的检测、判断工作应由质量检查员负责。检查员通过检验和鉴定，分清责任，组织、协调和实施返修，并登记。

## 项目拓展

**新能源事故车救援流程**

新能源事故车救援分为客户发起的救援和汽车企业发起的救援两类，两类新能源事故车的救援流程请扫描二维码学习。

新能源事故车救援流程

# 项目五

## 管理新能源汽车备件

### 任务一 订购新能源汽车备件

#### 任务导入

李明是一名刚到4S店的实习生,最近店里备件部的计划员张茵参加了汽车企业的新能源汽车售后服务技能大赛并获得了备件科目一等奖,回到店里受到领导和同事的好评。李明十分不解,认为做备件工作没什么技术含量,为什么会受到如此重视?老师跟他说,备件采购成本占总成本的比例很大,而且新能源汽车备件还涉及存储等安全问题,若汽车备件无法以合理的价格获得、不能正确采购合理的数量、不能正确存储,则直接影响企业的经营成本及安全管理。你知道新能源汽车维修企业是如何管理备件的吗?

#### 任务目标

**知识目标**

1. 掌握备件计划员、配件专员的岗位职责及素质要求。
2. 掌握汽车备件订货的基础知识。
3. 了解备件订货渠道与方式。

**技能目标**

1. 能够分析总结备件岗位的职责和素质要求。
2. 能够计算备件合理的订购数量。
3. 能够制订合理的备件订货计划。

**素质目标**

1. 培养成本意识。
2. 培养严谨认真的工作习惯。

#### 知识引入

不同于传统燃油汽车,新能源汽车具有电动化、智能化、网联化三大"革命性"特征,这些特征不仅推动汽车零部件产品和技术创新加速发展,更在推动汽车备件供应链与物流体

099

系建设方面发生变革。汽车备件管理是维修企业的一项重要业务内容，备件的采购、仓储等方面的管理直接关系到维修作业的及时性，进而影响维修交车时间，影响客户满意度。因此，汽车售后服务企业必须重视备件管理，建立健全包括采购、仓储、使用等过程的质量管理体系，有效压缩库存量，降低成本，不断改进管理方法、提高企业的信誉和经济效益。

备件管理由售后服务企业的备件部完成，备件部的职能主要有：备件的订购和库房管理；为维修车间提供生产中必须具备的零件和材料；对外零配件的调剂和销售。

## 一、认识备件计划员/配件专员岗位

不同类型的汽车售后服务企业设置的备件计划管理的岗位各不相同，传统汽车企业的4S店设置备件计划员，造车新势力还设置配件供应管理专员（汽车企业负责配件计划）、配件专员等岗位。

### （一）备件计划员

**1. 素质要求**

1) 具有中专及中专以上文化程度。
2) 能够熟练操作计算机。
3) 具有一定的管理知识及管理经验。
4) 具备一定的新能源汽车知识，了解新能源汽车维修常识和营销知识。

**2. 职责与权限**

1) 制订备件订货计划，并向汽车企业售后服务部发出备件订单开展备件订货工作。
2) 负责备件订货发票的审核。
3) 负责备件订货资料的存档。
4) 负责填写"索赔申请单"，向汽车企业备件部提出备件索赔。
5) 通知财务部及时向汽车企业售后服务部结算备件款。
6) 负责制订备件的储备定额及最低库存量。
7) 负责到货备件的信息输入计算机，填写本单位备件业务报表，对市场及订货进行预测，并将有关信息反馈给汽车企业备件部门。

### （二）配件专员

**1. 岗位职责**

1) 熟悉配件相关专业知识，执行配件相关标准流程。
2) 追踪配件日常消耗情况，设置安全库存，跟进紧急订单进度。
3) 完成日常配件发放、配件物流运输问题的沟通协调及未装车配件的索赔。
4) 完成库存日常循环盘点，确保库存准确度。
5) 管理库内附件、工具及相应硬件设施。
6) 操作系统日常下单等数据录入工作。

**2. 职位要求**

1) 汽车及其他相关专业毕业。

2）具有配件相关知识、汽车知识、物流管理等方面知识。
3）1年以上汽车服务企业配件工作经验。
4）良好的品德及团队精神，善于沟通。

## 二、制订备件订货计划

### （一）认识备件订货的重要性

对于汽车维修企业，汽车备件订货非常重要，这是因为：

1）若订货价格过高，则维修成本也高，影响企业利润；若订货价格过低，则很可能订购的备件质量差，影响维修质量，从而使维修企业不具备市场竞争力。

2）订货周转率高，可提高资金的使用效率。订货数量合理、采购时机适当，既能避免停工待料，又能降低备件库存、减少资金积压。

3）备件采购快慢、准确与否，以及品质优劣直接关系到车辆维修工期和客户满意度。

### （二）选择备件供货方式与订货类型

备件采购主要有合同采购和市场紧急采购两种，备件的进货渠道以与汽车企业备件部门签订的备件采购合同为主，也可以与信誉好、产品质量好的知名公司签订供销合同。对市场临时紧急采购，要严防假冒、伪劣产品，与信誉好的商家签订质量保证协议并以法律公证，使采购的备件质量得到有效的法律保障。

#### 1. 选择供货方式

选择正确的供货方式，应该注意以下事项：

1）对于需求量大的备件，应尽量选择定点供应直达供货的方式。
2）尽量采用签订合同直达供货方式，减少中间环节，加速备件周转。
3）对需求量小的备件，宜采取临时采购方式，减少库存积压。
4）采购形式应采取现货与期货相结合的方式。现货购买灵活性大，有利于加速资金周转；对需求量较大、消耗规律明显的备件，采取期货形式，签订期货合同，有利于供应单位及时组织供货。

#### 2. 选择订货类型

（1）**常规订货** 维修企业每周用于补充其正常库存的定时订单，用常规订单形式向供货商发送订货计划。

（2）**紧急订货** 维修企业在紧急情况下，为了满足维修工作的需要进行紧急订货的订单，供货商根据维修企业的要求负责备件的发送。每月订购次数不限，但每次订购会根据实际情况向维修企业加收一定的手续费用和加急运费。

（3）**定时订货** 定时订单包括所有的液体、轮胎、蓄电池、冷媒和保险杠的备件订单，供应商会定时地向维修企业发送。

（4）**特殊订货** 特殊订货包括动力总成（动力蓄电池）、车身、散热器框架等，用特殊订单的形式向汽车企业备件部门订货，费用由维修企业先行支付，运输的快慢按常规程序办理。

在订购车身和前围时需在订单上注明相应的车身编码并提供原车上17位编码的钢印铁片,汽车企业售后服务部在收到订单后开始定制。如预定车身,还需在订单上注明原车身的车型、配置(有否带天窗、车门外是否带饰板等)、出厂年份、颜色等。

### (三)制订备件订货计划

#### 1. 遵循备件订货指导思想

"良性库存 = 备件盈利 = 对客户的服务质量",这是每个备件管理人员都应牢固树立的指导思想,必须把向客户提供100%的服务率作为首要的工作目标,在这个前提下争取良好的备件盈利。良好的备件盈利一定要建立在良性库存的基础上,所谓良性库存,即是用最合理的费用保证对用户的最佳服务率。

#### 2. 备件订货基础工作

(1)充分了解每一种备件的销售特性 为了更好地对汽车备件进行管理,必须掌握汽车备件的分类。汽车备件种类较为复杂,分类方法有实用性分类、标准化分类、用途分类。还可以将汽车零部件分成内饰、外饰、动力总成、底盘、电子电气五大模块。

新能源汽车与传统燃油汽车的零部件最大差别体现在动力总成和电子电气两大模块。新能源汽车的动力总成模块主要由动力蓄电池和电驱动总成两大细分模块组成,其中电驱动总成系统有电驱动系统和电源系统两部分,电驱动系统包含电机、控制器、减速器,是驱动电动汽车行驶的核心部件;电源系统包含车载充电机(OBC)、DC/DC变换器和高压配电盒,是动力蓄电池组进行充电、电能转换及分配的核心部件。

根据其使用特性,还可以将汽车备件分为六大类,即快速更换类零件、维修服务类零件、车身机械类零件、大总成、附件、其他类零件。每一类零件具有不同的销售特性。在备件销售额构成中,快速更换类零件约占17%,维修服务类零件约占32%,车身机械类零件约占37%。具体到每一种零件的分析表明:约有60%~80%的备件品种年销量在0~12%,40%的备件品种占库存总额的6%,有8%的库存品种占库存总额的25%。

数据显示:5%编号的备件占销售额的85%,占库存总额的46%;9%编号的备件占销售额的11%,占库存总额的19%。也就是说,14%编号的备件占销售额的96%,占库存总额的65%,应对这一部分零件予以高度重视,重点开展工作。

(2)建立完整的订货台账 建立完整的订货台账,并随时记录一切必备的数据(销售统计、日期、备件编号等);建立每日入、出、存报表制度,反映当日入库、出库、结存状况,作为订货依据;建立定期盘点库存制度,以便了解库存的实际状况;掌握辖区内汽车保有量及车辆的使用情况;计算备件供货周期,以确定订货频次;充分估计交货时间、交货品种、交货数量上可能产生的误差。

### (四)考虑影响备件订货的因素

#### 1. 备件的生命周期及其在不同阶段的特点

每一个备件都有其特定的生命周期。该周期主要包括四个阶段:新车型上市期、活跃期、存活期、老车型淘汰期,如图5-1所示。对备件订货而言,初期投放市场车型的备件和停产期车型的备件必须予以特别的重视;对刚投放的车型应从技术上确定适当的库存,数量适中，尽量避免新"死库存"；如果在投放期的备件订货出现问题，将直接导致市场上维修备件供货不足。

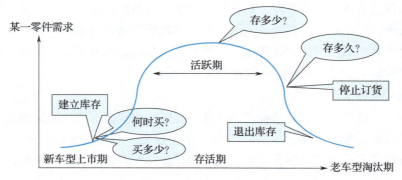

图 5-1 备件的生命周期

### 2. 备件销售历史、需求预测和趋向系数

备件的销售历史和根据销售历史绘制的销售趋势图对备件订货工作有着极为重要的参考价值。尤其新能源汽车维修企业应十分注意保存备件的需求历史数据，根据需求历史数据可以画出需求趋势图，并能预测趋向系数 $Q$。

最简单的趋向系数公式如下：

$$Q = (前6个月的销量 \times 2)/(前12个月的销量)$$

$Q<1$，说明该零件销售量呈下降趋势；$Q=1$，说明该零件销售量呈平稳趋势；$Q>1$，说明该零件销售量呈上升趋势。

从依据零件需求历史数据画出的需求趋势图上可以看出：

1) 备件的需求趋势及需求量的大小。
2) 备件的需求与季节的关系。
3) 促销阶段可反映出促销方法与促销手段产生的效果。
4) 车辆保有量与备件销量之间的关系。

### 3. 合理地掌握备件订货周期及订货方式

由于对交货周期的要求不同，备件中心库对常规订货、紧急订货订单备货方式和发运方式不同，因此对这两种订单将采取不同的价格结算。为了既充分满足需求又使订货成本最低，备件计划员必须合理地掌握备件的订货周期。一般来讲，销量好的备件（常用件）通过定期方式订货，紧急订货主要针对不常用的品种，并且有行数和数量的限制，金额为常规订货的10%~20%。常规订货应在固定的日期发出，在行数和数量上尽可能做到均衡，其目的是便于备件仓库组织备货，使订货者得到中心库良好的服务。

### 4. 注意分析销售段和单价段对订货的影响

每次盘点库存应建立销售段，它用于显示每个零件年度销售的频率，从中可看出不同销售段的品种数。它让我们看到平均有60%~80%的备件品种每年的销量在0~12%。这个很重要的百分比往往被忽略，此时做出的主观判断很容易出现错误。库存积压也往往出现在这个销售段。

### 5. 注意季节性零件及促销件的订货

有部分零件具有很强的季节性，如夏季空调系统的备件销量大，冬季暖风系统、制动系统的备件销量大；在促销某些备件的一段时间，其销量也会有明显的回升。因此，对这些零件在订货卡片上都应做出标记，提前做好订货准备，在旺销季节开始之前备件入库，所以这类备件的订货时间表为旺销月份—入库准备—到货周期。

### 6. 利用盘点库存清单

备件订货工作的另一个方面是提出积压件、滞销件或销量下降件的处理意见，这就要参考年底的盘点库存清单。事实上，盘点库存清单不仅是一张金额的统计表，还应该认真分析，便于提高经营质量和用户服务质量，压缩库存量。库存储备情况说明见表 5-1。

表 5-1　库存储备情况说明

| 库存储备情况 | 说明 |
| --- | --- |
| 库存 < 12 个月销量的 1/2 | 正常状态 |
| 库存 > 12 个月销量的 1/2 | 不正常状态 |
| 2 年没有销售历史 | 沉睡库存 |
| 3 年没有销售历史 | "死"库存 |

应该强调指出的是，当一个货位的零件销售不出去，假如是因为技术方面的原因，或者因为技术禁止方面的原因，或者与销量相比积压量很大，如几年以来年销售量为一两个，而库存达到 300 个，则可以建议提前报废。在上述情况下，可保留 10 个做库存，其余 290 个建议报废。

### 7. 使库存结构合理

汽车备件根据其维修用量、换件频率可分为快流件（A 类备件）、一般件（B 类备件）、慢流件（C 类备件）和超慢流件（D 类备件）四类，见表 5-2。

表 5-2　汽车备件根据月均需求量的分类

| 类型 | A 类备件 | B 类备件 | C 类备件 | D 类备件 |
| --- | --- | --- | --- | --- |
| 月均需求量/个 | ≥8 | ≥4 且 <8 | ≥0.2 且 <4 | <0.2 |

A 类备件是常用、易损、易耗备件，维修用量大、换件频率高、库存周期短、用户广泛、购买力稳定，是经营的重点品种。这类备件订货批量较大、库存比例较高，在任何情况下都必须保证供应。在仓库管理上，对 A 类备件应采取重点措施，进行重点管理，选择最优进货批量，尽量缩短进货间隔，做到快进、快出，加快备件周转。

B 类备件只进行一般管理，管理措施应进行进销平衡，避免积压。

C 类备件是按客户需要予以订购，客户应在备件订货单上签字，并交付订货款。

一般维修企业的指导库存量的比例应为：A 类备件占库存量的 70%，B 类备件占库存量的 25%，C 类备件占库存量的 5%。但由于新能源汽车维修还处于初始阶段，与燃油汽车通用的备件可以遵循以上规律，新能源汽车专用备件还需要不断积累数据，寻找规律，确定合适的库存量比例。

D类备件是车辆维修过程中不常用的备件,其销量和销售频次非常低,维修企业库存通常是1个或者按C类备件处理订货。

### (五)确定备件订货价格

不论是对备件供货方、维修企业还是客户,价格都是一个敏感话题。合理、稳定的价格体系无论对企业利润还是对客户满意度都有重要影响,因此,汽车企业都需要对备件价格做出明确规定。

DNP:是 Dealer Net Price 的缩写,意思是经销商净价。DNP 是指备件供货方销售给维修企业的包含运输保险费的价格。

SRP:是 Suggested Retail Price 的缩写,意思是建议零售价。SRP 是指汽车企业建议维修企业销售给最终客户的价格。

DNP 计算方法:

$$DNP = SRP \times (1 - 折扣率)$$

为了规范化管理,汽车企业的备件部门往往会有对维修企业的考评制度,维修企业上个季度的得分将决定其在本季度的折扣率。

### (六)确定备件订货数量

#### 1. 计算标准库存量

$$SSQ = MAD \times (O/C + L/T + S/S)$$

式中,SSQ 是标准库存量(Standard Stock Quantity);MAD 是月均需求数量(Month Average Demand),单位为个/月;O/C 是订货周期(Order Circle),单位为月;L/T 是到货周期(Lead Time),单位为月;S/S 是安全库存周期(Safety Stock),单位为月。

(1)月均需求数量(MAD) 通常我们采用前六个月的每月需求量来计算月均需求。例如,某维修企业的机油滤清器有如图5-2所示的需求量。

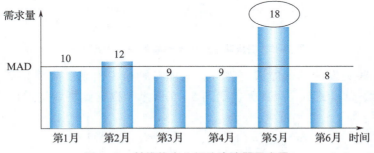

图 5-2 某维修企业机油滤清器需求量

则

$$MAD = (10 + 12 + 9 + 9 + 18 + 8)/6 = 11 \text{(个/月)}$$

B/O(Back Order)即追加订货,当没有库存或库存不足时发生的替客户做的追加订货,B/O 单的需求也应计算进 MAD 当中。

客观分析 L/S（Lost Sale，流失的业务）的记录，合理地加入到 MAD 的计算中去。对于非库存零件或库存不足零件，有时客人会取消订货。这时要把它记录下来，考虑取消的项目是否需要增加库存量；如果是非库存项目，就要考虑是否需要纳入库存项目。

无论是 B/O 需求，还是 L/S 需求，在统计 MAD 时都需要视具体情况而定，对于那些非常规的 B/O 和 L/S 需求，要谨慎统计。

（2）订货周期（O/C） 指相邻两次订货间隔的时间，单位为月。例如，某经销店的机油滤清器订货周期如图 5-3 所示。

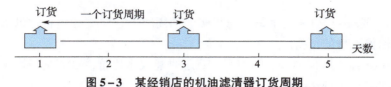

图 5-3　某经销店的机油滤清器订货周期

图 5-3 所示的订货周期为 2 天，假如该月天数为 30 天，此时的 O/C = 2/30 = 1/15（月）。

（3）到货周期（L/T） 又可称为在途时间，单位为月。例如，某经销店的机油滤清器到货周期如图 5-4 所示。

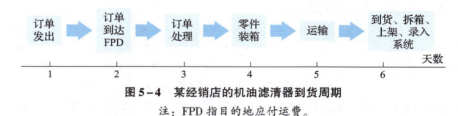

图 5-4　某经销店的机油滤清器到货周期

注：FPD 指目的地应付运费。

图 5-4 所示的到货周期为 6 天，假如该月天数为 30 天，此时的 L/T = 6/30 = 1/5（月）。

（4）安全库存周期（S/S） 会受到货期延迟和特殊需求两个因素影响，单位为月。到货期延迟因素影响如图 5-5 所示。

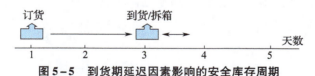

图 5-5　到货期延迟因素影响的安全库存周期

有时由于一些突发的特殊原因（例如，运输车辆途中出现了故障）导致推迟到货期。应在第三天到货，却推迟到了第四天，如图 5-5 所示。根据到货期延迟计算的安全库存周期可按下式计算：

$$S/S_{forL/T} = (L/T_{MAX} \times 目标率 - L/T)/L/T$$

特殊需求因素影响的安全库存周期如图 5-6 所示。

市场的需求量如图 5-6 所示，经常是起伏不定的，第五个月的需求量是 18 个，超出月均需求量 7 个。根据特殊需求因素影响的安全库存周期可按下式计算：

$$S/S_{for\,demand} = (需求_{MAX} \times 目标率 - MAD)/MAD$$

因此，考虑到货期延迟和特殊需求两个因素的安全库存周期可按下式计算：

$$S/S = S/S_{forL/T} + S/S_{for\,demand}$$

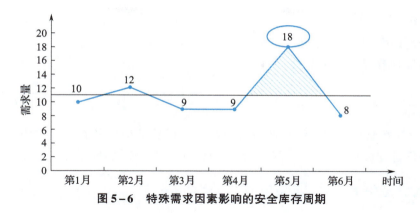

图 5-6　特殊需求因素影响的安全库存周期

2. 备件订货数量计算

$$SOQ = SSQ - OQ - OO + B/O$$

式中，SSQ 是标准库存量；OQ 是现有库存量；OO 是在途库存量。

**课堂讨论**

你认为汽车备件订货工作在哪些方面影响汽车维修企业的经营成本？

## 任务二　管理新能源汽车备件库房

### 任务导入

小张经过两年多的职业院校学习之后，来到一家 4S 店备件部实习，备件经理给他安排在备件库房实习。小张觉得备件库房就是发放维修备件，熟悉熟悉就可以正式上岗工作了。同学们，你们和小张的想法一样吗？让我们走进备件库房一看究竟吧！

### 任务目标

**知识目标**

1. 掌握备件仓库管理员的岗位职责及素质要求。
2. 掌握备件入库验收程序。
3. 熟悉备件仓库管理规定。
4. 掌握汽车备件发货管理基础知识。

**技能目标**

1. 能够根据备件岗位职业能力对标就业岗位。
2. 能够规范进行备件入库验收作业。
3. 能够对库存备件进行规范管理，并满足安全、环保要求。
4. 能够规范进行备件出库作业。

**素质目标**

1. 培养严谨意识、责任意识。
2. 培养安全意识、环保意识。

## 知识引入

各个类型的新能源汽车维修企业备件库房管理设置的岗位各有不同，传统汽车企业的4S店设置备件管理员，有的造车新势力服务中心设置零件专家等岗位。

### 一、认识备件仓库管理岗位

#### （一）认识备件管理员岗位

**1. 职责与权限**

1）负责按要求对库存备件进行规范化管理。
2）负责备件的入库验收及维修备件的发放工作，建立库存账目，保存各种原始凭证。
3）根据库存储备情况，向计划员发出订货需求。
4）负责库存备件的定期清点工作。
5）负责备件库房的环境、安全及防火工作。

零件专家

**2. 职位要求**

1）具有中专及中专以上文化程度。
2）熟练掌握计算机操作。
3）具有一定的汽车理论、汽车构造及维修常识。
4）有一定的库房管理经验。

#### （二）认识零件专家岗位

**1. 岗位职责**

1）负责按照服务中心零件业务流程，完成零件的入库、出库、包装、盘点库存管理等相关工作。
2）负责零件库房、质量担保旧件库房、报废零件库房等日常管理工作。
3）负责专用工具设备借用管理，危险品、废品处理管理等日常管理工作。
4）负责按规定向同城及邻近授权钣喷中心提供零件销售、对账及盘点管理工作。
5）完成上级指派的其他相关工作。

**2. 职位要求**

1）3年以上高端汽车品牌4S店备件库房管理经验，持有维修职业资格证书者优先。
2）中专及中专以上学历、持C1（小型汽车）及以上驾照且驾驶熟练者优先。
3）可独立完成备件库房管理。
4）具备客户服务意识、责任心强，并贯彻到日常工作中。
5）具有极强的个人学习能力，具有追求成效的精神。

## 二、备件的入库管理

汽车备件入库是物资存储活动的开始,也是仓库业务管理的重要阶段,这一阶段主要包括:到货接运、备件验收和备件入库。新能源汽车备件因为涉及高压电安全,因此当库房存储时要严格注意存储条件的限定。

### (一)到货接运

对照货物运单接货,做到交接手续清楚、证件资料齐全,为验收工作创造条件。材料进库后,在进货待查区放置,准备验收,避免将已发生损失或差错的备件带入仓库。

### (二)备件验收

备件验收是按照一定的程序和手续对备件的数量和质量进行检查,以验证它是否符合订货合同的一项工作。备件到库后首先要在待检区进行开箱验收工作,并检查备件清单是否与货物的品名、型号、数量相符。随时填写验收记录,不合格品由备件主管进行处理,及时填写来货记录。备件验收程序如下。

#### 1. 验收准备

准备验收凭证及有关订货资料,确定存货地点,准备装卸设备、工具及人力。

#### 2. 核对资料

入库的备件应有的资料包括:入库通知单,供货单位提供的质量证明书、发货明细表、装箱单,承运单位提供的运单及必要的证件。

#### 3. 实物检验

填写开箱验收单,检验备件质量和数目。汽车备件进仓库实行质量检查员、备件仓库管理员、备件计划员联合作业,对备件质量、数量进行严格检查,把好汽车备件进仓库质量关。汽车备件验收的依据主要是进货发票,进货合同、运货单、装箱单等都可以作为备件验收的参考依据。汽车备件验收的内容主要是备件的品种、数量和质量。

(1) **品种验收** 根据进货发票,逐项验收备件品种、规格、型号等,检查是否有货单和货物不相符的情况;易碎件、液体类物品,应检查有无破碎渗漏情况。

(2) **点验数量** 对照进货发票,先验收大件,再检查备件包装及其标识是否与发票相符。一般对整箱整件,先点件数后抽查细数;零星散装备件点细数;贵重备件逐一点数;原包装备件有异议的,应开箱开包装点验。

(3) **质量验收** 质量验收方法:一是仪器验收,二是感观验收。主要检验汽车备件证件是否齐全,如有无合格证、保修证、标签或使用说明等;汽车备件是否符合质量要求,如有无变质、潮湿、污染、机械损伤等。

### (三)备件入库

经过验收,对于质量完好、数量准确的备件,要及时填写和传递"汽车备件验收入库单",同时办理备件入库。对于在验收中发现问题的备件,如数量、品种、规格错误,包装标签与实物不符,备件受污受损,质量不符合要求的备件,均应做好记录,判明责任,联系供应商解决。对于外包装破损的备件由运输及押运人员在场的情况下打开包装，检查货物数量及损坏情况，如果开箱后发现装箱单与实物不符或货物损坏，应当场写明情况，请运输人员或押运人员签字后，由有关部门处理。

---

**素养园地**

### 汽车备件供应链数字化管理

由于我国汽车行业现状及汽配销售渠道格局的变化，以汽车企业为首的售后服务体系对供应链服务质量越来越重视。汽车企业开始靠近终端消费者，不仅强化对服务企业经营的透明度管理，还应用数字化手段直达客户（建立线上交易平台，如各大汽车企业在京东、天猫平台建立的旗舰店），以增大自己在产业链中的价值。

但基于现有汽车企业售后备件供应链业务的复杂程度高，在服务体验、运营效率、信息系统等方面都亟须进行优化升级。汽车企业售后服务备件数字化发展方向有：

1）订单流程自动化，提升供应链运营效率；
2）统一数据交互，让供应链优化更加合理；
3）合理仓网布局，满足订单履约交付。

唯有汽车备件数字化管理的全面升级，才能够同时实现"成本、效率、体验"三个要素的优化，真正帮助汽车企业在售后备件业务方面实现价值提升。

**案例1　降本、增效、体验优**

以某世界500强汽车企业为例，以建立汽车售后备件供应仓网布局与大数据智能运算补货模型为标志的备件供应链一体化项目，不仅实现了汽车备件供应链在细节上的提升，也达到了降本（降低成本）、增效、优化客户体验的目标。依托供应链协同平台的数字化能力，通过动销频次、价格等特征对不同备件进行品类细分，设定了前置快流仓、快中流仓与慢流仓，全面带动供应链效率的整体提升，出货效率提高的同时实现结构性降本。

通过供应链协同平台打通供应链各环节，此汽车企业实现了物流从采购入库到逆向退货全供应链环节信息的透明。紧急订单可保障全年出库发运，满足市场紧急需求。常规订单每周6配，提升客户服务体验。如今，该客户一次订单满足率提升了1.9%，库存金额下降了35%，库存周转率提升了55%。

**案例2　应急响应高效履约**

以某汽车企业为例，由于突发事件，该汽车企业多个区域仓进出货物受限，依托于供应链协同平台及专业的运营团队，提前预判事件发展，并依托于敏捷且完善的分配清单（Bill of Distribution，BOD）体系，迅速调整海量基本库存单元（SKU）预测补调数据，储备应急库存，提供供应基础。及时启动库存支援和订单自动寻源预案，切换履约仓，助力其选择未阻断路线进行高效履约，获取及时的线路询价与时效确认，保证实时路线切换与业务切换流程通畅等，做到了以"柔性"应"万变"。

**启　示**

随着汽车"新四化"时代的到来，汽车售后服务的数字化管理也应运而生。未来几年，以党的二十大报告提出的"推动战略性新兴产业融合集群发展，构建新一代信息技术、人工智能、生物技术、新能源、新材料、高端装备、绿色环保等一批新的增长引擎"为目标，以"构建优质高效的服务业新体系，推动现代服务业同先进制造业、现代农业深度融合"为契机，"加快发展物联网，建设高效顺畅的流通体系，降低物流成本，加快发展数字经济，促进数字经济和实体经济深度融合，打造具有国际竞争力的数字产业集群"。

## 三、备件的库存管理

备件的库存管理是备件管理的重要环节,对备件的及时供应、成本控制有着重要影响,直接关系到维修作业的及时性。

### (一)备件库的设置与要求

#### 1. 对备件库的基本设施要求

1) 备件库应有足够的面积和高度,保证多层货架的安装,保证进货及发货通道的畅通。备件库面积应该根据备件周转量的大小和企业业务量的多少确定,备件库库房面积一般应在 200~500m$^2$。

2) 备件库地面应能承受 0.5t/m$^2$ 重压,表面涂以树脂漆,以防清扫时起灰尘。

3) 配备专用的备件搬运工具,配备一定数量的货架、货筐等,配备必要的通风、照明及防火器材。

4) 宜采用可调式货架,便于调整和节约空间;货架颜色统一,一般中货架和专用货架必须采用钢质材料,小货架不限,但必须保证安全耐用。

5) 备件库应有足够的通风、防盗设施,保证光线明亮、充足、分布均匀,避免潮湿、高温或阳光直射。

#### 2. 备件库的布置原则

1) 备件库各工作区域应有明显的标牌,如收发货区、车间领料出货口、备货区、危险品库房等,仓库各工作区域如图 5-7 所示。

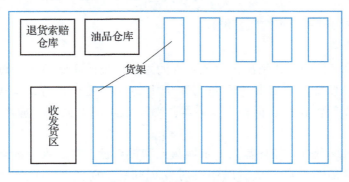

图 5-7 仓库各工作区域

2) 有效利用空间,根据库房大小及库存量,按大、中、小型及长型进行分类放置,以便节省空间;用纸盒来保存中、小型备件,用适当尺寸的货架及纸盒,将不常用的备件放在一起保管;留出用于新车型备件的空间,无用备件要及时报废。

3) 货架的摆放要整齐划一,库房的每一个过道要有明显的标志,货架应标有位置码,货位要有备件号和备件名称。

4) 防止出库时发生错误,将备件号完全相同的备件放在同一纸盒内,不要将备件放在过道上或货架的顶端;备件号接近、备件外观接近的备件不宜相邻存放。

5) 为避免备件锈蚀及磕碰,必须保持完好的原包装;易燃、易爆物品应与其他备件严格分开管理，对于易燃、易爆物品要重点保管，如空调制冷液、安全气囊本体、清洗剂、润滑液等，存放时要考虑防火、通风等问题，库房内应有明显的防火标志。

### 3. 备件库的管理规定

1）库存备件和材料应根据其性质和类别分别存放。汽车备件根据其维修用量、换件频率摆放，例如，维修用量小、换件频率低的备件放置在离收发区较远的区域，或放置在货架的最高层。备件摆放做到库容整齐、堆放整齐、货架整齐、标签整齐。

2）备件库管理要达到库容清洁、物资清洁、货架清洁、料区清洁。备件库内禁止吸烟，须放置灭火器，并定期检查和更换。

3）库存材料和备件要根据季节及气候勤检查、勤盘点、定期保养，及时掌握库存量变动情况，避免库存积压、浪费和丢失，保持账、卡、物相符，对塑料、橡胶制品的备件要做到定期核查和调位。

4）库存材料和备件要做到账物相符，严禁相同品名不同规格和产地的备件混放在一起。

5）库内不允许有账外物品。非仓库人员不得随便入内，备件库内不得摆放私人物品，索赔备件必须单独存放。

6）危险品库管理要达到无渗漏、无锈蚀、无油污、无事故隐患。

7）严禁发出有质量问题的备件，因日常管理、保养不到位及工作失误造成物资报废或亏损的，应视其损失程度追究赔偿责任。

## （二）新能源汽车备件管理

对新能源汽车库内的备件管理，主要包括汽车备件的卡、账管理和库存盘点管理。各大汽车企业都有自己的备件管理系统。大多数软件适用于国际汽车零备件贸易，对于不同的售后服务企业，软件则有更详细的内容设置。

### 1. 管理库存盘点

为了掌握库存备件的变化情况，避免备件的短缺丢失或超储积压，必须对库存备件进行盘点。盘点的内容是查明实际库存量与账卡上的数字是否相符，检查收发有无差错，查明库存备件有无超储积压、损坏、变质等。对于盘点出的问题，应组织复查、分析原因、及时处理。

盘点方式有永续盘点、循环盘点、定期盘点和重点盘点等。永续盘点，是指保管员每天对有收发动态的备件盘点一次，以便及时发现问题，防止出现收发差错；循环盘点，是指备件管理员对自己所管物资按轻重缓急做出月盘点计划，按计划逐日盘点；定期盘点，是指在月度、季度、年度组织清仓盘点小组，全面进行盘点清查，并做出库存清册；重点盘点，是指根据季节变化或工作需要，为某种特定目的而对仓库物资进行的盘点和检查。

对库内备件管理还应该注意以下问题。

（1）合理损耗　对容易挥发、潮解、溶解、风化的物资，允许有一定的储耗。凡在合理储耗标准以内的，由备件管理员填报"合理储耗单"，经批准后，即可转财务部门核销。

储耗的计算一般一个季度进行一次，计算公式如下：

合理储耗量 = 保管期平均库存量 × 合理储耗率

实际储耗量 = 账存数量 − 实存数量

储耗率 = (保管期内实际储耗量/保管期内平均库存量) × 100%

实际储耗量超过合理储耗部分做盘亏处理，凡因人为的因素造成物资丢失或损坏的，不得计入储耗内。由于被盗、火灾、水灾、地震等原因及仓库有关人员失职，备件数量和质量受到损失的，应作为事故向有关部门报告。

（2）**盈亏报告**　当盘点中发生盘盈或盘亏时，应反复落实、查明原因、明确责任，由备件管理员填制"库存物资盘盈盘亏报告单"，经备件经理审签后，按规定处理。

在盘点过程中，还应清查有无本企业多余或暂时不用的备件，以便及时把这些备件调剂给其他需用单位。

（3）**报废削价**　由于保管不善，造成霉烂、变质、锈蚀等的备件，在收发、保管过程中已损坏，并已失去部分或全部使用价值的备件，因技术淘汰需要报废或者削价处理的备件等，由备件管理员填制"物资报废单"或"汽车备件削价报告单"，报经审批。

### 2. 新能源汽车高压电安全备件管理

随着新能源汽车产业的快速发展，以电池为核心的动力总成、智能座舱、智能驾驶等零部件采购、运输、存储给汽车企业和维修企业带来了一系列新挑战。例如，动力蓄电池属于危险品，采购计划周期长、成本占比高，如何保障电池供应链上下游高效协作和物流全流程安全，是新能源汽车维修企业维修的关键。

动力蓄电池在不完全充电状态下贮存，一般 SOC 处于 40%~60%，在常温 5~30℃ 范围内贮存；如超过 30℃，必须低于 40℃ 且存储时间不得超过 10 天，存放地点应避免阳光直射或雨淋。

（1）**新能源汽车高压电备件存储管理**

1）地面存储。新能源汽车高压电备件存储要距离其他存储材料 2.5m 处（或者建立一堵不易燃的隔离墙，比相邻存货高至少 1m）。局部存储区域最大 75m²；存储高度最高 1.6m，地板涂覆，没有地漏。动力蓄电池地面存储如图 5−8 所示。

2）货架存储。存储在距离仓库其他材料 2.5m 处（或者建立一堵不易燃的隔离墙，比相邻存货高至少 1m），存储在受保护的支架上，地板涂覆，没有地漏。动力蓄电池货架存储如图 5−9 所示。

图 5−8　动力蓄电池地面存储

图 5−9　动力蓄电池货架存储

3）集装箱存储。集装箱开口必须确保叉车能够插入,存储在距离建筑物或易燃材料超过 5m 处,具备防渗底板、衬底或滴水盘。集装箱存储动力蓄电池如图 5-10 所示。用预警系统监测容器时,遵守国家相关法律法规。

图 5-10　集装箱存储动力蓄电池

> **小贴士**
> 在高压电服务合作企业处的临时存储:如果完好的动力蓄电池被取出车辆,并将重新用于车辆,则可将其暂时存放在车间的安全区域(远离繁忙区域和一般工作区)。

（2）新能源汽车高压电备件库房管理　每个电池包进备件库时要如实登记,需要记录仓库的实时温湿度。建立电池包的出入库时间和在库温湿度的追溯关系。每日巡检人员需要进行检查工作,并如实记录检查结果。应在现场悬挂安全警示标识。现场应配备一定的应急物资和设备,如灭火作战服、水性灭火器、正压式空气呼吸器等。高压安全备件库房存储如图 5-11 所示。

图 5-11　高压安全备件库房存储

## 四、备件的发货管理

仓库发货必须有正式的单据为凭,所以第一步就是审核汽车备件出库单据。主要审核汽车备件调拨单或提货单,核对名称有无错误,必要的印鉴是否齐全和相符,备件品名、规格、等级、牌号、数量等有无填错,填写字迹是否清楚,有无涂改痕迹,提货单据是否超过了规定的提货有效日期。如发现问题,应立即退回,不许含糊不清地先行发货。

### （一）凭单记账

出库凭单经审核无误,备件管理员即可根据凭单所列各项记入备件管理系统,并将汽车备件存放的货区库房、货位,以及发货后应有的结存数量等批注在汽车备件出库凭证上,核对配货。

### （二）据单配货

备件管理员根据出库凭单所列的项目进行配货。属于自提出库的汽车备件，不论什么情况，备件管理员都要将货配齐，经过复核后，再逐项点付给取货人，当面交接；属于送货的汽车备件，如整件出库的，应按分工规定，由备件管理员在包装上刷写或粘贴各项发运必要的标志，然后集中待运；必须拆装取零拼箱的备件，则从货架提取或拆箱取零（箱内余数要点清），发交包装场所编配装箱。

汽车备件的管理采用汽车零部件仓库条形码管理系统。运用条形码自动识别技术，在仓库无线作业环境下，适时记录并跟踪从产成品入库、出库，以及销售整个过程的物流信息，为产成品销售管理及客户服务提供支持，进一步提高仓库管理及销售质量和效率。

货物入库时，首先从条形码采集终端记录外包箱上的条形码信息，选择对应采购信息和仓库及货位信息；然后批量地把数据传输到条形码管理系统中，系统会自动增加相应库存信息，并记录相应的产品名称、描述、生产和采购日期；零部件入库上架作业过程中，系统均与采集终端进行自动校对和传入，实现自动化作业流程控制，如自动生成拣货单并下载到终端、自动比对拣货数量、自动传送拣货信息到后台系统。自动化的作业流程可以极大限度地提高入库工作效率。

作为仓库管理重要的一步工作环节，每到一定时间都要进行盘库作业，以确保库存准确无误，防止资产流失。借助条形码管理系统，盘库作业将变得非常轻松。条形码数据采集终端一个主要的功能就是进行盘点作业，所以又称为盘点机。当进行盘点管理时，系统会产生盘点单，可以根据仓库规模的大小，选择是全仓位盘点还是分仓位盘点，不但可以准确地计算出理论库存和实际库存的差距，还可以精确定位到出现差错产品的条形码，继而可以有效追踪到单品和相关责任单位。

### 📎 项目拓展

汽车零部件的发展趋势

汽车由上万个零部件构成，例如，一台轿车的零部件可达 1 万个以上，种类繁多，因此，行业也极为分散。随着技术创新，我国零部件配套体系逐步与世界接轨，汽车零部件产业将保持良好的发展趋势，本土零部件厂商有望加速国产替代，获取市场份额。汽车零部件行业正面临着多重发展趋势，这些趋势将塑造未来的汽车零部件制造业。

汽车零部件的发展趋势

# 项目六

# 新能源汽车质量担保管理

## 任务一　新能源汽车质量担保规定

### 任务导入

某消费者于 2021 年 6 月在二手车交易平台上购买了一台 2019 年上牌的纯电动汽车，目前行驶里程为 45000km，还在 6 年 15 万 km 的包修期范围内。近日因车辆在行驶过程中出现了动力蓄电池报警，然后逐渐失去动力无法行驶，送修至就近经销商处检查后得知，是一个模组中的电芯存在问题，但是该车辆的最后一次保养记录是在 2021 年，2022 年全年没有保养记录，因此需要消费者自费维修车辆，消费者对此表示不能接受。你认为维修费用应该由谁来支付？

### 任务目标

**知识目标**

1. 熟悉新版汽车三包规定与经营者相关的变化、与监管制度相关的变化。
2. 掌握新版汽车三包规定中退换车的规定。
3. 掌握新版汽车三包规定中与新能源汽车有关的规定。
4. 了解某品牌新能源汽车质量担保政策。
5. 掌握某品牌新能源汽车质量担保政策中的免责规定。

**技能目标**

1. 能简单地从法规上判断产品是否符合三包规定。
2. 能识别 13 种易耗件。
3. 能正确判断产品问题是否属于三包范畴。
4. 能解读某一品牌新能源汽车的三包规定。

**素质目标**

1. 强化法治素养。
2. 培养严谨、认真的工匠品质。

# 知识引入

随着新能源汽车保有量的逐年增加，新能源汽车产品及售后服务的投诉量不断上升，新能源汽车行业以及相关产业在迅猛发展的同时，其外部环境逐渐成熟，消费者要求政府出台有关新能源汽车产品质量担保政策的呼声越来越高。

## 一、新家用汽车产品的"三包"规定

所有的商品都有质保期，也称为商品的质量担保期。汽车也一样，所有的汽车企业一般都会给出行驶时间和行驶里程两个质量担保期的限定条件，而且还要以先达到者为准。为了保护家用汽车产品消费者的合法权益，明确家用汽车产品修理、更换、退货（以下简称三包）责任，根据有关法律法规，国家质量监督检验检疫总局于2013年1月15日发布了《家用汽车产品修理、更换、退货责任规定》（以下简称《规定》）。该《规定》自2013年10月1日起施行。《规定》实施的8年时间里，在提升我国家用汽车产品质量、维护消费者合法权益、倒逼汽车生产者及经营者优化服务流程等方面发挥了极为重要的作用。但随着家用汽车产品的不断更新迭代，尤其是新能源汽车保有量的快速提升，很多问题也逐步暴露出来，因此，消费者对新能源汽车的三包诉求越发强烈。为了更好地适应目前家用汽车市场的发展现状，国家市场监督管理总局（以下简称市场监管总局）于2021年7月22日发布第43号总局令，即《家用汽车产品修理更换退货责任规定》（下文简称新三包规定）已于2022年1月1日起施行。新三包规定加大了对消费者保护的力度，增加了针对新能源汽车的规定，从而为新能源汽车消费者提供更好的保护。新三包规定全文共分为六章四十二条，分为总则、经营者义务、三包责任、争议的处理、法律责任和附则等内容，新三包规定与旧三包规定相比，主要从以下三个方面完善了消费者权益。

新三包法规的变化

### （一）加大了消费者保护力度

#### 1. 与退换车相关的变化

新三包规定在退换车方面发生了表6-1所列的变化。

表6-1 新三包规定退换车变化

| 序号 | 退换车变化点 | 新三包规定 | 关注点 |
|---|---|---|---|
| 1 | 新增重大质量问题7日退换车的规定 | 新规第二十二条：家用汽车产品自三包有效期起算之日起7日内，因质量问题需要更换发动机、变速器、动力蓄电池、行驶驱动电机或者主要零部件的，消费者可以凭购车发票、三包凭证选择更换家用汽车产品或者退货。销售者应当免费更换或者退货 | 7天退换车的三个条件：三包有效期起算之日起7日内；出现质量问题；质量问题需通过更换核心零件或其主要零部件解决 |
| 2 | 新增经营者向消费者赔偿退换车损失的规定（退登记费，服务费，加装、装饰费） | 新规第二十六条：销售者为消费者更换家用汽车产品或者退货，应当赔偿消费者下列损失：<br>（一）车辆登记费用<br>（二）销售者收取的扣除相应折旧后的加装、装饰费用<br>（三）销售者向消费者收取的相关服务费用、相关税费、保险费按照国家有关规定执行 | 解决实际中对消费者主张的车辆登记费、装饰费及服务费等费用在法律适用与理解上不统一的问题。新增保险费赔偿规则，销售者应主动为消费者提供相关退费支持工作 |

(续)

| 序号 | 退换车变化点 | 新三包规定 | 关注点 |
|---|---|---|---|
| 3 | 新增重大质量问题退换车条款（增加动力蓄电池、行驶驱动电机、污染控制装置总成及关键零部件维修超"2次"退换车） | 新规第二十四条：<br>（三）发动机、变速器、动力蓄电池、行驶驱动电机、转向系统、制动系统、悬架系统、传动系统、污染控制装置、车身的同一主要零部件因其质量问题累计更换2次，仍不能正常使用的 | 除汽车运行涉及的重要部件外，将三元催化器、颗粒捕集器等污染控制装置的主要零部件也纳入重大质量问题退换车条款 |
| 4 | 降低退换车条件（累计维修时长及次数分别超30天、4次） | 新规第二十四条：家用汽车产品在三包有效期内出现下列情形之一，消费者凭购车发票、三包凭证选择更换家用汽车产品或者退货的，销售者应当更换或者退货<br>（四）因质量问题累计修理时间超过30日，或者因同一质量问题累计修理超过4次的 | 从只可更换变更为更换或者退货，提高了销售者的义务，降低了退换货的前提条件 |
| 5 | 新增退车条件（换车时如无不低于原车配置车辆产品，销售者应当退货） | 新规第二十五条：家用汽车产品符合本规定规定的更换条件，销售者无同品牌同型号家用汽车产品的，应当向消费者更换不低于原车配置的家用汽车产品。无不低于原车配置的家用汽车产品，消费者凭购车发票、三包凭证选择退货的，销售者应当退货 | 新增了退货的适用情形：销售者在不能提供不低于原车配置的家用汽车产品时，应当予以退货 |
| 6 | 限制退换车处理时间（退换车10个工作日答复；如符合退换要求，20个工作日完成退换） | 新规第二十八条：三包有效期内销售者收到消费者提出的更换家用汽车产品或者退货要求的，应当自收到相关要求之日起10个工作日内向消费者作出答复。不符合更换或者退货条件的，应当在答复中说明理由。符合更换或者退货条件的，销售者应当自消费者提出更换或者退货要求之日起20个工作日内为消费者完成更换或者退货，并出具换车证明或者退车证明；20个工作日内不能完成家用汽车产品更换的，消费者可以要求退货，但因消费者原因造成的延迟除外 | 明确了销售者处理更换或退货的时间 |
| 7 | 降低适用退换车补偿系数（使用补偿系数 n 不得高于0.5%） | 新规第二十七条：消费者依照本规定第二十四条第一款规定更换家用汽车产品或者退货的，应当向销售者支付家用汽车产品使用补偿费。补偿费的计算方式为：补偿费＝车价款（元）×行驶里程（公里）/1000（公里）×n。使用补偿系数 n 由生产者确定并明示在三包凭证上。使用补偿系数 n 不得高于0.5% | 降低了补偿系数比例（原规定为0.5%～0.8%），从而降低了消费者补偿金额范围 |

### 2. 与经营者相关的变化

新三包规定对责任履行方式、维修日期的计算方式等进行了细化，新三包规定与经营者相关的变化见表6-2，需要修理者予以重视。

项目六　新能源汽车质量担保管理

表6-2　新三包规定与经营者相关的变化

| 序号 | 与经营者相关的变化点 | 新三包规定 | 关注点 |
|---|---|---|---|
| 1 | 细化三包履行规则（维修超5日提供备用车或交通补偿，另有约定的，按照约定的方式予以补偿） | 新规第二十一条：家用汽车产品在包修期内因质量问题单次修理时间超过5日（包括等待修理零部件时间）的，修理者应当自第6日起为消费者提供备用车，或者向消费者支付合理的交通费用补偿。经营者与消费者另有约定的，按照约定的方式予以补偿 | 超期维修应以提供备用车为主，交通补偿为辅，明确提供备用车的时点，尊重经营者和消费者就补偿方式达成的其他约定 |
| 2 | 细化修理时间的计算标准（以小时计算，每满24小时，为1日；余下时间不足24小时的，以1日计） | 新规第四十条：单次修理时间，指自消费者与修理者确定修理之时至完成修理之时。以小时计算，每满24小时，为1日；余下时间不足24小时的，以1日计。累计修理时间，指单次修理时间累加之和 | 经销商应订维修主要零部件专用工具，提高技术诊断能力，加强内部技术能力；遇到主要零部件维修应主动与技术服务工程师联系，借助现场技术支持，提高一次性修复率；明确操作要求，避免维修超时 |
| 3 | 明确三包期起算日的确定方式（开具购车发票日期与交付家用汽车产品日期不一致的，自交付之日起计算） | 新规第十八条：三包有效期和包修期自销售者开具购车发票之日起计算；开具购车发票日期与交付日期不一致的，自交付之日起计算 | 经销商应准确录入车辆性质和担保起始时间；要求准确填写三包凭证，三包凭证信息与交车服务卡交付日期信息一致 |
| 4 | 规定修理记录的最低保存期限 | 新规第十七条：修理者应当建立修理记录存档制度，修理记录保存期限不得低于6年 | 修理记录保存期限不得低于6年，修理记录包括送修时间、行驶里程、消费者质量问题陈述、检查结果、修理项目、更换的零部件名称和编号、材料费、工时及工时费、车辆拖运费用、提供备用车或者交通费用补偿的情况、交车时间、修理者和消费者签名或者盖章等信息 |
| 5 | 明确禁止"强制保养" | 新规第三十二条中的内容：经营者不得限制消费者自主选择对家用汽车产品维护、保养的企业，并将其作为拒绝承担三包责任的理由 | 消费者可以自由选择有资质的维护、保养企业 |
| 6 | 删除"营运目的"免责条款（顺应了网约车作为新出行方式的不断发展） | 新规第三十二条：包修期内家用汽车产品有下列情形之一的，可以免除经营者对下列质量问题承担的三包责任：<br>（一）消费者购买时已经被书面告知家用汽车产品存在不违反法律、法规或者强制性国家标准的瑕疵 | 旧规第三十条："在家用汽车产品包修期和三包有效期内，存在下列情形之一的，经营者对所涉及产品质量问题，可以不承担本规定所规定的三包责任"中，删除了"（二）家用汽车产品用于出租或者其他营运目的的" |

119

(续)

| 序号 | 与经营者相关的变化点 | 新三包规定 | 关注点 |
|---|---|---|---|
| 7 | 缩小了经营者可免除三包责任的瑕疵范围 | 新规第三十二条：包修期内家用汽车产品有下列情形之一的，可以免除经营者对下列质量问题承担的三包责任：<br>（一）消费者购买时已经被书面告知家用汽车产品存在不违反法律、法规或者强制性国家标准的瑕疵 | 要求经营者不得免除重大产品质量问题的责任，保障消费者在购买运损车等瑕疵车辆时的基本权益 |
| 8 | 简化消费者享受三包服务的条件 | 新规第十九条：修理者能够通过查询相关信息系统等方式核实购买信息的，应当免除消费者提供三包凭证的义务 | 简化消费者三包责任承担条件，在修理者能够确认购买信息的情况下，消费者不必提供三包凭证。经销商遇到消费者要求时不应推诿 |
| 9 | 明确了修理者对拖车费用的承担范围（修理者需承担必要的拖车费用） | 新规第十五条：包修期内家用汽车产品因质量问题不能安全行驶的，修理者应当提供免费修理咨询服务；咨询服务无法解决的，应当开展现场服务，并承担必要的车辆拖运费用 | 经销商应利用好外出救援政策，提高客户满意度 |

### （二）与新能源汽车相关的变化

新三包规定保护了新能源汽车消费者的利益，新三包规定与新能源汽车相关的变化见表6-3，这是新三包规定的亮点。

表6-3　新三包规定与新能源汽车相关的变化

| 序号 | 与新能源汽车相关的变化点 | 新三包规定 | 关注点 |
|---|---|---|---|
| 1 | 将新能源汽车关键部件纳入整体更换范围 | 新规第二十条：家用汽车产品自三包有效期起算之日起60日内或者行驶里程3000公里之内（以先到者为准），因发动机、变速器、动力蓄电池、行驶驱动电机的主要零部件出现质量问题的，消费者可以凭三包凭证选择更换发动机、变速器、动力蓄电池、行驶驱动电机。修理者应当免费更换 | 将新能源汽车的关键部件中的两项：动力蓄电池、行驶驱动电机作为与发动机、变速器并列的家用汽车主要部件，纳入免费更换总成的规定范围 |
| 2 | 将新能源汽车出现质量问题关键部件（动力蓄电池、行驶驱动电机等）更换纳入7日可免费退换货情形 | 新规第二十二条：家用汽车产品自三包有效期起算之日起7日内，因质量问题需要更换发动机、变速器、动力蓄电池、行驶驱动电机或者其主要零部件的，消费者可以凭购车发票、三包凭证选择更换家用汽车产品或者退货。销售者应当免费更换或者退货 | 将新能源汽车的关键部件动力蓄电池、行驶驱动电机及其主要零部件发生质量问题的情况纳入退换车条款 |
| 3 | 将新能源汽车电池起火纳入退换货情形 | 新规第二十三条：家用汽车产品自三包有效期起算之日起60日内或者行驶里程3000公里之内（以先到者为准），因质量问题出现转向系统失效、制动系统失效、车身开裂、燃油泄漏或者动力蓄电池起火的，消费者可以凭购车发票、三包凭证选择更换家用汽车产品或者退货。销售者应当免费更换或者退货 | 在退换车条款中补充了家用电动汽车动力蓄电池起火的故障；为消费者对新能源汽车自燃维权提供明确依据 |

(续)

| 序号 | 与新能源汽车相关的变化点 | 新三包规定 | 关注点 |
|---|---|---|---|
| 4 | 将新能源汽车关键部件质量问题纳入退换货情形（电池、电机总成及关键零部件维修超"2次"退换车） | 新规第二十四条：家用汽车产品在三包有效期内出现下列情形之一，消费者凭购车发票、三包凭证选择更换家用汽车产品或者退货的，销售者应当更换或者退货：<br>（二）发动机、变速器、动力蓄电池、行驶驱动电机因其质量问题累计更换2次，仍不能正常使用的<br>（三）发动机、变速器、动力蓄电池、行驶驱动电机、转向系统、制动系统、悬架系统、传动系统、污染控制装置、车身的同一主要零部件因其质量问题累计更换2次，仍不能正常使用的<br>（四）因质量问题累计修理时间超过30日，或者因同一质量问题累计修理超过4次的 | 将新能源汽车的动力蓄电池、行驶驱动电机及其主要零部件纳入三包范围 |
| 5 | 要求生产者明示动力蓄电池容量衰减限值 | 新规第九条：三包凭证应当包括下列内容：<br>（七）家用纯电动、插电式混合动力汽车产品的动力蓄电池在包修期、三包有效期内的容量衰减限值 | 动力蓄电池容量衰减限值的标记亦可以认定为销售者的要约，如果消费者后续在车辆实际使用中发生不符合衰减限值的情况时，消费者可能以此为由要求承担产品质量责任 |

## （三）与相关监管制度的变化

### 1. 明确三包责任的使用范围

1）明确了本规定适用在中华人民共和国境内销售的家用汽车产品的三包。
2）明确三包责任的主要规制对象为境内销售行为，无论车辆是否是境内生产。
3）扩充了家用汽车产品的概念，将家用皮卡车纳入三包适用范围。

### 2. 强化生产者的质量主体责任

新三包规定强化了汽车生产者的质量主体责任，见表6-4。

表6-4 生产者的质量主体责任

| 条目 | 原文 | 关注点 |
|---|---|---|
| 第十一条 | 生产者应当积极配合销售者、修理者履行其义务，不得故意拖延或者无正当理由拒绝销售者、修理者按照本规定提出的协助、追偿等事项 | 强化生产者的质量主体责任 |
| 第七条 | 生产者生产的家用汽车产品应当符合法律、法规规定以及当事人约定的质量要求。未经检验合格，不得出厂销售 | 将出厂检验要求明确为合法、合规及满足合同约定的要求；新增"当事人约定的质量要求"，对私人订制或特殊需求情形下的出厂标准进行规制 |

### 3. 新增二次销售三包退换车的书面告知义务

新三包规定增加了二次销售三包退换车的书面告知义务，见表6-5。

表6-5 二次销售三包退换车书面告知义务

| 新版法规规定 | 旧版法规规定 | 关注点 |
| --- | --- | --- |
| 新规第三十三条：销售者销售按照本规定更换、退货的家用汽车产品的，应当检验合格，并书面告知其属于"三包换退车"以及更换、退货的原因。"三包换退车"的三包责任，按照当事人的约定执行 | 旧规第四十四条：按照本规定更换、退货的家用汽车产品再次销售的，应当经检验合格并明示该车是"三包换退车"以及更换、退货的原因。"三包换退车"的三包责任按合同约定执行 | 告知义务需通过书面履行，如将"三包退换车"的性质明确约定于购车合同中；如果销售者未书面告知或虽已告知但无书面材料证明的，可能会被消费者主张构成"欺诈"，并要求"退一赔三" |

### 4. 加大拒不承担三包责任的处罚力度

新三包规定加大了对拒绝承担三包责任的汽车企业的处罚力度，具体规定见表6-6。

表6-6 拒不承担三包责任的处罚规定

| 新版法规规定 | 旧版法规规定 | 《中华人民共和国消费者权益保护法》第五十六条 |
| --- | --- | --- |
| 新规第三十八条：故意拖延或者无正当理由拒绝承担本规定第三章规定的三包责任的，依照《中华人民共和国消费者权益保护法》第五十六条执行 | 旧规第四十一条：未按本规定承担三包责任的，责令改正，并依法向社会公布 | 经营者有下列情形之一，除承担相应的民事责任外，其他有关法律、法规对处罚机关和处罚方式有规定的，依照法律、法规的规定执行；法律、法规未作规定的，由工商行政管理部门或者其他有关行政部门责令改正，可以根据情节单处或者并处警告、没收违法所得、处以违法所得一倍以上十倍以下的罚款，没有违法所得的，处以五十万元以下的罚款；情节严重的，责令停业整顿、吊销营业执照……<br>经营者有前款规定情形的，除依照法律、法规规定予以处罚外，处罚机关应当记入信用档案，向社会公布 |

## 二、某品牌新能源汽车产品的质量担保政策

"三包"《规定》实行后，各个汽车企业依据规定的要求制定了相应的质量担保政策，下面我们以某新能源汽车品牌为例，学习新能源汽车产品的质量担保政策。

### （一）某新能源汽车"三包"条款

#### 1. 整车质保

家用新能源汽车质量担保期包括包修期、三包有效期和易损耗零部件的质量担保期。车辆质量担保期自销售者开具购车发票之日起计算（购车发票日期与交付家用汽车产品日期不一致的，自交付日起计算），家用汽车用户在三包有效期内，可凭购车发票、三包凭证、任务委托书、结算单享受包退、换，享受服务内容如下：

1）属营运用车（含出租车）的新购汽车的质量担保期为12个月或10万km（以先达

到者为准),只享受包修。

2)属公务用车的新购汽车的质量担保期为36个月或10万km(以先达到者为准),只享受包修。

3)属家用汽车的新购汽车的三包有效期为24个月或5万km(以先达到者为准),包修期为36个月或10万km(以先达到者为准)。

4)动力蓄电池、电驱动总成、电机控制器质量担保期为96个月或16万km(以先达到者为准)。只有自本公司特约经销商处购买并由本公司特约经销商安装的原装备件方可享受质量担保。

5)自费备件质量担保期(非易损件)为12个月或10万km(以先达到者为准)。

汽车企业对发动机、变速器、动力蓄电池、行驶驱动电机总成的主要零件种类定义见表6-7,对汽车系统的主要零件种类定义见表6-8。

表6-7 发动机、变速器、动力蓄电池、行驶驱动电机总成的主要零件种类定义

| 总成 | 主要零件 | 本公司对应零件名称 |
| --- | --- | --- |
| 发动机 | 曲轴 | 曲轴 |
| | 主轴承 | 曲轴轴瓦 |
| | 连杆 | 连杆 |
| | 连杆轴承 | 连杆轴瓦 |
| | 活塞 | 活塞 |
| | 活塞环 | 活塞环 |
| | 活塞销 | 活塞销 |
| | 气缸盖 | 气缸盖 |
| | 凸轮轴 | 凸轮轴 |
| | 气门 | 进气门、排气门 |
| | 气缸体 | 气缸体 |
| 变速器 | 箱体 | 壳体 |
| | 齿轮 | 全部齿轮 |
| | 轴类 | 全部轴 |
| | 轴承 | 全部轴承 |
| | 箱内动力传动元件(含离合器、制动器) | 手动变速器的同步器等;自动变速器的离合器、制动器、液力变矩器 |
| 动力蓄电池 | 电芯 | 电芯 |
| | 动力蓄电池箱体 | 电池包壳体 |
| 行驶驱动电机 | 定子组件、转子组件、轴承 | 定子组件、转子组件、轴承 |
| | 壳体 | 壳体 |

表6-8 汽车系统的主要零件种类定义

| 汽车系统 | 主要零件 | 本公司对应零件名称 |
| --- | --- | --- |
| 转向系统 | 转向机总成 | 转向机、电动转向机 |
| | 转向柱 | 转向柱 |
| | 转向万向节 | 转向万向节 |
| | 转向拉杆（不含球头） | 转向横拉杆 |
| | 转向节 | 左右前车轮轴承支座 |
| 制动系统 | 制动主缸 | 制动主缸 |
| | 轮缸 | 后制动分泵、制动钳 |
| | 助力器 | 真空助力器、真空助力泵 |
| | 制动踏板及其支架 | 制动踏板、踏板支架 |
| 悬架系统 | 弹簧（螺旋弹簧、扭杆弹簧、钢板弹簧、空气弹簧、液压弹簧等） | 螺旋弹簧、钢板弹簧、横向稳定杆 |
| | 控制臂 | 控制臂、下部横摆臂、上部横摆臂 |
| | 连杆 | （后轴）纵摆臂、横拉杆 |
| 传动系统 | 桥壳 | 桥壳 |
| | 主减速器 | 主减速器 |
| | 差速器 | 差速器 |
| | 传动轴 | 法兰轴 |
| | 半轴 | 驱动轴 |
| | 减速器（连接行驶驱动电机） | 减速器 |
| 污染控制装置 | 颗粒捕集器 | 颗粒物捕集器 |
| | 催化转化器（三元催化转化器、稀燃型氮氧化物催化转化器、SCR催化器、氧化型催化转化器） | |
| 车身 | 车身骨架 | 车身骨架 |
| | 副车架 | 副车架 |
| | 纵梁 | 纵梁、边梁、地板纵梁 |
| | 横梁 | 横梁、地板横梁 |
| | 前后车门本体 | 车门本体、尾门本体 |

6) 退换车的补偿规定：退换车的使用补偿系数为0.5%，使用补偿的计算公式为

$$使用补偿 = [车价款(元) \times 行驶里程(km)/1000] \times n$$

式中，$n$为退换车的使用补偿系数。

7) 因产品质量问题修理时间累计超过30日的，或者因同一产品质量问题累计修理超过4次的，由经销商负责更换。需要根据车辆识别代号（VIN）等定制的防盗系统、全车主线束等特殊零部件的运输时间（种类范围需要明示在三包凭证上）及外出救援路途占用的时

间，不计入维修时间之内。

### （二）某新能源家用汽车用户在包修期内享受的服务内容

#### 1. 易损耗零部件质量担保期

易损耗零部件在其质量担保期内出现产品质量问题的，消费者可以选择免费更换易损耗零部件。易损耗零部件清单在三包凭证上明示。易损耗零部件种类及质量担保期见表6-9。

表6-9 易损耗零部件种类及质量担保期

| 序号 | 易损耗零部件 | 质量担保期 |
| --- | --- | --- |
| 1 | 空气滤清器 | 6个月/1万km |
| 2 | 空调滤清器 | 6个月/1万km |
| 3 | 机油滤清器 | 6个月/1万km |
| 4 | 燃油滤清器 | 6个月/1万km |
| 5 | 刮水片 | 6个月/1万km |
| 6 | 火花塞 | 6个月/1万km |
| 7 | 制动摩擦片 | 6个月/1万km |
| 8 | 离合器片 | 6个月/1万km |
| 9 | 轮胎 | 6个月/1万km |
| 10 | 灯泡 | 6个月/1万km |
| 11 | 遥控器电池 | 6个月/1万km |
| 12 | 蓄电池 | 12个月/2万km |
| 13 | 熔丝及普通继电器（不含集成控制单元） | 12个月/2万km |

#### 2. 备用车或交通补偿的规定

整车质量担保期内的用户因产品质量问题每次修理时间（包括等待备件时间）超过5日的，应当为消费者提供备用车，或者给予合理的交通补偿费用。一次修理用时不足24小时的，以1日计。需要根据车辆识别代号（VIN）等定制的防盗系统、全车主线束等特殊零部件的运输时间（种类范围需要明示在三包凭证上）及外出救援路途占用的时间，不计入维修时间之内。

#### 3. 三包责任免除规定

在三包有效期内，出现下列情况之一的，三包责任免除。

1）易损耗零部件超出明示的质量担保期而出现产品质量问题的。

2）用户购买时已经被书面告知汽车产品存在不违反法律、法规或者强制性国家标准瑕疵的。

3）使用说明书中明示不得改装、调整、拆卸，但用户自行改装、调整、拆卸而造成损坏的。

4）汽车发生产品质量问题，用户自行处置不当而造成损坏的。

5）因用户未按照使用说明书要求正确使用、维护、修理汽车，而造成损坏的。

6）因不可抗力造成汽车损坏的。

7）在汽车产品包修期和三包有效期内，无法通过查询相关信息系统核实购买信息的，且不能提供三包凭证的。

## 任务二　执行新能源汽车的质量担保政策

### 任务导入

特斯拉汽车（北京）有限公司、特斯拉（上海）有限公司根据《缺陷汽车产品召回管理条例》和《缺陷汽车产品召回管理条例实施办法》的要求，向国家市场监督管理总局备案了召回计划。自 2023 年 5 月 29 日起，召回生产日期在 2019 年 1 月 12 日至 2023 年 4 月 24 日期间的部分进口 Model S、Model X、Model 3 及国产 Model 3、Model Y 汽车，共计 1104622 辆。（来源：中国汽车召回网讯）

### 任务目标

**知识目标**

1. 掌握汽车召回的概念和流程。
2. 熟悉索赔员的工作内容和岗位要求。
3. 了解汽车索赔的概念和意义。
4. 掌握索赔条例和索赔原则。
5. 掌握汽车零部件和整车的索赔流程。
6. 掌握索赔申请填报。

**技能目标**

1. 能正确判断产品问题是否属于召回范畴。
2. 能区分召回与三包。
3. 能正确解读索赔原则和条例。
4. 能按照索赔程序完成客户的索赔申请工作。
5. 能按流程完成客户退换车申请。

**素质目标**

1. 具备分析问题的能力。
2. 养成遵守原则和规定的素养。

### 知识引入

汽车召回

#### 一、汽车召回

##### （一）汽车召回概述

汽车召回（RECALL）是指汽车生产者按照《缺陷汽车产品召回管理条例》规定的程序，由缺陷汽车产品制造商进行的消除其产品可能引起人身伤害、财产损失的缺陷的过程，包括制造商以有效方式通知销售商、修理商、车主等有关方面关于缺陷的具体情况及消除缺陷的方法等事项，并由制造商组织销售商、修理商等通过修理、更换、收回等具体措施有效消除其汽车产品缺陷的过程（**缺陷**是指由于设计、制造等方面的原因而在某一批次、型号或类别的汽车产品中普遍存在的具有同一性的缺陷，具体包括汽车产品存在危及人身、财产安全的不合理危险，以及不符合有关汽车安全的国家标准、行业标准两种情形）。

**汽车召回是汽车企业为用户提供的一种质量担保形式**。世界上最早的汽车召回制度起源于20世纪60年代的美国。现在世界上例如英国、德国、法国、日本、韩国、加拿大、澳大利亚、中国等很多国家都实行了汽车召回制度。

我国于2004年3月15日发布了《缺陷汽车产品召回管理规定》，在2004年10月1日起开始正式实施。《缺陷汽车产品召回管理规定》由国家质量监督检验检疫总局、国家发展和改革委员会、中华人民共和国商务部、中华人民共和国海关总署联合制定并发布。于2012年10月10日，《缺陷汽车产品召回管理条例》（以下简称《汽车召回条例》）通过中华人民共和国国务院常务会议，并已于2013年1月1日正式实施。2014年10月10日，国家质量监督检验检疫总局（以下简称质检总局）曾在其官网上发布了《缺陷汽车产品召回管理条例实施办法》（征求意见稿），历时一年多，2015年11月27日，质检总局发布第176号总局令，《缺陷汽车产品召回管理条例实施办法》（以下简称《实施办法》）正式出台，并已于2016年1月1日起实施，此实施办法于2020年10月23日又进行了修订。

### （二）汽车企业执行《缺陷汽车产品召回管理条例实施办法》

#### 1.《实施办法》的主要内容

《实施办法》共六章四十三条，分为总则、信息管理、缺陷调查、召回实施与管理、法律责任、附则共六个部分。《实施办法》的主要内容见表6-10。

表6-10 《实施办法》的主要内容

| | |
|---|---|
| 第一章<br>总则 | 主要规定了立法目的、适用范围、国家市场监督管理总局（以下简称市场监管总局）的责任，明确规定汽车产品生产者是缺陷汽车产品的召回主体 |
| 第二章<br>信息管理 | 主要对缺陷汽车产品召回信息管理系统的建立与作用、生产者及相关经营者的信息报送义务及有关要求、市场监督管理总局与国务院有关部门的信息沟通与共享机制做了规定 |
| 第三章<br>缺陷调查 | 对生产者自行开展的调查分析的程序以及有关法律义务，市场监督管理部门开展缺陷调查的程序以及职责权限、缺陷认定的有关程序、组织听证及发布风险预警等有关内容做了规定。其中，明确规定与汽车产品缺陷有关的零部件生产者应当配合缺陷调查，提供调查需要的有关资料，首次将零部件生产者纳入召回管理范畴；生产者不按照缺陷汽车产品召回通知书实施召回，又不在规定时间内向市场监管总局提出异议的，或经组织论证、技术检测、鉴定，确认汽车产品存在缺陷的，市场监管总局应当责令召回 |
| 第四章<br>召回实施与管理 | 对实施召回的有关程序、召回计划的主要内容、召回信息发布的有关要求、召回总结报告等有关内容做了规定。其中，明确规定车主应当积极配合生产者实施召回，消除缺陷；生产者完成召回计划后，仍有未召回的缺陷汽车产品的，应当继续实施召回 |

(续)

| | |
|---|---|
| 第五章<br>法律责任 | 生产者违反本办法规定，未按规定更新备案信息的，或未按规定提交调查分析结果的，或未按规定保存汽车产品召回记录的，或未按规定发布缺陷汽车产品信息和召回信息的，责令限期改正；逾期未改正的，处以1万元以上3万元以下罚款；同时，规定零部件生产者违反本办法规定不配合缺陷调查的，责令限期改正；逾期未改正的，处以1万元以上3万元以下罚款 |
| 第六章<br>附则 | 明确了汽车产品、生产者的概念，并明确了汽车产品出厂时未随车装备的轮胎的召回及其监督管理由质检总局另行规定 |

### 2. 汽车召回流程

对于汽车消费者来说早已经意识到，包括汽车在内的产品由于新技术、新材料、新工艺的不断应用，即使经过科学严谨的试验，在使用中也可能暴露出产品的设计缺陷和质量隐患。汽车召回制度的颁布为缺陷汽车的处理提供了规则和程序，同时也明确了汽车企业与消费者的权益和责任。汽车企业一旦发现自己生产的产品有缺陷，坦诚、负责地召回，是向消费者展示企业对消费者负责的态度，是提升品牌形象的机会。汽车召回流程如图6-1所示。

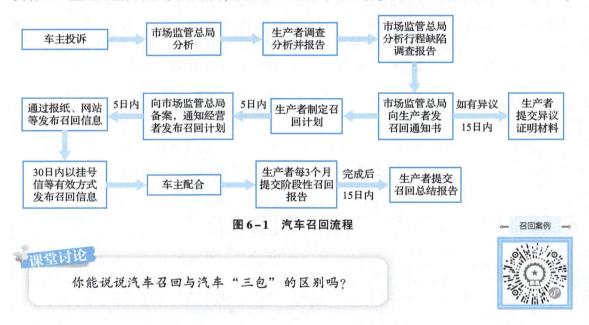

图6-1 汽车召回流程

**课堂讨论**

你能说说汽车召回与汽车"三包"的区别吗？

---

**素养园地**

## 汽车召回=汽车产品质量差？

#### 1. 召回车辆不等同于故障一定会发生

汽车召回制度的实施，是为了保护车主利益，汽车企业对已经销售到车主手里的汽车可能发生的缺陷进行处理，从而杜绝出现一切生命财产损失的可能性。可能发生的缺陷，也就是召回范围内的所有车辆，并不是100%会发生故障。所以，我们简单地把召回范围内的每一辆车都看作是问题车辆，抑或是以偏概全地认为召回等同于质量差，这是片面的，也是不严谨的。

通过数据分析国内外已发生的召回案例,大多数召回涉及车辆的故障发生率只有千分之几甚至万分之几。不同品牌车辆召回数量与故障率统计见表 6-11。

表 6-11　不同品牌车辆召回数量与故障率统计

| 品牌 | 召回频次/次 | 召回数量/万辆 | 故障数量/辆 | 故障率(%) |
| --- | --- | --- | --- | --- |
| 品牌 1 | 15 | 44 | 1000 | 0.29 |
| 品牌 2 | 15 | 117 | 3000 | 0.26 |
| 品牌 3 | 13 | 79 | 103 | 0.01 |
| 品牌 4 | 25 | 172 | 2000 | 0.13 |
| 品牌 5 | 8 | 25 | 95 | 0.04 |
| 品牌 6 | 7 | 8 | 115 | 0.13 |

**2. 召回数量增长=质量下降?**

从 2004 年 3 月 15 日我国发布了《缺陷汽车产品召回管理规定》以来,随着汽车保有量的增加,召回数量也在增加,这体现了召回制度的完善。从汽车召回数据可以看出,当前我国汽车产品召回范围呈多样化趋势,不仅涉及发动机、制动系统、传动系统、安全气囊等车辆主要安全系统,还涵盖环保排放问题、反光标识、警告牌、牌照灯、防护装置、组合仪表软件、座椅螺栓、车门拉锁、点烟器、产品说明书等多项"副产品"。根据数据分析,随着召回数量的不断攀升,我国汽车质量却在稳步提升。原国家质量监督检验检疫总局局长曾表示:"汽车生产过程中难免会有瑕疵,召回制度其实是形成一种机制,促使生产企业主动发现潜在风险并提高标准,促进企业提升设计、制造的水平。"

在汽车行业内,我们通常以 PP100(百车故障数)数值来衡量汽车质量,数值越低,表示可靠性越高。2010 年我国上市的主流品牌车型 PP100 平均值在 300 左右,我国汽车召回发布 123 次,共召回 117.7 万辆车;2022 年,我国上市的主流品牌车型 PP100 平均值 219,而 2022 年,汽车召回 204 次,涉及 448.8 万辆车。由此可见,严格的汽车召回制度有效地增强了企业对产品潜在风险的处置能力和风险防控能力,促使产品质量安全水平得到了实质性的提升。

**3. 未来召回将成为常态化质量担保措施**

召回是在《缺陷汽车产品召回管理条例》《缺陷汽车产品召回管理条例实施办法》指导下的一种规范化的管理,既提升了品牌形象,也展示出汽车企业的社会责任感。伴随着汽车市场的成熟和发展,召回制度会越来越完善,汽车召回将成为常态化的汽车服务措施之一。社会消费观念的升级和改变亦能积极推动汽车召回制度的完善及细化,进一步维护消费者的权益。

**启　示**

汽车召回就等于汽车产品质量差,这其实是绝大多数汽车消费者中存在的一个普遍误区。事实上,召回车辆不等同于质量差,召回的数量增加也并不代表整车质量下降。恰恰相反,针对已销售的车辆,召回措施作为抑制潜在风险的有效方式,恰恰是最大化保障消费者权益的一种有效手段,是汽车品牌对广大消费者主动担当的重要体现,更是汽车市场迈向成熟的必然趋势。

理性看待汽车召回,汽车召回≠汽车产品质量差。

## 二、客户提出新能源汽车索赔申请

对于一位汽车用户来说，他购买了某个汽车企业的产品，也就意味着他购买了这个汽车企业的售后服务，汽车企业为用户提供的索赔服务也是其中的一种。售后服务企业索赔员的言行体现了汽车企业售后服务的品牌形象，也关系到产品声誉。

### （一）认识索赔员岗位

#### 1. 索赔员的工作内容

1）处理首保业务。
2）处理索赔业务、三包业务和召回业务。
3）负责管理质量担保产生的旧件。

> **小贴士**
> 售后服务企业索赔员在管理工作中，如果遇到突发的批量索赔，需要将信息通报给售后服务企业的技术经理，由技术经理确认故障问题，并在索赔网络系统中填报"车辆信息反馈单"。

#### 2. 索赔员的岗位要求

1）接受过汽车企业的技术基础培训、索赔培训，经过汽车企业的售后服务部门批准才能从事索赔业务。
2）认真检查索赔车辆，严格执行质量担保条例及有关规定。
3）坚持索赔原则，秉公办事，讲究效率，保证质量，廉洁服务。
4）严格按照产品的技术规范要求对产品质量进行检查、测试和分析，准确判断故障原因，正确填报索赔申请。
5）掌握在使用、维修、保养中出现的问题，重大、疑难、特殊质量问题要在规定时间内向汽车企业反馈。

#### 3. 汽车企业对售后服务企业索赔工作的要求

新势力汽车企业由于起步晚和强大的数字化管理手段，可能不设置专职索赔员，而是由维修技师负责索赔工作，遇到索赔问题可以借助在线系统求助专家团队帮助判断是否可以索赔。传统汽车企业对索赔业务的要求会更规范更具体，下面就是某传统汽车企业对售后服务企业索赔工作的要求。

1）有的汽车企业规定：日均索赔台次≤10，须配置1名专职索赔员；10＜日均索赔台次≤20，须配置一名或两名专职索赔员，以此类推。对于只有一名专职索赔员的售后服务企业，还应该配备一名兼职索赔员。
2）对每月申报索赔申请错误率高于30%（不同品牌有不同的规定）的企业，在对其索赔员重新培训后，才可以办理索赔业务。
3）为了使索赔工作能够顺利开展，服务总监应该优先考虑索赔员参加技术培训。
4）判定是否给用户办理索赔，只能由取得索赔员业务培训证书的索赔员或者由取得索赔员业务证书的服务顾问、服务经理、服务总监进行鉴定。

凡是违反上述规定，汽车企业将会采取相应的惩罚措施。例如，将发现的此次索赔费用由企业自行承担，停止索赔业务 3 个月，并在全国服务网进行通报批评等。

### （二）索赔概述

#### 1．索赔的概念

索赔是对产品的质量进行担保的措施。在质量担保期内，用户在规定的使用条件下使用车辆，由于车辆制造、装配及材料质量等原因造成的各类故障或零部件损坏，经过维修企业检验并确认后，均由汽车企业委托经销商或服务中心为用户提供免费维修服务或整车退换服务，这就是索赔。

#### 2．索赔的意义

索赔首先能使用户对汽车企业的产品满意；其次，能让用户对汽车企业的售后服务满意。这两个因素是维护汽车企业和产品信誉以及促销的决定因素。其中，用户对售后服务是否满意最为重要。索赔是售后服务部门的有力工具，可以用它来满足用户的合理要求，每个汽车企业的经销商或服务中心都有义务贯彻这个制度，要始终积极地进行质量担保而不要把它视为负担，因为执行质量担保也是经销商或服务中心吸引用户的重要手段。

大多数用户可以理解，尽管在生产制造过程中生产者足够认真，检验手段足够完善，但还可能出现质量缺陷。重要的是，这些质量缺陷能够通过售后服务部门利用技术手段和优质的服务迅速正确地得到解决。汽车企业为用户提供的质量担保正是要展示这种能力，在用户和经销商或服务中心之间建立一种紧密的联系并使之不断地巩固和加强。

#### 3．索赔条例

在质量担保期内的车辆使用者发生变更，整车质量担保期发生如下改变：

1）家用汽车用户在三包有效期内若变更轿车用途，则不享受家用汽车的相关三包政策。

2）家用汽车在三包有效期内变更用户，使用性质不变，享受原三包有效期，并按照原使用时间及里程延续。

3）非家用汽车用户在整车质量担保期内，若用户变更轿车用途，轿车享受原质量担保期，期限和里程不做变更。

#### 4．索赔原则

1）索赔包括根据技术要求对汽车进行的修复或更换，更换下来的零部件归汽车企业所有。

2）经销商从汽车企业的备件部门订购的备件在未装车之前发生故障，可以向汽车企业的备件部门提出索赔，服务中心在装车前发现备件的质量问题可以采取退换件的方式解决问题。

3）关于常规保养，汽车企业或用户已经支付给经销商（服务中心）费用，经销商（服务中心）有责任为用户的车辆做好每一项保养工作。如果用户车辆在经销商（服务中心）保养后，对保养项目提出索赔要求，应由经销商（服务中心）自行解决。

4）严禁索赔虚假申报，若发生此种情况，责任由经销商（服务中心）承担。

5）严禁使用非原厂备件办理索赔，若发生此种情况，责任由经销商（服务中心）承担。

**课堂讨论**

汽车企业的索赔员对某个经销商申请的索赔业务进行审核处理时，发现有三项索赔业务不符合索赔规定，拒绝了经销商的索赔要求。与经销商的索赔员沟通得知，该索赔申请是因为与用户沟通困难，没办法就做了虚假索赔。如果你是这名索赔员，你会怎么做？谈谈虚假索赔的危害。

### （三）完成索赔申请

用户在汽车企业规定的质量担保期内，因为产品质量问题向经销商（服务中心）提出索赔时，经销商（服务中心）按照汽车企业的规定必须遵循一定的流程完成用户的索赔工作。某传统汽车企业的索赔流程如图 6-2 所示。

#### 1. 汽车零部件索赔流程

（1）接待索赔客户

1）服务顾问查看、核对购车发票信息、行车证、保养手册、三包凭证（家用汽车用户需要提供）等凭证，并验车校对发动机号、底盘号及行驶里程。判断车辆是否在质量担保期内；判断车辆是公务车辆、营运车辆、军用车辆还是家用汽车；按照用户车辆类别提供对应的质量担保服务。

2）服务顾问详细询问车辆发生故障的经过、现象、历史维修记录等信息，并上车现场勘查，确定车辆故障部位及原因。

3）服务顾问在系统中查询车辆的历史维修记录及本次故障的维修次数，并核实经销商本次维修涉及的设备、工具及备件是否能够满足，通知各相关单位提前准备。

4）如果用户车辆类别是家用汽车，并且服务顾问经核实本次故障用户已经多次维修，系统维修记录已报警或本次故障涉及安全、主要总成、主要零部件，服务顾问应按照技术支持流程进行升级警示，提示全体给予重点关注。

5）服务顾问确定车辆是否符合"索赔原则"，如果符合，则开具任务委托书，保证任务委托书上的修理项目描述与索赔结算单材料信息一致，并由送修用户本人签名，用户签名确认后维修计时开始。委托书共三联，第三联交给客户，第一联、第二联及车钥匙交给修理技师，如果不符合"索赔原则"，则做相应处理（按维修处理，开具任务委托书），服务顾问派工维修。

（2）维修用户车辆

1）修理工对车辆进行拆修检查，确定损坏的零部件。

2）索赔员对用户车辆是否在质量担保期内及应享受何种质量担保规定进行验证；技术经理进行故障技术判定；索赔员对故障现象是否符合索赔范畴及故障件是否是真件进行验证；如果验证有问题，不符合索赔管理规定，则通知服务顾问，按正常维修处理。

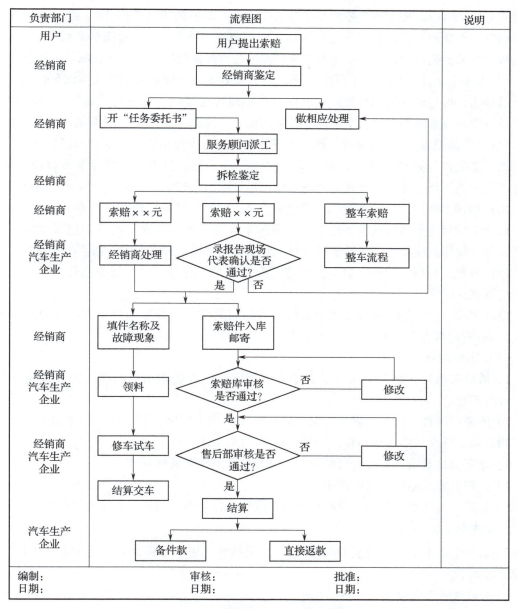

图 6-2 某传统汽车企业索赔流程

3）涉及商品车索赔，要遵循"商品车索赔流程"办理。

4）涉及"修复"类索赔，经确认后要填写"工时申报审批表"。

5）涉及整车类索赔问题，参考关于整车索赔的有关内容。

6）索赔员在任务委托书上填写索赔故障描述及处理结果，由索赔员、技术经理分别在任务委托书上签字确认。

7）有的品牌车型索赔金额低于1500元（含1500元）的索赔业务，由经销商做索赔判定。

8）有的品牌车型索赔金额高于1500元，低于5000元（含5000元）的索赔业务，经销商在办理索赔业务前应先与汽车企业服务经理沟通确认，并填写"沟通情况记录表"，服务经理同意后，可以办理索赔业务，并在系统中录入"车辆故障信息报告"，服务经理在当天内对相应"车辆故障信息报告"进行审核，如果与沟通信息不符，服务经理可行使否决权，即在系统中做拒绝处理，对于在当天内未做拒绝处理的索赔项目，系统将默认为同意状态。

9）索赔金额高于 5000 元的索赔业务，经销商在办理索赔业务前应先与汽车企业服务经理沟通确认，再与现场技术经理沟通确认（经销商可通过电子邮件与现场技术经理确认），经服务经理、技术经理同意后，可以办理索赔业务，并在系统中录入"车辆故障信息报告""车辆信息反馈报告"，服务经理、技术经理分别在当天内对相应"车辆故障信息报告""车辆信息反馈报告"进行审核，如果与沟通信息不符，服务经理、技术经理可行使否决权，即在系统中做拒绝处理，对于在当天内未做拒绝处理的索赔项目，系统将默认为同意状态。

10）修理工将旧件及任务委托书交给索赔员，索赔员填写"索赔件挂签卡"。

11）备件管理员依照任务委托书打印领料单，家用汽车类别车辆以三包紧急订货方式订货，备件管理员应将此三包紧急订单号记录在委托书的处理结果中，向修理工发料。

12）修理工领料，装车，试车；修理工确认修复后将车钥匙与任务委托书第一联、第二联交给服务顾问。

13）家用汽车类别车辆以三包紧急订货方式订货的，服务顾问应将三包紧急订单号记录在"质检/内部交车"单中的"三包订单号"中。

（3）用户结算

1）质检完成后，服务顾问以录音电话或短信的形式通知用户取车（需要保留证据），维修计时截止。

2）服务顾问打印索赔结算单，共三联，由用户本人签字，第一联交给索赔员，由索赔员存档；第二联交给财务部门存档；第三联交给用户。

3）索赔员将索赔信息由经销商服务站管理系统上传至索赔系统。

4）索赔员将索赔件入索赔件库。

5）索赔员将任务委托书、索赔结算单、故障码打印件、结算单复印件等存档。

## 2. 整车索赔流程

三包法实施初期，三包退换车处理采用指定授权二手车经销商集中处理方式进行处理，处理流程如下。

（1）退车管理程序

1）经销商受理用户提出退换车需求后，1 个工作日内（第 1 天），根据三包规定核实车辆信息，并判断是否符合退换车标准，同时向区域服务经理、现场技术经理、产品责任员报备。

2）若车辆符合退换车标准，经销商在 1 个工作日内（第 2 天），准备车辆相关材料，（包括购车发票、维修记录、三包凭证等）。若不符合退换车标准，同时用户不予接受，则按"三包争议处理流程"处理。

3）根据车辆信息，经销商在 1 个工作日内（第 3 天），填写"三包退换车申请报告""退换车历史索赔信息表""技术问题反馈报告"等相关报告后，上报事业部、技术服务部、质量担保与用户保护部。

4）区域事业部在 12 个工作日内（第 4~15 天），通知经销商制订退换车处理方案，并指导经销商下一步工作（解释、安抚、三包争议处理）。

①对于不符合三包退换车标准的，经销商在 2 个工作日内通知用户，若用户有疑义，事业部及经销商按照"三包争议处理流程"处理。

②经销商在 3 个工作日内（第 3～5 天），在现场技术经理的指导下制订维修方案，并将"三包退换车维修报价单"反馈给质量担保与用户保护部。

③经销商得到事业部给出的退车指令后，在 2 个工作日内与用户签署"退换车协议"，相关款项由经销商先行垫付。

④经销商协助用户办理其他应返还用户的款项，如购置附加税等。

（2）换车管理程序 经销商受理用户提出退换车需求后，1 个工作日内（第 1 天）根据三包规定核实车辆信息并判断；同时向区域服务经理、现场技术经理、产品责任员报备；若不符合退换车标准，通知用户；如果用户不予接受，则按"三包争议处理流程"处理。

1）若车辆符合换车标准，经销商在 1 个工作日内（第 1 天）通知用户符合换车条件，并准备办理换车；用户准备车辆相关材料（购车发票、维修记录、三包凭证等所有车辆相关材料）。

2）经销商在 8 个工作日内（第 2～9 天）组织资源办理。经销商暂时无资源的，可根据到货计划与用户协商交货日期。

①若短期内无计划，经销商马上向事业部提申请，事业部根据经销商需求内部协调资源。

②若无资源，经销商在区域事业部的指导下与用户协商处理。

3）经销商在 1 个工作日内（第 2 天），填写"三包退换车审批及处理申请表""技术问题反馈报告"、车辆保养记录及导致换车的各项索赔记录并上报事业部、技术服务部、质量担保与用户保护部。

4）经销商在 3 个工作日内（第 3～5 天），在现场技术经理的指导下制订维修方案，并将"三包退换车维修报价单"反馈给质量担保与用户保护部。

5）经销商得到事业部给出的车辆处理方案后，在 3 个工作日内（第 8～10 天）与用户签署"退换车协议"，相关款项由经销商先行垫付。

①用户按协议要求返还全部车辆文件及附件。

②经销商与用户共同检查新旧车辆并进行交接。

③经销商按协议约定的数额收取折旧费（按三包规定的系数收取用户折旧费）。

④新车购置附加税、旧车剩余交强险等，经销商先行垫付。

### 3. 填写索赔申请单

为了使各个经销商的索赔申请及时被认可，及时准确地将索赔件的质量信息反馈给汽车企业的质保和产品等相关部门进行质量分析，指导零部件生产企业改进设计或生产工艺，提高产品质量，经销商必须按要求准确填写索赔申请单（各个汽车企业会有不同，但作用和内容大致相同）中的每一个数据，切勿遗漏。

下面我们以一汽－大众汽车有限公司的索赔申请单为例，逐项解释需要填写的内容，一汽－大众索赔申请单模板如图 6-3 所示。

| 委托书编号 | 1-20190301122 | | | | | 申请单号 | J11156 |
|---|---|---|---|---|---|---|---|
| 底盘号 | LFV2B20S6G501XXXX | 发动机号 | CSRP42XXX | 行驶里程 | 20245 km | 车辆信息反馈单号 | |
| 售出日期（购车日期） | 2016.12.15 | 维修完成日期（结算日期） | 2019.03.01 | 接车日期（送修日期） | 2019.03.01 | 车辆故障信息报告号 | |
| 车型代码 | 0K12B3 | 引导数据 | 1111 | 索赔类别 | A | R/A标识 | 2 | 车型类别 | P |
| 购买备件时里程 | km | 购买备件时维修完成日期 | | 购买备件时经销商代码 | | 购买备件时委托书编号 | |
| 损坏编号 | 37050104WP | 故障代码 | 3705 | 故障类别 | 010 | 厂家代码 | 4WP | 故障位置 | NUL |
| 客户名称 | | 联系人 | | 联系人移动电话 | | 联系人固定电话 | |
| 故障描述 | 仪表显示变速器故障，换挡机构内部机械故障导致，更换换挡机构。 |
| 索赔工位 | 34101905 | 材料编号 | L5QD 713 025 R | 数量 | 1 | 损坏件编号 | 5QD 713 025 G |
| | | | | | | | |
| | | | | | | | |

图6-3 一汽-大众索赔申请单

（1）**委托书编号** 由13位字符组成，前2位代表修理类别，后11位分别代表年、月、流水号。

> 小贴士
> 修理类别的表示形式：0-首保，1-索赔，S-服务行动，Z-召回，G-优惠索赔，2-保养，3-小修，4-大修，5-事故，6-返工，8-PDI。

（2）**申请单编号** 共有6位字母或数字组成，每年更新一次。
2020年首保：K00000～K09999。2020年索赔：K10000～K29999。2021年则为L×××××。

（3）**车型代码** C9-e高尔夫、0K-e宝来、0B-迈腾GTE、0D-探岳GTE、E6-ID4、E7-ID6。

（4）**引导数据**

1）由4位数字组成，代表各类质量担保形式的可能性。每一位数字都有一定的代表作用，引导数据分别代表的含义见表6-12。

表6-12 引导数据含义

| 第一位 | 第二位 | 第三位 | 第四位 |
|---|---|---|---|
| 代表保用车型：<br>1——大众轿车<br>2——大众载重车<br>4——奥迪轿车 | 代表记账形式：<br>1——贷方凭证<br>2——额外支付款额<br>3——用户全付款额 | 代表保用内容：<br>1——整车<br>2——新部件<br>3——修复件<br>4——工业用发动机<br>5——油漆<br>6——锈蚀<br>7——返修<br>8——库存部件 | 代表合同方式：<br>1——保用<br>2——保用期外优惠待遇（根据保用期外优惠待遇有关规定）<br>3——保用期外优惠待遇（征得有关人员同意）<br>4——保用期外优惠待遇询问书 |

2)一汽-大众汽车有限公司大众品牌现有车型最常用的引导数据含义见表6-13。

表6-13 引导数据含义

| 类型 | 引导数据 | 类型 | 引导数据 |
|---|---|---|---|
| 整车索赔 | 1111 | 商品车索赔 | 111G |
| 备件索赔 | 1121 | 特殊索赔 | 1112 |
| 召回/服务行动 | 11X1/11XG | DSG延保 | 1142 |
| 优惠索赔 | 11G2 | 二手车索赔 | 1211 |
| 善意补偿 | 11Z1 | 速腾后轴延保 | 11A2 |

注：DSG是大众汽车双离合变速器。

（5）索赔类别 用一个大写字母表示（由索赔件的来源决定），A代表国产厂家、C代表进口厂家、S代表一汽-大众的自制件；对超出一年发生的进口件索赔，索赔类别为S，厂家代码为CAP。

（6）R/A标识 用一位数字表示，表明是否需要返回的索赔件，无件返回的，R/A标识为1，有件返回的，R/A标识为2。

① R/A标识为1的情况：修复、油漆、外出服务、发动机打号、充制冷剂、油（液）、漏装。
② R/A标识为2的情况：对损坏部件进行更换、防止错装。

（7）车型类别 车型类别用一个字母表示，代码符号代表的含义是，T：出租车；W：商品车；B：公务用车；P：私人用车。
（8）故障描述 包括故障现象、检查结果和处理方法。
（9）损换编号、故障位置 可以通过参考表查询。
（10）材料编号 更换新件的零件号，包含辅件。
（11）损坏件编号 更换旧件的零件号，包含辅件。
（12）索赔单、索赔件的状态标记 见表6-14。

表6-14 索赔单、索赔件的状态标记

| 标记 | 索赔单状态 | 索赔件状态 |
|---|---|---|
| *0 | 审核未通过，由索赔组拒绝 | 信息申报错误，被拒绝 |
| *1 | 未经索赔组审核确认 | 未做入库处理 |
| *2 | 索赔件、索赔单正确，待结算 | 信息申报正确，已入中转库 |
| *3 | 已由索赔组审核确认 | 已入中心库，并出库 |
| *4 | 由索赔组永久拒绝 | 无须返件、BO（业务对象）中心库拒绝且出库 |

新能源汽车售后服务管理

## 任务三　管理新能源汽车质量担保旧件

### 任务导入

李想在师傅的指导下完成了某新能源汽车的索赔申请工作，如果索赔申请通过，按照索赔程序的规定要将更换的索赔件进行入库管理。李想觉得索赔件都是旧件，没有使用价值，应该是都放到一起邮寄回汽车企业就行了。下面我们和李想一起学习如何管理新能源汽车质量担保旧件。

### 任务目标

**知识目标**

1. 掌握索赔件库房的管理规定。
2. 掌握条形码粘贴、拴挂的要求。
3. 掌握损坏件拒绝索赔的原因。
4. 了解索赔件的返件包装及运费结算方法。

**技能目标**

1. 能完成索赔件入库操作。
2. 能处理拒绝索赔件的再次申请。

**素质目标**

1. 锻炼操作能力。
2. 养成认真、严谨的工作习惯。

### 知识引入

#### 一、质量担保旧件管理规定

##### （一）索赔件库房管理规定

1）索赔件库房为独立库房（独立区间），不得与其他产品混放。
2）索赔件应分区、分类存放，国产件、进口件分开存放。
3）索赔件库房存放的索赔件应为一个月以内的索赔件。
4）索赔件必须粘贴或拴挂相应的条形码。
5）索赔件库房货架上应粘贴相应的分类、分组标签。

## （二）索赔件的管理

### 1. 索赔件条形码规定

索赔件要粘贴或拴挂条形码，方便"见件索赔"。索赔件条形码示例如图6-4所示。

图6-4　索赔件条形码示例

### 2. 索赔件操作规范

1) 对于有平整表面的索赔件，条形码可以直接粘贴在索赔件平面的空白处。为了便于条形码的扫描，还要注意以下要求：

①条形码不能粘贴在索赔件的外包装盒上。

②条形码不能粘贴在索赔件有油污或灰尘的表面上。

③条形码不能折着或弯曲粘贴在索赔件上。

④条形码不能粘贴在索赔件上有文字、数字、字母和图形处。

> **小贴士**
>
> 适合这种要求的索赔件有：门锁、车载电脑、轮辋、收放机、发动机、变速器、保险杠、仪表台、蓄电池（条形码不能粘贴在上面，必须粘贴在侧面）、后桥、制动摩擦片、制动盘、制动鼓、空调等。

2) 对于不能直接粘贴条形码的索赔件，需要先将条形码粘贴在索赔挂签上，再将索赔挂签牢固地拴挂在索赔件上。索赔挂签拴挂位置选择如下：

①索赔件上有小孔的，索赔件条形码的拴挂如图6-5所示。

图6-5　索赔件条形码的拴挂

②拴挂在闭环处、柱形部位的凹处。

③在索赔件上用胶带、绳子、铁丝人为制成闭环来拴挂索赔挂签。

3) 多个索赔件的捆绑要求：一张"索赔申请单"对应有两件或两件以上的索赔件时，索赔件必须都捆绑在一起，而且要保证扫描人员能直观看到厂家代码、厂家标识、生产日期等标记。对轻、软、钝的索赔件可以使用绳或胶带捆绑，对重、硬、锐的索赔件必须用铁丝捆绑。

4) 索赔件清理要求：凡是存有机油、汽油、冷却液等液体的索赔件必须将残液倒放干净；凡是索赔件粘有油污、泥土等污物的，必须清洗干净。

> **小贴士**
>
> 需倒掉残液的索赔件有：发动机、变速器、汽油箱、汽油泵、散热器、冷却液罐、动力转向机、转向助力泵、转向助力油罐、制动分泵等。
>
> 需清理干净的索赔件有：发动机总成及散件、变速器总成及散件、汽油箱、减振器、内外等速万向节及护套、转向机、消声器等。

## 二、索赔件返件

### （一）索赔件装箱

将贴好条形码或拴挂好条形码挂签的索赔件，分类装箱（不同车型件单独装箱并贴好标签，有"原包装"的索赔件单独装箱），并附有"索赔件验收清单"，装箱单一式三份，必须有专人负责。

### （二）蓄电池、玻璃件的特殊说明

1）非铁路运输必须送到。

2）如果通过铁路运输可不返回，销毁处理须征得售后服务部有关人员同意。

### （三）新能源汽车动力蓄电池回收、存储

#### 1. 新能源汽车废旧动力蓄电池回收

在新能源汽车质量担保维修过程中会产生废旧电池，废旧电池属于国家重点管控的零部件，不能随意进行处理，经销商（服务中心）将废旧电池临时存储后，需要尽快联系汽车企业或者回收商、运输商将废旧电池运回汽车企业或回收商。

在该过程中经销商（服务中心）主要负责以下工作：

1）核实车主信息，如有信息变更，须及时更新。

2）维修完成后需要判断动力蓄电池危险等级。

3）提示并告知用户国家法律法规对动力蓄电池的回收要求，与用户签订"回收责任任务告知书"（正常维修，如用户带走动力蓄电池）。

4）上传维修回收等相关信息。

5）暂时存储动力蓄电池，并做好监测工作。

6）与运输商完成动力蓄电池交接工作。

#### 2. 新能源汽车废旧动力蓄电池存储

新能源汽车废旧动力蓄电池的贮存场所要遵循便于移交、收集、贮存的原则，符合当地城市规划及消防部门、环保部门、安全部门的有关规定。相关人员在动力蓄电池收集、运输及贮存的过程中，应采取适当的安全和环保措施，不应对动力蓄电池进行打孔、倒液、拆解、碾压及其他可能使动力蓄电池产生破损的操作，并采取相应措施防止电池短路起火。

（1）A类（正常）废旧动力蓄电池存储注意事项

1）判定为A类的废旧动力蓄电池，经销商（服务中心）相关责任人在"动力蓄电池监测表"签字确认后放入室内，如果无法判断，咨询HVT（高压电技师）或HVE（高压电专家）。

2）动力蓄电池不能侧放、倒放，并保证正、负极相互隔离，以防短路引起火灾。

3）临时存储时间不大于7天（特殊情况除外），切忌长期存储。

4）动力蓄电池堆垛数量不允许超过3块。

5）放入电池存储区，并进行温度与外观情况的监测，每 4 小时记录一次，如果发现冒烟、漏液、温度异常上升等异常情况，立刻呼叫消防队。

（2）B 类（警告）废旧动力蓄电池存储注意事项

1）判定为 B 类的废旧动力蓄电池，只能暂存在室外且进行隔离存放。

2）如果需要维修，确保第一时间将废旧动力蓄电池取走回收，在回收前每 4 小时记录一次，如果发现冒烟、漏液、温度异常上升等异常情况，立刻呼叫消防队。

（3）废旧动力蓄电池存放区安全要求

1）存放区域及环境：

①废旧电池暂存区（A 类电池存放区）。废旧电池暂存区应放置在室内阴凉、干燥、通风的地方。暂存区首选设置在配件库内，如果配件库内无足够位置，建议设置在机修车间空工位处。但是"警告""危险"状态的电池必须放在室外！

废旧电池在经销商（服务中心）处临时存储时，对于风险小的动力蓄电池，可暂时存放在室内，但需要做好监测。废旧电池室内存放区安全要求：尺寸 3.5m×2.75m；应避免阳光直射、高温、潮湿、雨淋、水浸；地面应做绝缘、防渗、防腐处理，避免地基下沉；设置固体废物警示标志，以及高压电警示标志，并设置在电池存放区域醒目处；配备消防设备及设施，如消防栓、沙箱、水基灭火器等；安装实时监控；配备警戒线（黄黑色，宽 4cm）。

废旧电池暂存区不可用作电池长期存放区域，只能用于安全废旧电池的临时存放。暂存区域应悬挂警示标记（固体废品、高压电标识），地面采用黄色颜色标记，在使用状态下须在外围设置警示围栏，废旧动力蓄电池暂存区警示标记及警示围栏如图 6-6 所示。暂存区必须由专人进行管理、监测状态。

图 6-6 废旧动力蓄电池暂存区警示标记及警示围栏

②安全应急隔离区（适用于警告/危险/状态不确定的动力蓄电池和车辆）。对于安全应急隔离区的设置要求更为严谨苛刻。其要求如下：隔离区域的最小面积为 5m×2.5m；建议隔离区与周围建筑物、车辆等物体保持 5m 的安全距离，位于室外非人流密集区域；围墙范围内设置隔离墙（不满足 5m 隔离距离时）；配备相应警示标识（图 6-6）；地面采用特殊颜色标记（四边黄黑相间油漆，如图 6-7 所示，图中蓝色实际应为黄色）；地面采用防渗漏处理（如采用密封底板）；防潮、防雨措施（如采用防雨顶棚或覆盖聚氯乙烯材质即 PVC 防雨帆布）；底部设置两条平行木头，单独存放动力蓄电池时使用，用于电池包底部防水和通风存放管理。

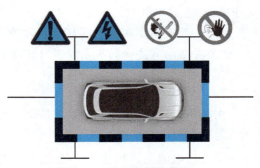

图 6-7 安全应急隔离区

2）存放管理：

①应急预案。经销商（服务中心）应遵循诸如汽车企业制定的《新能源汽车应急处置规范》制度，相关责任人应经过培训掌握消防知识并熟悉废旧动力蓄电池的分类、特性，具备应急处置能力等。同时参照 GB/T 29639—2020《生产经营单位生产安全事故应急预案编制导则》的要求编制安全环保应急预案，具有安全环保应急处置能力。

②巡检记录。对存放在隔离区域的动力蓄电池或电动汽车需要定期进行检查并使用红外测温仪进行温度监测。要求连续 5 天进行监测，且每天监测两次。监测时需要测量三个面（电池三维平面），并记录温度最高值。当动力蓄电池温度超出临界状态（警告、危险）时，隔离监测再延长 5 天，且需要进一步观察并做好火灾防范。

③符合当地法规。除满足企业《废旧电池暂存区和安全应急隔离区建设手册》标准外，经销商（服务中心）在任何时期还需满足当地政府及相关行政部门的要求及法规。

动力蓄电池的规范分类与存放管理是日常工作中一项重要的环节，只有重视这个环节才能提高大家对动力蓄电池的安全使用意识。

**警告**：动力蓄电池禁止于阳光下存储！

### （四）新能源汽车动力蓄电池包装流程

根据联合国的分类标准，所有锂离子电池都被视为危险品，当动力蓄电池需要运输时，必须遵守严格的运输和包装规定。包装和运输不当的电池可能导致泄漏、短路和有毒气体的释放，甚至引起火灾、爆炸造成人身伤亡。

依照国标及相关法规规定，在运输之前必须对高压蓄电池进行分类包装。包装规定取决于运输方式、电池状态以及运输路线。为了避免潜在的危险，动力蓄电池的包装必须是安全的，并且根据运输路线的不同，使用符合规定的包装。合理的包装类型可以保护电池不受损坏，确保其安全运输和存储。

只有高压电技师（HVT）才有资质将警告电池进行包装处理，有隔离故障的动力蓄电池需要由高压电专家（HVE）处理。

#### 1. 评估动力蓄电池的状态

由高压电技师/高压电专家评估动力蓄电池的状态，并按国家标准分为 A、B、C 三类。

#### 2. 包装前的预处理

动力蓄电池模块和动力蓄电池只有在准备好之后才能进行包装。

1）单体电池和电池组的所有触头必须设好保护措施，以免出现外部短路。

2）除了电解液开孔外的其他孔必须密封。

3）必须清除单体电池和动力蓄电池上堆积的危险物质和电解液。

4）必须至少在运输前五天观察单体电池和动力蓄电池。需记录动力蓄电池模块、动力蓄电池的温度和环境温度。如果本次观测发现温度上升，则应等待至少五天，让动力蓄电池进行化学反应，之后才能重新进行观测。本程序重复进行，直至没有观测到电解液化学反应现象。

### 3. 准备动力蓄电池的包装箱

由于锂离子电池加注电解液并激活充电后具有危险性，联合国已将其划分为危险品第9类，在运输过程中需要进行严格的管理和监管，以确保运输安全。在不同国家和地区，危险品法规有所不同。运输法规主要分为国际协议和国家法规两种。其中国际协议包括联合国认证协议、空运规则、国际海运危险货物（IMDG）规则、陆运和铁路规则。我国的国家法规主要包括 JT/T 617《危险货物道路运输规则》和 GB/T 38698.1—2020《车用动力电池回收利用管理规范 第1部分：包装运输》。

(1) 动力蓄电池包装箱 如图6-8所示，A类（正常）动力蓄电池可以使用原始备件的包装箱（木箱）运输。包装内层使用矿棉绝缘材料（矿棉对电解质有吸收功能），外层使用双层塑料薄膜提供的气体屏障，起到保护作用。

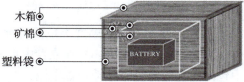

图6-8 A类（正常）动力蓄电池的包装箱

B类（警告）动力蓄电池可以使用带泄压阀的气密钢容器进行包装，如图6-9所示。内层使用特殊的防火泡沫绝缘材料，防火泡沫对电解质有吸收作用，能有效隔离热失控和放热反应，避免发生燃烧爆炸的危险情况。

图6-9 B类（警告）动力蓄电池的包装箱

> **小贴士**
>
> 只有高压电专家可以处理包装！
>
> *Pyrobubbles（防火泡沫）是一种合成材料，主要成分是二氧化硅。其外观为白色中空颗粒，质量轻盈，孔隙率达80%~90%，具有导热性低、耐腐蚀、减振、隔热等特点，遇高温部分会融化，形成球状结晶。

(2) 动力蓄电池包装箱标签 包装上需要张贴规定的锂离子电池标签和标记，电池外壳需要标注电池容量数值。如果采用危险货物包装，外包装上的联合国 UN 包装标记、批次及危险货物标志、标记、标牌等信息应印刷清晰、粘贴牢固、拼写正确。动力蓄电池包装箱标签如图6-10所示。

(3) 锂电池的 UN 编号 如图6-11所示，动力

图6-10 动力蓄电池包装箱标签

蓄电池"UN 编号"主要用于危险货物识别，是联合国欧洲经济委员会危险货物运输专家小组委员会为危险货物指定的唯一数字标识符。

（4）**动力蓄电池分类标志**　如图 6-12 所示，废旧动力蓄电池包装箱上应根据分类，分别贴有 A 类、B 类和 C 类标签。

图 6-11　动力蓄电池"UN 编号"　　　　图 6-12　废旧动力蓄电池分类标志

（5）**危险品标识**　第九类危险品属于杂项危险物质，在生产、存储、运输过程中，此类危险品容易导致火灾、爆炸或者中毒危险，可能引起人身伤亡，需要特别防护的物品，其中包括了新能源汽车的动力蓄电池，其标识如图 6-13 所示。

（6）**运输车辆标识**　运输车辆应悬挂符合 GB 13392—2023《道路运输危险货物车辆标志》要求的警示标志，矩形标志牌为橙色，标明所载危险货物的危险性识别号和联合国编号的标志牌，如图 6-14 所示。

图 6-13　危险品标识　　　　图 6-14　动力蓄电池运输车辆标识

### 4. 做好个人防护

如图 6-15 所示，相关人员在运输容器内包装动力蓄电池时，必须使用一次性保护罩、防尘面罩、护目镜和防护手套，这是防止人员操作时包装的辅助材料会释放灰尘等刺激物，易被人体吸入而伤害身体。

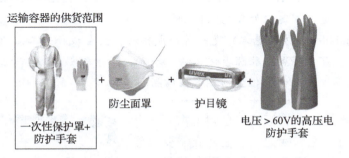

图 6-15　个人防护装备

### 5. 包装动力蓄电池

对于动力蓄电池的包装，主要取决于各自电池（正常、警告、危险）的状态。只有正确判定电池状态后，方可采用不同类型的电池包装。

动力蓄电池包装按照动力蓄电池的类型进行分类，动力蓄电池包装分类见表6-15。危险类型（C类）的动力蓄电池不能运输。

表6-15 动力蓄电池包装分类

| 动力蓄电池类型 | 包装方法及应用 | 包装标签（贴纸） | 文件 | 其他 |
| --- | --- | --- | --- | --- |
| A类（正常）动力蓄电池 | • 经认证原厂动力蓄电池包装（图6-9）<br>• 根据危险品说明进行包装 | 危险品注意事项：<br>• UN3480（动力蓄电池）<br>• 危险品类别9 | • 运输单据（发货单、运输单据、事故单） | • 当订购新原厂动力蓄电池时，可以将原厂包装重复用于没有危险性的旧动力蓄电池 |
| B类（警告）动力蓄电池 | • 经认证专用运输包装箱（图6-10）<br>• 根据危险品说明进行包装<br>• 只能由经过专门培训的工作人员进行包装 | 危险品注意事项：<br>• UN3480（动力蓄电池）<br>• 危险品类别9<br>• 警告！损坏的动力蓄电池 | • 运输单据（发货单、运输单据、事故单）<br>• 运输规范 | — |
| C类（危险）动力蓄电池 | 动力蓄电池状态：危险！不包装、不运输！立即联系消防部门 | | | |

### （五）新能源汽车高压电部件动力蓄电池运输管理

动力蓄电池在不完全充电状态下运输，一般SOC处于40%~60%。在运输过程中，应防止剧烈振动、冲击、日晒、雨淋，不得倒置，确保不会发生短路。在装卸过程中，使用专用运输工具，轻搬轻放，严防摔掷、翻滚、重压和倒置，还要禁止烟火。动力蓄电池运输器具和动力蓄电池运输车分别如图6-16和图6-17所示。

图6-16 动力蓄电池运输器具

图6-17 动力蓄电池运输车

#### 1. A类（正常）动力蓄电池运输

A类动力蓄电池包装后（图6-18）可以公路运输、铁路运输；在满足危险货物（第9类）运输条件下，可以海运；在满足危险货物（第9类）和受限物品的条件下可以空运，若动力蓄电池组净重>35kg，禁止空运。

## 2. B 类（警告）动力蓄电池运输

运输 B 类动力蓄电池需要采用金属回收箱包装，如图 6-19 所示。公路运输需要随车文件（遵循当前运输损坏的动力蓄电池规范）；铁路或海运时，需采用经认可的正确包装类型；不允许空运。

图 6-18　A 类动力蓄电池包装

图 6-19　B 类动力蓄电池包装

### （六）索赔件返件原包装说明

1）有备件原包装的，按备件包装标准独立包装索赔件，同时按要求拴挂索赔件挂签。用胶带封好包装盒，粘牢即可。

2）原装备件无包装的索赔件，直接按要求拴挂索赔件挂签即可。

3）某些有塑料堵的备件，拆下后必须堵到索赔件上，防止索赔件漏油。

4）对于空气流量传感器、电子控制单元（发动机、自动变速器、ABS、安全气囊 ECU）、节流阀体及氧传感器，索赔件返件时需附上打印出来的故障诊断结果，同时将底盘号打印（或手写）上去。

### （七）索赔件运费的结算方法

邮寄索赔件的运费采取实报实销的方法，服务站索赔员将运费发票复印件寄往汽车企业的索赔部门，要求在运费发票复印件上填写"申请单编号"，以此作为结算依据；索赔员将索赔件运费以"索赔申请单"的形式录入索赔软件管理系统。

### （八）损坏件拒绝索赔的原因说明

某传统汽车企业对客户损坏件拒绝索赔的原因见表 6-16。

表 6-16　某传统汽车企业对客户损坏件拒绝索赔的原因

| 拒绝代码 | 描述 | 拒绝代码 | 描述 |
| --- | --- | --- | --- |
| 020 | 假件 | 025 | 非产品质量问题（缺损、私改） |
| 021 | 索赔件不符合送返要求（未清洗） | 026 | 超期送件 |
| 022 | 索赔件不符合送返要求（包装不合格） | 027 | 索赔件生产日期不符 |
| 023 | 索赔单申报与索赔件实物不符 | 028 | 索赔件故障描述与索赔件不符（索赔单、索赔件、挂签） |
| 024 | 索赔单数量与索赔件数量不符 | 029 | 电器件无故障码打印信息 |

项目六 新能源汽车质量担保管理

(续)

| 拒绝代码 | 描述 | 拒绝代码 | 描述 |
|---|---|---|---|
| 030 | 厂家代码不符（可更改） | 041 | 损坏件号超期未修改 |
| 031 | 损伤件号不符（可更改） | 042 | 厂家代码和损伤件号都超期未修改 |
| 032 | 厂家代码和损伤件号都不符（可更改） | 043 | 技术误判 |
| 033 | 备件索赔底盘号不符 | 044 | 不符合售后特定返件要求 |
| 034 | 备件索赔售出日期与结算日期不符 | 050 | DSG 外包装破损或缺少召回标识 |
| 035 | 备件索赔损坏件号不符 | 051 | DSG 防锈袋不合格 |
| 036 | 备件索赔无用户签字 | 052 | DSG 内包装缺少防护材料 |
| 037 | 备件索赔打印日期与结算日期不符 | 053 | DSG 外包装有油污或缺少油帽 |
| 038 | 备件索赔结算单无法辨认 | 054 | DSG 损坏编号错误 |
| 039 | 备件索赔无结算单 | 055 | DSG 故障描述错误 |
| 040 | 厂家代码超期未修改 | | |

**课堂讨论**

汽车企业在做索赔最终审核时，发现有个别 4S 店的索赔申请经常出现小差错，不是索赔申请单填错，就是零件没清洗干净，还有可能是索赔件的挂签掉了。这对你未来的工作有什么启示？

**项目拓展**

### 索赔案例分析

汽车维修企业的索赔管理既影响客户满意度，又影响汽车企业的成本，因此，索赔管理是维修企业的关键业务。为了更好地理解索赔业务，扫描二维码学习经销商关于零件索赔的分析过程。

零件索赔案例分析

# 项目七

# 管理新能源汽车客户关系

## 任务一　维系客户关系

### 任务导入

小李是某传统汽车企业 4S 店的服务总监,汽车企业的汽车产品已经转向新能源汽车。小李每月都要向品牌经理汇报售后服务的运营情况。小李在做汇报文件时,拿到的一些数据表明,已经连续几个月的营业收入、维修台次都呈下降趋势。看到这种情况,小李意识到可能是客户服务的过程中出现了问题,导致有一部分客户正在流失或者将要流失。接下来,我们帮小李一起分析客户流失的原因,制订解决措施吧。

### 任务目标

**知识目标**

1. 了解客户关系管理系统。
2. 掌握开发新客户、维护老客户的技巧。
3. 掌握客户流失原因分析方法。

**技能目标**

1. 能制订开发新客户的措施。
2. 能制订维护老客户的措施。
3. 能统计分析客户流失数据。
4. 能分析客户流失的原因。

**素质目标**

1. 培养数据统计分析素养。
2. 培养认真、严谨的素养。

## 知识引入

### 一、认识客户关系管理

#### （一）客户关系管理的概念

客户关系管理是指企业为提高核心竞争力，利用相应的信息技术以及互联网技术协调企业与顾客间在销售、营销和服务上的交互，从而提升其管理方式，向客户提供创新式的个性化的客户交互和服务的过程。其最终目标是吸引新客户、留住老客户，以及将已有客户转为忠实客户，以增强市场竞争力。

#### （二）客户关系管理的原则

客户关系管理的核心思想是将客户作为企业的重要资源，通过收集并分析销售、市场和全面、个性化的客户资料，给客户提供快捷和周到的优质服务，从而提高客户满意度，吸引和保持更多的客户，提高利润。

企业只有做到 CCPR（Convenient, Care, Personalized, Real-Time, 即方便、关怀、个性化、立即响应），才能更好地维系客户关系。

##### 1. 让客户更方便

要让客户方便获取企业服务，很多企业设立了 800/400 热线电话以便解答客户疑问。在信息时代，企业必须让客户自己选择电话、网站、App、E-mail 或面对面等不同沟通方式，与企业接触，取得产品信息或服务。作为汽车售后服务企业，为方便客户，可以为客户提供上门取送车服务、紧急救援服务、代步车服务等。

##### 2. 对客户更亲切

站在客户的角度为客户提供服务才能提升客户的归属感、亲切感。如果维修企业出现客户流失过多的情况，除了价格因素外，还要考虑是否对客户不够亲切。

##### 3. 个性化

企业要把每位客户当作企业的重要资产，而不是一次交易，所以必须了解客户的喜好与习惯，并适时地提供建议。对于汽车维修企业，根据车辆购买日期，提醒客户保险相关事宜；根据驾驶习惯及生活习惯等，提醒客户按期保养，以这些个性化服务来留住老客户。

##### 4. 立即响应

企业必须通过与客户的接触，了解分析客户行为并做到立即响应。汽车维修企业对客户行为的快速响应，让客户有被重视和被尊重的感觉，也能提升客户的亲切感。

#### （三）客户关系管理系统

随着市场的成熟，竞争日益激烈，客户的需求与期望逐渐与国际接轨，这就要求服务企业的管理与国际接轨。其中客户关系管理系统化、程序化，是更好地实现客户满意度的基本要求和技术保障。客户关系管理系统通过对企业业务流程的重组来整合客户信息资源，以更有效的方法来管理客户关系，在企业内部实现信息和资源的共享，从而降低企业运营成本，为客户提供更经济、快捷、周到的产品和服务，保持和吸引更多的客户，以求最终达到企业利润最大化的目的。服务企业层面 CRM 系统的功能见表 7-1。

表 7-1　CRM 系统的功能

| 项目 | 具体内容 |
| --- | --- |
| 客户信息管理 | 1）分类建立、编辑和检索联系人（客户）信息。为联系人添加跟踪计划，查看与联系人相关联的客户信息<br>2）联系人管理可以为"提醒服务"查询提供信息来源，其准确程度直接影响"提醒服务"的工作质量 |
| 预约和回访管理 | 1）能进行客户的预约管理，也是客户信息收集和管理的过程<br>2）回访是针对已经完成车辆维修的客户进行服务质量和满意度等方面的调查，查看在本店维修客户的相关信息<br>3）系统中回访客户分为未回访客户、已回访客户、需再回访客户三类，针对不同客户进行初次回访或再次回访等。通过维修回访可以对服务质量或其他方面感到不满意的客户进行回访和跟踪，以此提高客户满意度 |
| 投诉管理 | 1）投诉回访：当经销商形成基本投诉处理方案后，由客户服务人员进行回访，并评价客户是否对处理方案满意<br>2）投诉统计：分为销售投诉、服务投诉、其他投诉、总部下发投诉四类，为方便对客户投诉进行统计分析，可对投诉按类别、按问题类型、按处理结果是否满意、按处理部门、按车型进行统计<br>3）查看客户投诉历史，对客户满意度情况做个整体的掌握<br>4）当经销商形成投诉处理方案后，按处理方案与客户联系，并记录解决方案基本情况<br>5）经销商应在投诉解决之后，对投诉产生原因、处理过程和解决方案进行改进分析，并录入系统 |
| 提醒服务 | CRM 系统提供了提醒功能，提醒内容包括"生日提醒""保险有效期提醒""车辆年检提醒""会员卡有效期提醒""每月还款提醒""行驶证有效期提醒""驾驶证审验期提醒""首保提醒"几个方面，同时也设置了相应的查询功能 |
| 维修历史查询 | 查询系统中维修客户的维修历史，包括按车牌号查询、送修日期查询。通过维修历史查询可以了解客户历次维修的具体情况 |
| 短信查看、群发、电话管理 | 1）在"短信查看"窗口中，不但可以看到成功发送的短信、未发送的短信和发送失败的短信，也可以查看到来自客户回复的短信，同时可以对发送失败的短信进行重发以及删除查询到的短信<br>2）选择需要发送短信/打电话的客户点击"发短信""打电话"按钮，弹出"发送短信"/"打电话"窗口，即可发短信/打电话 |
| 紧急救援管理 | 1）24 小时值班制度<br>2）让客户知道救援电话<br>3）救援回访制度 |

### （四）客户服务中心

客户服务中心是客户关系管理系统的枢纽，建立完整的客户服务中心，是提高客户满意度的有效手段和必要保障。同时，客户服务中心担负着客户档案的建立、维护和特殊客户关系公关的作用。

客户服务中心是为了高效处理客户的投诉、缓解或者减少客户的抱怨、提高客户满意度而产生和发展起来的。客户服务中心既是汽车企业对经销商处理客户投诉的过程和结果进行监督管理的有效手段，也是为客户提供优质服务的措施之一。

汽车企业一般建立本部的客户服务中心、区域的客户服务中心，甚至有的还建立国际的客户服务中心，直接接待客户的咨询、投诉或需求。一般设有专门的客户服务部门，有 24 小时免费服务电话及完备的呼入呼出制度。

汽车企业与经销商全力合作，使客户服务中心发挥最大作用，其主要体现在以下几个方面：

1）客户服务中心负责耐心安抚客户的抱怨情绪，将客户的抱怨信息反馈给经销商及汽车企业的相关部门，监督、督促处理进程，及时向客户回复问题的处理结果。

2）加快客户投诉处理速度，减少客户抱怨。

3）客户服务中心收到客户投诉后，联系经销商了解客户车辆及投诉的详细信息，经销商要如实反馈并积极配合投诉处理。

4）对于经销商不能及时解决的投诉问题，经销商服务总监必须联系区域售后服务经理，并将最终解决方案在 24 小时内反馈给客户服务中心，如果没有最终的解决方案，也要将处理进程反馈给客户服务中心。

5）当经销商处理的疑难投诉或者已经升级到消费者协会等相关部门、组织的投诉，或者投诉客户身份特殊（如记者、律师）等情况时，经销商需要及时请示区域售后服务经理的意见，同时通知客户服务中心做好预警工作。

6）经销商必须配合客户服务中心共同处理客户投诉，并确保回复口径一致。

## 二、开发和维护客户

### （一）树立为客户服务的理念

对于汽车售后服务企业，只有拥有足够多的客户，才能成为汽车售后服务领域的赢家。汽车企业在产品质量不相上下的前提下，售后服务是决定汽车售后服务企业拥有客户多少的重要因素。现在已经是超值服务时代，客户不仅看重产品的质量，更看重能否给他们提供超值完善的售后服务。对于服务行业来说，树立以客户为中心的服务理念，站在客户的角度关注服务质量，以服务过程为核心梳理服务流程，不断提升企业和服务人员的服务执行力，在服务客户的过程中实现合作共赢的目标。

客户满意度是客户对于服务的一种感知，而客户这种感知源自服务过程中获得的综合感受，企业以客户的视角和客户的感知关注服务质量，是服务理念的核心思想。服务的特殊性在于产品技术特点、服务流程、服务人员三个重要方面，但无论服务的内容和重点发生什么变化，客户对服务的感知和标准是不变的。因此，服务应该始终围绕着服务过程展开，以客户的感受为考量依据，不断提升客户在服务过程中的综合感受。

以客户为中心，树立为客户提供优质服务的理念，是促进企业发展的基础。企业要生存和发展，必须创造利润。企业的利润来源主要有两部分：一部分是新客户，另一部分是老客户。而开发新客户、维护老客户是汽车售后服务企业应该且必须做好的工作。

### （二）开发新客户

拥有客户就意味着企业拥有了在市场中继续生存的基础，所以各个维修企业都在想办法拥有新客户。服务顾问得到销售部门购车的信息后，就要有针对性地开展一系列的服务行动，争取新客户的首次服务能回到 4S 店。

### 1. 交车三日关爱

1) 以短信方式告知客户他的爱车将由我们 4S 店进行跟进服务，告知客户预约电话、救援电话及具体地址。

2) 短信中提醒客户首次保养时间，并告知客户会提前电话联系他。

### 2. 交车七日问卷

1) 以电话回访的形式联系客户，询问车辆手续是否都办理齐全，并以问卷形式询问客户的使用情况和对车辆的看法。

2) 结束时提醒客户在行驶中要注意的一些细节，如冷却液温度表、机油警告灯、发动机指示灯等。

### 3. 维修后跟踪回访

1) 以电话回访的形式联系客户，询问车辆维修后的使用情况，并对更换件进行确认。

2) 结束时告知客户下次的保养时间，并会提前电话联系，结束后立即短信表示感谢，并附本公司的预约电话及救援电话。

### 4. 保养预约提醒

1) 以短信方式提前一天提醒，第二天电话预约客户进店定期保养，尽量跟客户确定进店时间，并事后跟进。

2) 包含首次保养、日常保养（以时间为准进行推算）。

### 5. 四季活动关爱

1) 以短信方式提前一天通知，第二天电话通知客户近期的关爱活动，确定客户进店时间，并事后跟进。

2) 包含冬送温暖、夏送清凉、"五一""十一"出游、春节安全关爱等活动，跟其他项目一起安排，避免短期内多次关爱。

### 6. 节日、生日短信关爱

1) 以短信方式在节假日、生日问候客户，让客户时刻感受到被关爱。

2) 提前设置好客户的农历和阳历生日日期，在两个日期都进行提醒。

### 7. 天气突变关怀

以短信方式在天气发生突变时进行提醒，并表达如果有任何问题，可以拨打本企业救援电话。

## （三）维护老客户

拥有并想办法留住老客户，企业才可持续发展。为了留住老客户，企业一方面要提升核心竞争力适应客户需求的变化；另一方面以先进的管理思想为指导，采取科学的技术手段，合理地处理企业与客户之间的关系。

### 1. 维护老客户的作用

在最初的汽车维修企业服务营销活动中，有相当一部分企业只重视吸引新客户而忽视老客户，使企业将管理重心置于售前和售中，老客户的售后服务存在诸多问题得不到及时有效的解决，从而使现有客户大量流失。为了保证企业的生存和发展，必须不断补充"新客户"，这就是著名的"漏斗原理"。企业即使失去和得到的客户数量相同，但实际上为争取这些新客户花费的宣传、促销等成本显然要比维护老客户昂贵得多，从企业投资回报的角度考虑是非常不经济的，所以维护老客户非常必要。

（1）留住老客户使企业的竞争优势长久　各个汽车售后服务企业的服务已经由标准化、细致入微的服务阶段发展到个性化、由客户参与服务的阶段。成功的企业和成功的服务营销，都把留住老客户作为企业发展的重要任务。留住老客户比开发新客户，甚至比市场占有率更重要。

（2）留住老客户能降低汽车售后服务企业的成本　开发一位新客户的投入成本是巩固一位老客户的五倍。对一位新客户进行服务营销所需费用较高的主要原因是进行一次个人服务营销访问的费用远远高于一般性客户服务营销访问的费用。因此，确保老客户的再次消费，是降低服务营销成本和节省时间的最好方法。

（3）留住老客户有利于发展新客户　在汽车维修企业名目繁多的服务营销攻势下，一些老客户可能成为其他汽车维修企业的新客户。因为对于一个汽车客户来说，在购买汽车之后，关于汽车售后服务一直会进行大量的信息资料收集。其中听取亲友、同事或其他人亲身经历后的推荐往往比企业自己做的介绍更容易被相信。

（4）获取更多的客户份额　由于企业着眼于与客户长期互惠互利的合作关系，从而提高了现有客户对企业的忠诚度。忠诚的客户愿意更多地购买企业的产品和服务。忠诚客户消费，其支出是随意消费支出的二到四倍。而且随着忠诚客户年龄的增长、经济收入的提高或客户企业本身业务的增长，其需求量也将进一步增长。

### 2. 维护老客户的方法

维护老客户可以从以下几方面入手。

（1）细分客户，明确并积极满足客户需求　采取更多的优惠措施吸引客户，如免工时费或者打折、赠品、店庆活动等，而且经常和客户沟通交流，保持良好融洽的关系。

①特殊客户特殊对待。根据"80/20"原则，汽车维修企业80%的利润是由20%的客户创造的，并不是所有的客户对企业都具有同样的价值，有的客户带来了较高的利润率，有的客户对于企业具有更长期的战略意义。所以，善于经营的企业要根据客户本身的价值和利润率来细分客户，并密切关注高价值的客户，保证他们可以获得应得的特殊服务和待遇，使他们成为企业的忠诚客户。

②为客户提供系统化解决方案。汽车售后服务企业要主动为客户设计合适的系统化解决方案，而不仅仅停留在服务营销层面上。在更广范围内关心和支持客户的发展，增强客户进厂维修的次数和规模，或者和客户共同探讨新的消费途径和消费方式，创造和推动客户新的需求。

（2）建立客户数据库，与客户建立良好的关系　在信息时代，客户反感被动推销。因此，与客户的感情交流是企业用来维系客户关系的重要方式。由于客户更愿意和与他们类似的人交往，他们希望与企业的关系超过简单的买卖关系，因此，企业需要快速地和每一个客户建立良好的互动关系,为客户提供个性化的服务,使客户在购买服务的过程中获得产品以外的良好心理体验。

(3) 与客户深入沟通,防止出现误解　客户的需求不能得到切实有效的满足往往是导致客户流失的关键因素。企业应及时将经营战略与策略的变化信息传递给客户,这样便于维系客户关系;同时把客户对汽车维修企业产品、服务及其他方面的意见、建议收集上来,将其融入企业各项工作的改进之中。这样,既可以使老客户知晓企业的经营意图,又可以有效调整企业的服务营销策略以适应客户需求的变化。企业还要善于倾听客户的意见和建议,建立相应的投诉和售后服务沟通渠道,鼓励不满意的客户提出意见并及时处理。同时也要跟进客户,采取积极有效的补救措施。大量实践表明,一半以上的客户流失是因为企业对客户关怀不够。

### 3. 流失客户分析

(1) 流失客户的界定　客户是汽车维修企业的根本资源,也是企业最大的"无形资产"。因此,争夺客户并保持客户忠诚成了维修企业的首要任务。那么,造成客户流失的原因有哪些呢?

有数据统计,有70%~80%的客户会向其身边的亲戚、朋友、同事及通过网络向更多的人讲述自己的不满意,而在潜在客户购车以及售后服务过程中,家人、朋友及来自网络等的建议又是影响潜在客户的主要因素。所以,对客户流失原因的分析是十分重要的,需要采取适当的调研分析寻找到真正的关键流失因素。

怎么确定客户是否流失?不同行业有不同的判断标准。在汽车售后服务行业,流失客户是指半年内没有回到企业进行过保养、维修等活动的客户。可以将6~12个月没有回店记录的客户定义为存在流失风险或者短期流失客户;一年以上没有回店的客户定义为流失客户或者长期流失客户。在调研时,我们利用DMS系统里的统计数据进行分析,客户流失的统计方法如图7-1所示。

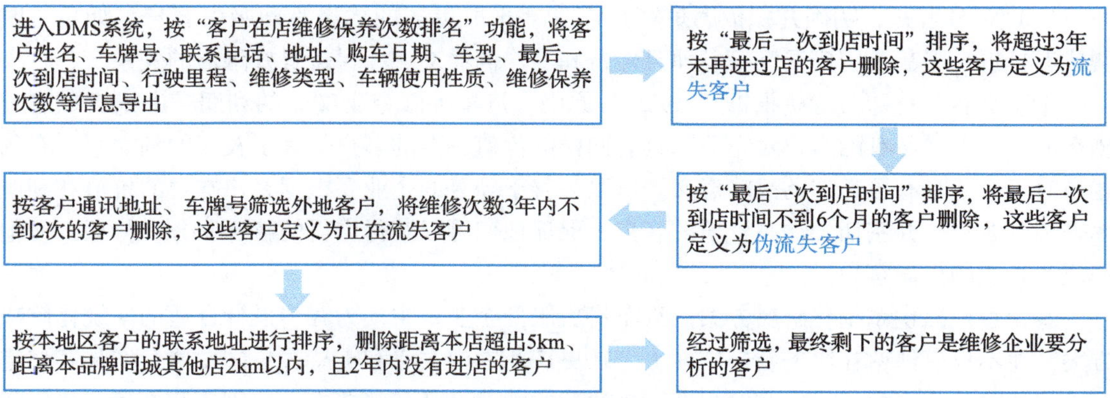

图7-1　客户流失的统计方法

(2) 客户流失原因分析　有了流失客户的统计数据,分析客户流失的原因就有了依据,但是还要有正确的分析方法,才能找到客户流失的真正原因。客户流失原因分析统计表见表7-2。

表7-2 客户流失原因分析统计

| 分析项目 | | 统计项目 | | | | | 合计 |
|---|---|---|---|---|---|---|---|
| 按车龄分析 | $X$ = 车龄 | $X ≤ 3$ 年 | $3 < X ≤ 5$ 年 | $5 < X ≤ 8$ 年 | $8 < X ≤ 10$ 年 | $X > 10$ 年 | |
| | 台次 | | | | | | |
| | 占比 | | | | | | |
| 按最后一次到店的行驶里程分析 | $X$ = 行驶里程 | $X ≤ 6$ 万 km | | $6$ 万 $< X ≤ 10$ 万 km | | $X > 10$ 万 km | |
| | 台次 | | | | | | |
| | 占比 | | | | | | |
| 按车型分析 | 品牌车型 | 高档车型 | | 中档车型 | | 低档车型 | |
| | 高配置 | | | | | | |
| | 中配置 | | | | | | |
| | 低配置 | | | | | | |
| 按离店"最后一次维修类型"分析 | 维修类型 | 召回 | 首保 | 索赔 | 常规保养 | 一般维修 | 事故车维修 |
| | 台次 | | | | | | |
| | 占比 | | | | | | |

1)按车龄统计分析。按质量担保期不低于三年的规定进行统计。根据统计结果进行分析,如果是购车时间不短于3年的车辆占比较大,就要对这部分客户进一步分析,找出这些车辆中只到店一次的客户占这个统计段的比例是多少。若占比较大,就要将这批客户根据"最后一次维修类型"再做一次筛选。如果发现"最后一次维修类型"为首保加事故车维修的占比较大,需要再将这些车辆按使用性质排序。最终结果如果是私家车占比较大,则表示该店的服务水平较差,客户没有得到很好的服务体验,这就需要对店内服务质量进行整体改进。

如果是购车时间8年以上的车辆占比较大,也同样按照上述方法进行分析。但这个车龄段的车辆置换较多,这时就需要看看日常工作做得怎么样,有多少车做了二手车置换,置换后有多少车辆进店,这部分是客户流失延伸出的一个日常管理问题。

2)按最后一次到店的行驶里程统计分析。按质量担保期不低于6万 km 的规定为统计起点。行驶里程不超过6万 km 的车辆占比大于6万 km 以上的车辆,且根据"最后一次维修类型"进行筛选,如果保养类型占比较大,则说明问题出在客户体验和日常客户关系维系方面,如预约做得不到位、客户等待时间过长、服务顾问对待客户不亲切友善等。

3)按车型统计分析。每个品牌都有高、中、低端三种车型,在这三种车型中,根据每个车型的配置不同,又有高配置、中配置、低配置的区分。首先要对高、中、低端车型进行统计,分析各自的占比。如果统计分析中端车型占比大,就需要从服务体验、营销活动、价格策略上进行分析;如果是高端车型占比较大,就要从诚信经营、客户信任方面去分析。再分别选择中档、低档配置的车型,再按上述高、中、低三档统计分析,从中分析出客户流失的关键因素。

4)按离店"最后一次维修类型"统计分析。根据各维修类型统计,要进一步对"常规保养"类型的车辆进行分析，检索到"最后一次维修类型"只在店内享受一次服务的占比。如果占比较大，说明企业的服务质量出现了问题，客户体验差，而选择其他维修企业了。

"事故车维修"也按照表7-2所列的方法进行分析，如果只在企业接受过一次服务且是事故车维修的，就要从企业的服务质量上下功夫，在留住老客户上下功夫。

短期流失客户中有的并不是真正流失的客户，有些用车较少的客户6个月还未达到进厂的里程数，如现在的家庭代步车。因此，统计出来的短期流失客户需要进行跟踪回访，确认客户状态。

以长期流失客户为主的流失客户，企业需要通过电话调查客户真正流失的原因，调查客户最近一次到店的时间以及不来的原因，并有针对性地开展活动项目，从内部管理抓起，真正从服务意识、服务能力上去改变。

对于多数新车主来说，选择4S店或服务中心的主要原因是产品手册中的规定。由此，新车主在质量担保期内，会在4S店或服务中心进行维修保养，客户流失率较小。但是在此期间内还是有客户流失，主要是客户对软硬件设施问题或是服务产生不满，属于非正常的客户流失。针对质量担保期内流失的客户，分析客户反映的流失原因，与自身维修保养流程对比，进行改善提升。

(3) **客户流失的解决方案** 针对调查确定的客户流失原因，制订整改措施，改进自身工作中的缺陷，尽量满足客户需求，预防问题再发生。

1) 对维修质量不满意的客户。在客户信息中备注客户对维修质量不满意，安排专人或者经理亲自跟进解决，并指定班组或高级技师维修，尽最大努力挽留客户。维修企业要对维修技师进行培训及考核，建立奖励机制，提高维修水平。

2) 对服务质量不满意的客户。由服务经理亲自跟进解决，并指定资深服务顾问接待。维修企业应该吸取教训，改善服务质量，提供超出客户期望的服务。这就要求服务顾问必须识别客户的需求，确定服务方向，满足或超越客户的需求和期望。

3) 对维修价格不满意的客户。对维修价格不满意，主要是汽车配件以及工时费高于社会修理企业、路边修理店。针对这种问题，盲目降价并不可行，可以利用一些优惠措施来吸引客户。例如用赠送精品、工时优惠券等吸引客户回店；采取保内免费延保、付费延保、吸引客户预存维修款等措施。

4) 管理问题。建立客户电子档案，可以使维修企业给客户的服务更合适、更高效。客户的车辆一进入维修企业，服务顾问就能够从计算机系统中调取出客户的资料，识别该客户是老客户还是新客户，确定该车上次进行了什么样的维修，能够预测到本次应该进行什么维修保养，确定该客户是什么消费群体等。这样就能够在维修价格、维修质量、维修工期、付款方式、维修保养建议等方面与客户进行友好的沟通，让客户感受到被重视，提高服务质量。

按照系统内信息提示进行跟踪服务，使企业的经营由被动变为主动。当车辆需要进行年审、保险、换证时，维修企业送上温馨提示，拉近与客户之间的关系。

## 任务二　管理客户满意度

### 任务导入

小李是奥迪 4S 店的维修技师，去年参加了奥迪新能源汽车维修比赛，整个比赛过程紧张激烈。虽然比赛过去快一年了，但当时小李准备比赛时的自豪、努力拼搏的劲头还历历在目。尽管比赛成绩不是很理想，但这更激发了小李学习的热情，每为客户解决一个问题，他都是发自内心地高兴。现在，小李对"技能让生活更美好"有了更深刻的体会。

### 任务目标

**知识目标**

1. 掌握客户满意度与客户忠诚度的关系。
2. 掌握提高客户满意度的流程。
3. 了解经销商在宏观、微观管理方面提升客户满意度的措施。
4. 掌握服务满意度奖金激励的目的，以及评定标准和等级。
5. 了解服务满意度服务技术竞赛激励的形式。

**技能目标**

1. 在接待客户时能结合客户满意度流程工作。
2. 能处理客户的抱怨。
3. 能提出新的提高客户感受的措施。
4. 能制订提高服务意识的措施。

**素质目标**

1. 培养包容精神。
2. 能够与团队成员协作，分析、讨论完成任务。
3. 培养主动服务的意识。
4. 培养持之以恒、努力进取的精神。

### 知识引入

#### 一、提高客户满意度的流程

##### （一）客户满意度概述

作为汽车售后服务管理最核心的内容，客户满意度管理越来越受到各大汽车企业和维修企业的重视。客户满意度是对服务性行业的客户满意度调查系统的简称，是一个相对的概念，是客户期望值与最终获得值之间的匹配程度。客户满意度管理是企业以客户感受为主线，以客户满意为关注焦点，借助客户满意度的测量分析与评价工具，不断地进行售后服务管理方面的改进和创新。

客户满意度（CSR）也叫客户满意指数。那么什么是客户满意呢？一般来说，客户满意是指客户通过对一种产品的感受与自己的期望值相比较，形成的愉悦或者失望的感觉状态。如果客户的感受低于期望，客户会不满意；如果客户的感受与期望相匹配，客户就满意；如果客户的感受超过期望，客户就会高度满意或者欣喜。

客户如何形成他们的期望呢？客户的期望来源于过去的经验、朋友和伙伴的言论、媒体的宣传、企业和竞争者的信息及承诺。如果企业将期望值定得太高，客户很可能会失望；如果企业将期望值定得太低，又无法吸引客户。由此可以看出，客户的满意度与客户对服务的期望值是紧密相连的。所以，正确地管理客户的期望对客户满意度管理显得尤为重要。

提高客户满意度是增强汽车企业和经销商或服务中心竞争实力的一种服务管理模式。客户满意度管理的最终目标是追求客户的忠诚度，一个客户是否忠诚，往往取决于一些小事件的累积。客户满意度与客户忠诚度通常有以下四种表现：

1）当客户满意度是"不满意"时，客户忠诚度为负值。客户不仅不会选择令他们感到过不满意的产品和服务，还会影响周围其他人选择这种产品或者服务。

2）当客户满意度为"一般"时，客户忠诚度为零。客户对产品或者服务没有任何特别的深刻体会。客户会在任何同类产品或者服务中进行尝试，直到找到真正让他信任的产品或者服务为止。

3）当客户满意度为"基本满意"时，虽然客户忠诚度为正值，但他们也具有很高的转换率，随时都有可能放弃目前让客户感到基本满意的产品或服务，转换到其他的品牌或者替代品。

4）当客户满意度为"非常满意"时，客户会表现出高忠诚度和低转换率，这就是汽车企业一直在追求的"客户欣喜度"，它是客户满意度的最高境界。汽车企业由于为客户提供了超出他们期望值的产品或者服务，客户会有欣喜的体验和感受，所以会表现出高的忠诚度。各大汽车企业及其服务企业大多通过这些高忠诚度的客户来实现经济效益和社会效益。

### （二）提高客户满意度的流程

如何利用客户满意度管理真正提升客户满意度，让客户达到欣喜，以及如何解决客户满意度管理中出现的一系列问题，一直是各大汽车企业和经销商需要解决的难题。

我们已经知道了客户满意度对汽车企业的重要性，那么应该怎样做才能提高客户满意度呢？

#### 1. 重视"客户资源"的价值

在过去相当长的一段时间内，人们对"客户资源"的理解往往停留在"客户档案"这个范围内。随着市场环境的变化以及竞争的日趋激烈，各个汽车企业对"客户资源"的理解也越来越具体。汽车企业在充分认识到"客户资源"价值的同时，也越来越重视对"客户资源"的有效管理和利用。汽车企业通常采取以下方式进行客户资源管理：

1）成立专业的客户关系管理部门，集中管理"客户档案"和"业务数据"。
2）重视各个渠道的客户请求和需求信息。
3）重视营销机会的管理，使它有更高的成功率。
4）把"客户资源"作为企业资产来管理，将它的"利用率"与业务部门的绩效考核结合起来等，以便更好地管理利用客户资源。

### 2. 划分客户类型，为不同类型的客户提供不同方式的服务

为了提高客户满意度，汽车企业应该对稀缺的经营资源进行优化配置，集中力量提升高价值客户的满意度。与此同时，也应该关注潜在的高价值客户，渐进式提高他们的满意度。为了提升高价值客户的满意度，需要对客户进行分类。客户类型的划分通常有按车龄、按车辆用途、按客户价值这三种分类方式，扫描二维码学习三种分类方式的具体内容。

按车龄分类

按车辆用途分类

按客户价值分类

### 3. 不断收集和研究客户需求

汽车企业要实现中长期的稳定成长和发展，必须要不断地收集和研究目标客户群的产品需求和服务需求，积极而有效地反馈并且还要融入自身的产品和营销策略中去。只有这样，汽车企业才能在激烈的竞争中提高现有的客户满意度，赢得新客户。

### 4. 与客户建立亲善关系

现在的客户越来越理性，他们通过媒体可以获得更多更详细的产品和服务信息，不愿接受被动的推销。因此，各个汽车企业应该为客户提供个性化的服务，使客户在使用产品以及接受服务的过程中获得产品以外的良好的心理体验。服务人员在与客户的交往中，要善于听取客户的意见和建议，表现出对客户的尊重和理解，要让客户感觉到企业特别关心他们的需求。企业还应鼓励服务人员站在客户的角度思考应该提供什么样的服务，以及怎样提供服务。

### 5. 积极解决客户抱怨

处理客户抱怨是售后服务工作中的一项重要任务，服务顾问需要具备一定的沟通技巧和心理学知识。服务顾问需要了解抱怨客户的心理特点，保持情绪稳定，学会倾听客户的意见，理解客户的情绪和需求，并采取相应的策略来解决问题。只有这样才能更好地满足客户的需求，提高客户满意度，增强客户的忠诚度。

提高客户满意度，为企业创造更大的利润空间，应该是各个汽车企业都十分关心的问题。只要我们信任和尊重客户，真诚地视客户为朋友，给客户以"可靠的关怀"和"贴心的帮助"，我们就可能赢得客户的满意。

## 二、提高客户满意度的途径

### （一）重视客户体验

客户体验，是指客户在使用或预期使用某个产品或服务时产生的感受和行为。客户体验涵盖了产品功能、质量、安全、设计等方面，也包括服务质量、营销手段、社交影响等方面，它能直接作用于客户满意度、忠诚度和推广度，也能影响企业品牌形象、市场份额和盈利能力。在新能源汽车领域，客户体验尤为重要。区别于传统燃油汽车，新能源汽车不仅是一种代步工具，更彰显了某种智能、环保的生活方式。调研结果显示，新能源汽车消费者在购车时最看重的因素中，除了价格、品牌和保值率外，其他都与客户体验相关。新能源汽车消费者不仅关注续驶里程和充电便利性等基本功能，更在乎智能化能力、动态体验、静态体验、安全体验等高级需求，同时还对全流程智能化服务、后市场生态服务、情感化营销、个性化营销等增值服务抱有较高的期待。因此，对新能源汽车企业而言，赢得客户体验、把握客户心理，才能实现吸引客户、留存客户，实现经济效益的可持续增长。

那么，客户体验到底体现在哪些维度呢？具体而言，可概括为以下三个方面。

1）产品体验。产品体验是指客户对新能源汽车的第一印象和持久感受，它决定了消费者购买意愿、是否对自己的选择满意。它包括续驶里程和充电便利性、智能化与网联化、动态体验、静态体验、安全体验、用车成本等方面。动态体验如转向、底盘、操纵、动力、NVH（噪声、振动、声振粗糙度），静态体验、如外观、内饰、空间，安全体验如碰撞安全性，用车成本如电耗、保养等方面。

2）营销体验。营销体验是客户对新能源汽车品牌的认知和好感，它影响消费者是否愿意关注和推荐这个品牌，是否成为品牌的忠实粉丝。它包括创意性情感化营销（故事化宣传），让客户被品牌的故事打动和感染；个性化营销（如精准推荐），让客户觉得品牌真正了解自己的需求和喜好；社交体验（线上社群、线下活动），让客户与品牌建立深厚的情感联系和归属感。

3）服务体验。服务体验是客户对新能源汽车企业提供的各种增值服务的评价和信赖，它影响客户是否愿意继续使用这个品牌，是否对这个品牌抱有信心、保有忠诚。服务体验包括购车流程（如线上咨询、看车、预约下订单），让客户享受轻松便捷的购物方式；交付体验（如上门试驾、交车），让客户感受尊贵贴心的专属服务；后市场生态服务（如电池换电、保养维修），让客户无忧无虑地使用新能源汽车。以 2022 年汽车企业数字化投入为例，在信息技术（IT）基础设施与业务支持之外，大部分投入都是为了提升客户的产品体验、服务体验或营销体验。服务体验环节主要投入在后市场服务上。某大型汽车企业，其数字化转型也是围绕"以客户为中心""客户运营""客户直连"等关键词展开的。

一直以来，行业对售后服务的评价有一个重要指标，那就是客户满意度，但是目前行业当中有些机构已经将售后服务的评价从满意度向体验度转变。体验度是基于满意度而存在的，而非替代关系。客户满意是基础，体验度则是在满意度之上的进步空间。客户满意度作为行业内较流行的衡量服务评价的指标，它的优势在于简单且扩展性强，在客户体验的提升上，使用净推荐值（Net Promoter Score，NPS）客户调研，其核心在于：考核客户在全方位体验品牌各项服务后,是否还愿意将产品推荐给他人,结合推荐意愿来体现客户对产品真实的满意程度。

NPS 是衡量一个产品是否真正获得客户认可的一个非常重要的标准,同时也是公司利润持续增长的重要指标。如今,国内外的汽车主机厂都纷纷将 NPS 作为一个重要的指标引入工作环境中,在客户满意的基础上,立足客户思维推动产品及服务的进一步提升。

### (二)提高一次修复率

对于售后服务企业来说,提高一次修复率(Fixed at First Visit,FFV)是提高客户满意度的有效途径之一。

一次修复率(FFV)是指服务企业在一段时间内,客户车辆首次进厂即得到满意的维修服务的车辆数 $a$ 与进厂维修总量 $b$ 的百分比:$FFV = a/b \times 100\%$。

返修就是指客户重复因为相同的原因到服务企业处报修,它对客户满意度和售后服务质量有着显著的影响,返修率(Fixed at Next Visit,FNV)$FNV = 1 - FFV$。

返修既包括由于维修技术原因而导致未能排除故障造成的,又包括整个服务接待过程不当引起的客户抱怨,甚至可能是汽车企业某个环节造成客户返厂进行检测维修。因此,要想降低返修率提高一次修复率,汽车企业需要在生产质量、服务技术及售后服务整个环节上进行优化和提高。

客户满意度与一次修复率(FFV)成正比,与返修率(FNV)成反比。

#### 1. 通过提高一次修复率(降低返修率)提高客户满意度

提高客户满意度和售后服务质量是售后服务工作的最高目标和追求,这里既涉及维护良好的客户关系问题,又涉及维修技术、车间管理等因素体现出的具体的服务质量问题,对于这些问题需要采取集中而且有针对性的方式,才能达到客户满意这一目标。

没有良好的客户关系可能无法实现客户满意,但客户关系维系得再好,返修率居高不下,也不能实现客户满意。为了实现客户满意,必须降低返修率,也就是提高一次修复率。图 7-2 所示的是返修车辆的客户满意度变化趋势。由图可知:成功的首次维修的车辆,客户 78% 表示满意,而当出现返修后客户中仅有 42% 表示满意。其中差额的 36% 的客户因为车辆返修而表示不满意。若在本次返修过程中再出现解决不了的问题而返修,那么就会产生更大比例的抱怨。

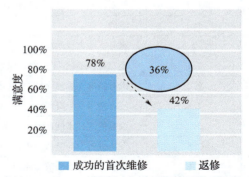

图 7-2 返修车辆的客户满意度变化趋势

一次返修就会导致客户满意度显著下降,更可怕的是返修往往会出现两次甚至多次,或者同类原因得不到妥善解决,会造成返修在一段时间内的反复大量出现。因此,对于客户满意度来说,汽车服务企业需要特别注意返修问题。显著并持久地降低返修率,就是提高客户满意度的有效途径。

提高客户满意度既是汽车企业关注的重点,也是服务企业持续优化和改进的方向。从哪些环节入手才能降低返修率提高一次修复率呢?这就需要正确了解市场特点,对市场进行充分调研，还可以借助客户满意度调研（CSS）结果和销售与服务回访的样本数据，进行统计分析，然后有针对性地调整正在实施和将要实施的措施，以及在局部组织机构中更有力地实施这些措施，才能提高一次修复率，进而提高客户满意度。

### 2. 提高一次修复率（降低返修率）的方法

分析一次修复率的目的是运用一定的方法找出出现返修的原因，并给出相关的服务环节，制订可实施的措施来提高一次修复率。为了提高一次修复率，需要对返修进行分析。返修分析有两种方法：一是维修过程细节分析法；二是客户对话抽样调查法。这两种方法的侧重点不同，维修过程细节分析法，可详细研究是哪些原因造成返修，具体分析出合作配套厂、生产厂、服务企业的责任；客户对话抽样调查法，可以了解服务企业哪些环节影响返修率，并了解各个服务企业的潜在优化需求。但分析结果是否有效，与所选样本有很大关系。下面利用某传统汽车企业客户满意度调研（CSS）数据，对汽车服务企业返修率及客户满意度的数据进行分析，可以得出服务企业方面的返修原因，见表7-3。

表7-3 服务企业方面的返修原因

| 序号 | 服务企业方面的返修原因 |
| --- | --- |
| 1 | 制造商/进口商/国家售后服务中心方面的原因 |
| 1.1 | 无法使用技术问题解决方案 |
| 1.2 | 技术问题解决方案没有以目标为导向 |
| 1.3 | 文献资料不正确 |
| 1.4 | 引导型故障查询没有以目标为导向 |
| 1.5 | 原装零部件供应问题 |
| 1.6 | 缺少原装零部件 |
| 1.7 | 技术服务中心维修咨询没有以目标为导向 |
| 1.8 | 活动 |
| 2 | 服务企业方面的原因 |
| 2.1 | 没有具体描述/了解客户保修内容 |
| 2.2 | 没有将保养内容完整/正确地传递给相关部门/人员 |
| 2.3 | 没有使用文献资料 |
| 2.4 | 没有使用技术问题解决方案 |
| 2.5 | 没有进行引导型故障查询 |
| 2.6 | 没有正确诊断出故障原因 |
| 2.7 | 没有及时订购原装零部件 |
| 2.8 | 维修错误 |
| 2.9 | 维修站装备不足 |
| 2.10 | 保修内容不同 |
| 3 | 客户的感受（包括详细的注释） |

返修的原因虽然千差万别，但从整体上可以分为汽车企业的原因和非汽车企业的原因两大类，其中汽车企业的原因又可分为协作配套的零件制造商、进口商、汽车企业的区域、合

作配套厂等原因，但这些与销售服务环节和客户使用环节都无关，所以定义为汽车企业方面的原因。这就需要从汽车企业环节加以整改提高，而除此之外的原因可以从销售服务环节加以改善。

**课堂讨论**

> 影响一次修复率的因素有很多，但对维修技师来说，提高自己的故障诊断能力、提升专业知识素养还是至关重要的。你认为如何做才能提高自己的能力和素养？

### （三）提高服务意识

为了保证提升客户满意度方案的顺利有效实施，充分调动售后服务人员的工作热情，汽车企业会设计一整套的奖励激励措施，同时还对服务企业开展现场辅导工作，全面提高服务人员的服务意识，进而提高服务企业服务人员对提高客户满意度方案的理解和执行。

#### 1. 服务满意度的奖金激励

（1）服务满意度奖金激励的目的

1）通过经济利益的正向激励，降低返修率，提高客户满意度。由于服务顾问对返修率的影响最大，因此针对服务顾问设立客户满意度奖金。

2）有针对性地表扬和表彰少数最佳服务人员，带动服务顾问全体综合服务能力的提高。

（2）服务满意度正向激励的总体条件和前提　对每个服务顾问服务质量指标的评定可信度，以及最佳服务顾问的评定受到广泛认可。注意评定过程一定要透明清晰，并且可以有针对性地进行一段时间的跟踪评比，为力求达到客观真实，最低要求是每年每个售后服务企业抽样 60 次客户满意度样本。具体实施步骤如下：

1）确定评定标准和评定期限。将评定中的受奖励人员数量限制在较低的范围，并找出一个相对简单的计算方法。生产企业可按季度评定服务企业平均满意度情况，并予以适当激励；同时服务企业以月为周期，评定服务顾问满意度情况，并颁发满意度优胜奖和满意度进步最快奖。

另外，要注重那些可以优化客户满意度与售后服务质量，与降低返修率有关的评定要素。这些评定要素及权重如下：

服务顾问评定标准的要素和权重，可设定为①返修率（50%）；②交车时对所做的工作加以说明（10%）；③深入了解客户的需求和愿望（10%）；④服务企业工作正确（10%）；⑤客户联系指数（20%）。

2）为保证将评定中的受奖励人员数量限制在较低的范围，可将表彰条件设定为图 7-3 所示的服务顾问激励条件，即

①接车返修率＜排名最靠前的 40% 的服务顾问。

②客户满意度排名＞最靠前的 40% 的服务顾问。

同时具备这两个条件，可以认为是服务企业网络内有代表性的服务顾问，进入激励范围，进而达到树立样板，激发服务顾问群体的目的。

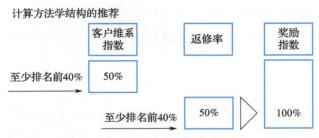

图 7-3 服务顾问激励条件

3)确定奖励等级。

①确定整体激励预算:奖金分配计划与两个因素有关,即需要表彰的服务顾问的数量(一般比例为 30%)、最高奖金额度(月工资的 50%~150%)。

②确定获奖服务顾问的数量:确保每个服务顾问都了解奖励激励措施的存在,因此至少排名前 30% 的服务顾问都应获得过奖励。

为了确保奖金发放,应根据各地服务顾问月工资的实际水平确定奖金的数量,下限为月工资的 50%,上限为税前月工资的 150%。服务顾问激励奖金分配方案示例如图 7-4 所示。

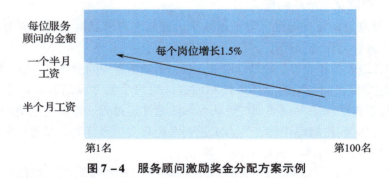

图 7-4 服务顾问激励奖金分配方案示例

对于结构明显多样性的经销商,他们可能存在多品牌经营,不可避免存在复杂的跨品牌竞争,可以根据需求的不同进行奖励方案培训。在准备期就确定奖金的数量,以便能让员工对奖励制度有一个正确的理解。确定一个基准作为下限以及一个最大额度作为上限,然后分配剩下的预算,使每一级的奖金都以一定的比例上升,例如,奖励排名最靠前的 100 名售后服务顾问,可以在基准的基础上以 1.5% 的比率递增每一级的奖金。

为了能够在表彰最佳售后服务顾问的同时,还能嘉奖上一年进步最大的售后服务人员,也可以将评比由最佳(根据排名)转化为进步最大,以鼓励新入职或长期处偏后排名位置的服务顾问的进步,这种评比可以每年度开展 1 次。

4)注意激励方案客观合理,注重经常交流。汽车企业的售后服务部门,邀请最优秀的经销商(服务中心)的服务总监(店长)参加售后服务营销年会,并在一年一度的总结会中进行相应的表彰激励和经验交流。还可以定期交流服务顾问最新的排名,可包括全国排名、大区排名、小区排名,乃至经销商(服务中心)内部排名,让竞争与激励深入到服务顾问的各个工作环节。必要时可定期举办区域性经验交流会,这样在物质激励的基础上强化精神激励的作用。

### 2. 服务技术竞赛激励

这里的服务技术竞赛是广义的，既包括每年一度的服务技术竞赛，也包括日常工作考评中的服务技术竞赛。其目的都是通过竞赛的方式，正向激励少数经销商（服务中心）及售后服务领域业绩突出的优胜者，树立标杆，促进领导重视技术、尊重人才、提高服务意识，并激发服务技术人员钻研技术、用心服务，进而为客户创造欣喜。服务技术竞赛是一种综合的激励措施，具体分为以下两种形式：

1）第一种服务技术竞赛是有针对性地激励企业所有者、服务技师、服务顾问及备件工作人员努力工作，进而降低返修率，为客户创造欣喜。近年来各汽车企业普遍举行各种服务技术锦标赛，如一汽－大众汽车有限公司奥迪品牌每年组织服务与技术的双杯竞赛。作为竞赛的一部分，各区域都要组织经销商的服务顾问、技术精英以及备件业务人员，全员参与竞赛考核，选出区域优胜选手再参加全国决赛，其中优胜者即可得到奖金或其他物质奖励。

2）第二种服务技术竞赛是指对服务企业售后服务组织与管理水平，及整体运营质量定期进行综合性评价，并评出运行良好的服务企业进行正向激励的一种常态性的服务组织与管理能力竞赛。例如，德国大众集团已在欧洲推行欧洲大众汽车售后服务质量奖。它根据 CSS 结果（或具有等同性的分析结果）奖励欧洲排名前 100 名的售后服务企业。实践证明，该措施对创造和实现客户欣喜起到了重要的作用。

**课堂讨论**

> 如果你是一名汽车售后服务人员，你认为什么激励方式能长久地激励你为客户服务的服务意识？

**素养园地**

#### 从车间走出的修理工——劳模风采

有一位维修技师，平时工作踏实肯干，认真钻研维修技术，2008 年参加一汽—大众的售后服务竞赛，赛前三个月吃住在 4S 店精心备赛，最终取得了全国第一的好成绩。在大赛的激励下，他对维修技术越来越感兴趣，也越来越努力，后来被评为全国劳动模范、全国五一劳动奖章获得者、首批吉林省工匠等。

劳模风采：
从车间走出的修理工

**启 示**

有的同学不愿意从事汽车维修工作，觉得没有前途。你要坚信，其实不是汽车修理工作没有前途，而是自身努力还不够。你要坚信，坚持和学习是你唯一能度过一生的本领。你要坚信，"培养造就大批德才兼备的高素质人才，是国家和民族长远发展大计。功以才成，业由才广"。在未来工作中以这位维修技师的事迹激励自己，用他的工匠精神约束自己，在汽车维修行业精耕细作。请相信，只要一直努力前行，你的人生就有无限可能！

新能源汽车售后服务管理

## 任务三　处理客户投诉

### 任务导入

赵先生购买了一辆新势力汽车企业的新能源汽车，由于发生了交通事故到服务中心维修。服务顾问承诺 10 天后就可以交车。到第 9 天，赵先生询问维修情况，结果服务顾问告诉他还没开始维修，维修人员还在等待零件，而且也不知道零件什么时候能到。赵先生非常愤怒，一气之下投诉到店长那里，要求店长给他一个合理的说法。店长应该如何处理赵先生的投诉，才能让他满意呢？

### 任务目标

**知识目标**

1. 了解客户投诉的根源。
2. 了解投诉客户的类型及需求。
3. 掌握处理客户投诉的原则、技巧和程序。

**技能目标**

1. 能区分客户投诉的类型。
2. 能够妥善地解决客户投诉并安抚客户。

**素质目标**

1. 培养危机公关意识。
2. 培养换位思考的服务意识。

### 知识引入

#### 一、客户投诉分析

如果经销商（服务中心）忽视客户的抱怨，或者对客户的抱怨处理不当，则很容易引发客户投诉。经销商（服务中心）首先要对投诉进行认真分析，把客户投诉的原因、方式和客户的类型等各方面分析清楚，才能进行下一步的投诉处理工作。

客户投诉按照不同的分类方式可以有很多种类型，按照投诉的重要度可以将投诉进行如表 7-4 所列的分类界定。

表7-4 按重要度界定的投诉分类

| 一般投诉 | 升级投诉 | 重要投诉 |
| --- | --- | --- |
| 呼叫中心在电话中首轮安抚仍无法解决，需联系经销商（服务中心）处理的投诉 | 1）3日内未得到解决的一般投诉<br>2）跟进次数超过2次的一般投诉<br>3）重复投诉下发为升级投诉<br>4）地方媒体、地方投诉受理部门（如工商局、质检局等）关注的投诉<br>5）从新媒体渠道获取有一定影响的、需要及时处理的投诉<br>6）产品质量类投诉（如服务行动、召回等） | 1）车辆气囊、火烧车、事故车类投诉<br>2）诸如中央电视台之类主流媒体、投诉受理部门（如中国消费者协会、国家市场监督管理总局、政府、检验机构、社团等）关注的投诉<br>3）聚众干扰汽车企业和经销商（服务中心）正常业务秩序的危机和其他形式的危机类投诉<br>4）从新媒体渠道获取的有重大影响、需要紧急处理的投诉<br>5）在区域事业部处理后仍无法与客户达成一致的投诉 |

### （一）客户投诉的根源

1）服务态度。服务客户时，服务人员的服务态度不好或与客户沟通不够。

2）维修质量。因维修技术欠佳，故障一次或多次未能修好。

3）客户自身原因。由于客户自己操作不当，对汽车产品知识缺乏了解，使汽车出现使用问题。

4）维修价格。客户认为维修价格与其期望价格相差太大。

5）配件质量差别。由于配件质量差别或没通知客户，而使用了进口件或副厂件。进口件价格太高，客户接受不了。如果用副厂件，客户认为服务顾问在欺骗他。

6）维修不及时。在维修过程中，经销商（服务中心）未能及时供应车辆所需配件或维修不熟练，或对维修工作量估计不足且没和客户沟通。

7）产品质量。由于设计、制造或装配不良产生的质量缺陷，与客户沟通不够。

### （二）投诉客户的类型

（1）冷漠型客户  此类客户态度消极冷漠，语言简单。当处理这类客户投诉时，服务人员应该表示热情关切，挖掘投诉原因，主动告知如何处理。

（2）善言型客户  此类客户表达力好，言语滔滔不绝，把遭遇告诉周围的人，容易扩散负面信息，不易被说服。当处理这类客户投诉时，服务人员应该首先隔离其他客户，先行安慰其投诉行为，然后逐渐弄清投诉主要原因。

（3）愤怒型客户  此类客户语调过高，肢体动作过大，有一定的危险性。服务人员在处理这类客户投诉时，首先应隔离其他客户，认真倾听其意见，然后逐渐弄清投诉主要原因，必要时及时通报上级。

### （三）投诉客户的需求

（1）求得尊重  客户在接受服务的过程中，没有受到应有的尊重，或者没有受到其他客户一样的尊重。此类投诉需求一般是由于服务态度方面的原因而投诉。

（2）求得发泄  此类需求由于维修不及时、维修质量不好或者是受到恶劣对待，或者是由于其他原因受到委屈而借机发泄。

（3）索求赔偿　此类需求一般是由于维修质量出现问题、配件质量差别、维修价格超出心理预期等引起。

### （四）客户投诉的方式

1）直接到服务前台投诉。客户向服务主管或服务顾问投诉，一般是由于维修质量、维修过程和维修价格等方面出现了问题。

2）投诉给经销商（服务中心）高层领导或客服部门。采用方式一般为电话投诉或直接投诉。

3）投诉汽车企业。由于对经销商（服务中心）的处理不满意，而投诉汽车企业。

4）向电视、广播、报纸等新闻媒体投诉或传播。客户采取此类投诉方式是希望通过新闻媒体引起有关方面的注意。

5）向行业主管部门或中国消费者协会投诉，希望行业主管部门或中国消费者协会协助客户解决问题。

6）在互联网上通过微博、论坛、短视频等方式发布信息。这种方式客户操作相对比较容易，而且影响力越来越大，不容忽视。

在以上客户的各种投诉方式中，服务顾问或者服务主管首先面对的是直接到服务前台的投诉，如果把这部分投诉处理好了，其他形式的投诉一般不会发生。

## 二、处理客户投诉的重要性和原则

处理客户投诉的重要性：防止客户流失、减少负面影响、获得有价值的信息、危机事件预警。

客户服务部门在处理客户投诉时，应遵循以下原则：

1）不回避问题，第一时间处理。

2）及时找出投诉原因，界定控制范围，寻求双方认可的解决方式。

3）不做过度的承诺。

4）必要时求助上级领导，通过团队解决问题。

5）切忌以躲、拖、哄、吓等方式处理客户投拆，只有认真负责、及时处理，才能让客户满意，真正地解决客户投诉问题。

## 三、处理客户投诉的技巧

### 1. 运用身体语言的技巧

客户服务人员在处理客户投诉时，可以运用的身体语言技巧有：

1）表情自然、放松，不要表情紧张、严肃。

2）交谈或倾听时，保持眼神交流。

3）认真倾听客户的抱怨，理解客户的心情，不要忽略客户的感觉。

4）控制好情绪，不要语调激动，不要抢话。

### 2. 稳定客户情绪的技巧

客户服务人员在处理客户投诉时，稳定客户情绪的技巧有：

1）单独交谈。将情绪不稳定的客户与其他客户隔离，将其请到单独的房间交谈，这样可以稳定客户的情绪，有些人越在人多的地方情绪越激动；另外，将其与其他客户隔离也可避免造成负面影响。

2）让客户放松。请客户坐下，准备好饮品。

3）不争辩。客户服务人员应该明白客户不满意说明经销商（服务中心）的工作有不完善之处，在客户情绪不稳定时与其争辩，收不到好效果。这时，更不能将自己的想法强加于客户。

4）暂时转移一下话题。例如，问一下工作单位性质等，这样也可以通过客户喜欢聊的话题来拉近双方的距离。

### 3. 与客户交谈的技巧

客户服务人员在处理客户投诉时，应掌握以下交谈技巧：

1）认真倾听，表示关怀，让客户感觉客户服务人员确实想为他解决问题。
2）确认投诉的最主要内容。
3）善用提问发掘客户的不满之处。
4）必要时，还要认同客户的情感，对其投诉表示理解。

### 4. 与客户谈判的技巧

客户服务人员在处理客户投诉时，应掌握以下谈判的技巧：

1）转移法。不做正面答复，以反问方式提醒客户双方的责任。
2）递延法。以请示上级为由，争取时间。

## 四、处理投诉的程序

实际投诉案例的客户类型、投诉原因和投诉需求多种多样，有时候甚至有恶意投诉，处理方法也不尽相同，所以客户服务人员平时要注意积累，有条件的情况下可以模拟演练或观看教学片，形成不同预案，做到有备无患。客户服务人员在接到客户投诉时，要对投诉案件做出迅速而全面的分析，把握处理投诉的原则，注意处理投诉的技巧。可参考二维码处理客户投诉的基本程序进行处理。

◀ 项目拓展

### 一次修复率（FFV）的提升

一次修复率是影响客户满意度的关键因素，因此，各个汽车维修企业非常重视一次修复率。扫描二维码学习车企帮助经销商提升一次修复率的案例。

# 项目八

# 新能源汽车保险

## 任务一　新能源汽车保险概述

### 任务导入

客户黄先生在购买了新能源汽车后,得知必须要为汽车购买专门的新能源汽车保险(以下简称新能源车险),作为服务顾问,请为客户解释新能源汽车保险的作用和必要性。

### 任务目标

**知识目标**

1. 了解汽车保险的起源与发展。
2. 掌握新能源车险与传统燃油车险的差异。
3. 了解新能源车险的未来发展趋势。

**技能目标**

1. 能向客户介绍新能源车险。
2. 能解释新能源车险与普通车险的区别。
3. 能利用新能源保险的特点与作用分析实际案例。

**素质目标**

1. 树立终身学习的意识。
2. 加强学生的法律意识。

### 知识引入

#### 一、汽车保险的起源和发展

（一）汽车保险的起源

汽车保险起源于19世纪中后期。当时,随着汽车在欧洲一些国家的出现与发展,因交通事故而导致的意外伤害和财产损失随之增加。尽管各国都采取了一些管制办法和措施,但汽车的使用仍对人们的生命和财产安全构成了严重威胁,因此,引起了一些精明的保险人士对汽车保险的关注。

1896 年 11 月，由英国的苏格兰雇主保险公司发行的一份保险情报单中，刊载了为庆祝"1896 年公路机动车辆法令"的顺利通过，而于 11 月 14 日举办伦敦至布赖顿的大规模汽车赛的消息。在这份保险情报中，还刊登了"汽车保险费年率"。最早开发汽车保险业务的是英国的"法律意外保险有限公司"，1898 年该公司率先推出了汽车第三者责任保险，并可附加汽车火险。到 1901 年，保险公司提供的汽车保险单，已初步具备了现代综合责任险的条件，保险责任也扩大到了汽车的失窃。

### （二）汽车保险在国外的发展

20 世纪初期，汽车保险业在欧美得到了迅速发展。1903 年，英国创立了汽车通用保险公司，并逐步发展成为一家大型的专业化汽车保险公司。1906 年，成立于 1901 年的国际汽车联盟也建立了自己的汽车联盟保险公司。到 1913 年，汽车保险已扩大到了 20 多个国家，汽车保险费率和承保办法也基本实现了标准化。

1927 年是汽车保险发展史上的一个重要里程碑。美国马萨诸塞州制定的举世闻名的强制汽车（责任）保险法的颁布与实施，表明了汽车第三者责任保险开始由自愿保险方式向法定强制保险方式转变。此后，汽车第三者责任法定保险很快波及世界各地。第三者责任法定保险的广泛实施，极大地推动了汽车保险的普及和发展。车损险、盗窃险、货运险等业务也随之发展起来。自 20 世纪 50 年代以来，随着欧、美、日等国家和地区汽车制造业的迅速扩张，机动车辆保险也得到了广泛的发展，并成为各国财产保险中最重要的业务险种。到 20 世纪 70 年代末期，汽车保险已占整个财产险的 50% 以上。

### （三）汽车保险在国内的发展

我国汽车保险业务的发展经历了一个曲折的历程。汽车保险进入我国是在鸦片战争以后，但由于我国保险市场处于外国保险公司的垄断与控制之下，加之旧中国的工业不发达，我国的汽车保险实质上处于萌芽状态，其作用与地位十分有限。

新中国成立以后的 1950 年，创建不久的中国人民保险公司就开办了汽车保险。但是因宣传不够和认识的偏颇，不久就出现对此项保险的争议，有人认为汽车保险以及第三者责任保险对于肇事者予以经济补偿，会导致交通事故的增加，对社会产生负面影响。于是，中国人民保险公司于 1955 年停止了汽车保险业务。直到 20 世纪 70 年代中期为了满足各国驻华使领馆等外国人拥有的汽车保险的需要，开始办理以涉外业务为主的汽车保险业务。

我国保险业恢复之初的 1980 年，中国人民保险公司逐步全面恢复中断了近 25 年之久的汽车保险业务，以适应国内企业和单位对于汽车保险的需要，适应公路交通运输业迅速发展、事故日益频繁的客观需要。但当时汽车保险仅占财产保险市场份额的 2%。伴随着改革开放，社会经济和人民生活也发生了巨大的变化，机动车辆迅速普及和发展，机动车辆保险业务也随之得到了迅速发展。1983 年，汽车保险改为机动车辆保险，使其具有更广泛的适应性，在此后的近 20 年，机动车辆保险在我国保险市场，尤其在财产保险市场中始终发挥着重要的作用。到 1988 年，汽车保险的保险费用（以下简称保费）收入超过了 20 亿元，占财产保险份额的 37.6%，第一次超过了企业财产保险（35.99%）。从此以后，汽车保险一直是财产保险的第一大险种，并保持高增长率，我国的汽车保险业务进入了高速发展时期。2014 年上半年，中国人民保险公司财产险车险营业额达 907.75 亿元，同比增长 14.4%。

与此同时，机动车辆保险条款、费率以及管理也日趋完善，尤其是中国保险监督管理委员会的成立，进一步完善了机动车辆保险的条款，加大了对于费率、保险单证以及保险人经营活动的监管力度，加速建设并完善了机动车辆保险中介市场，对全面规范市场、促进机动车辆保险业务的发展起到了积极作用。

在过去的 20 年，汽车保险业务保费收入每年都以较快的速度增长。在国内各保险公司中，汽车保险业务保费收入占其财产保险业务总保费收入的 50% 以上，部分公司的汽车保险业务保费收入占其财产保险业务总保费收入的 60% 以上。

数据显示，2022 年，62 家经营机动车交通事故责任强制保险（即简称的交强险）业务的保险公司共承保机动车 3.37 亿辆，交强险保费收入 2465 亿元，赔付成本 1845 亿元，管理与服务成本 585 亿元（含救助基金 6 亿元）。2022 年，交强险承保亏损 22 亿元，分摊的投资收益 53 亿元。

车险行业集中度高，竞争格局相对稳定。2023 年中国人民财产保险股份有限公司（以下简称人保财险）、中国平安财产保险股份有限公司（以下简称平安财险）和太平洋财产保险股份有限公司（以下简称太保财险）合计保费收入达 6030.19 亿元，同比上一年增加 325.69 亿元，三家公司市场份额分别为 32.54%、24.36%、11.79%，合计市场份额为 68.69%。2023 年车险行业竞争格局如图 8-1 所示。

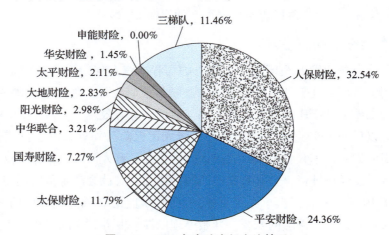

图 8-1  2023 年车险市场占比情况

## 二、新能源汽车专属保险应运而生

随着新能源汽车保有量的增长，新能源车险需求也快速的增长。

传统车险无法满足新能源汽车保障需求，基于新能源汽车的快速发展，保险公司相对缺乏新能源车险的相关数据，由此也对产品的精准定价、设计造成困难。与传统燃油车险相比，新能源车险存在以下几点差异。

### （一）成本结构

新能源汽车的核心动力系统（三电系统）由电池、电机和电控组成，替代了传统燃油汽车的发动机、变速器等装置，占整车成本的 50% 左右；其中，电池占三电系统成本的 76% 左右，成本结构发生了很大的变化，因此，传统燃油车险关于核心部件的保障已不适配新能源汽车。

### （二）风险特征

新能源汽车在使用性质、能源类型和地区等特征上与传统燃油汽车相比存在差异，会影响风险因素考量，且传统车险条款中的责任范围无法覆盖新能源汽车面临的特定风险因素，如电池故障、充电故障责任等，因此在发生风险后新能源车主难以索赔。

### （三）费率厘定

据中国银行保险信息技术管理有限公司统计，2021 年新能源车险的单均保费比传统燃油汽车高 21% 左右，但整体在出险频率、案均赔款上均高于传统燃油汽车，仍导致赔付成本增加。

新能源汽车在成本结构、风险特征上存在较大变化，沿用传统车险产品长期来看将不利于车险行业的良性发展。**2021 年 12 月 14 日，中国保险行业协会发布《新能源汽车商业保险专属条款（试行）》**，中国精算师协会发布《新能源汽车商业保险基准纯风险保费表（试行）》。该条款和基准保费表的发布给予新能源汽车更为独立的、差异化的定价体系，新能源汽车险业务也迎来更为规范化的发展空间。随后，上海保险交易所正式上线新能源车险交易平台，首批挂牌人保财险、平安财险、太保财险等 12 家财险公司的新能源汽车专属保险产品。据了解，目前，我国已有 20 余家财险公司加入新能源汽车专属车险销售。

## 三、新能源车险的未来发展趋势

### （一）保险公司与主机厂商深度合作

未来保险公司有望与主机厂商深度合作，以促进车险定制化、差异化、智能化的发展。对于主机厂而言，携手保险公司发力新能源车险市场意味着：销售业务增收；完善生态闭环，为用户提供更好的体验。对于保险公司而言，携手主要主机厂发力新能源车险市场意味着：更好地完善风控模型，合理化、差异化定价；发行创新附加险，更好地满足消费者多样化的产品需求；渗透新能源车生态，提升客户黏性。

### （二）渠道线上化程度加深

随着未来车险自主定价逐步放开，渠道费用端仍有望进一步下降，车险代理人积极性减弱，直销与网销占比提升。

群体年轻化及汽车智能化加深线上化车险渗透。新能源汽车车主集中于年轻群体（30 岁以下车主占比超过 35%），对于线上化操作接受度更高；车载系统及配套 App 的深度嵌入及生态融合，也将使得新能源车险线上化成为大势所趋。

## （三）整车厂商话语权增强，图谋汽车后市场

新能源汽车厂商布局产销一体化生态。从掌握核心零部件、一体化压铸生产整车，到直营把控销售渠道，再到延展包括新能源车险等在内的汽车后市场，叠加海量的用户数据和车辆数据，新能源汽车新势力品牌将逐步打造新能源汽车产销一体化生态。例如：2018年，小鹏汽车成立了广州小鹏汽车保险代理有限公司；2020年，特斯拉保险经纪有限公司在上海成立；2022年1月，蔚来汽车出资5000万元注册了蔚来保险经纪有限公司，并于年底收购了汇鼎保险经纪有限责任公司；2022年6月，理想汽车收购银建保险经纪公司，获得保险经纪牌照。比亚迪财险的获批，给新能源车险业务带来了更大的想象空间。汽车企业的正式进入，可能将通过产品创新的探索，带来车险经营理念的转变，为车险产业链注入创新活力。主机厂布局保险业务统计如图8-2所示。

| 车企名称 | 保险企业名称 | 成立方式 | 时间 |
| --- | --- | --- | --- |
| 东风集团 | 武汉东风保险经纪有限公司 | 合资设立 | 2004.8 |
| 中国重汽 | 泰山保险 | 合资设立 | 2011.1 |
| 广汽集团 | 众诚汽车保险股份有限公司 | 合资设立 | 2011.6 |
| 一汽集团 | 鑫安汽车保险股份有限公司 | 合资设立 | 2012.6 |
| 上汽集团 | 上海汽车集团保险销售有限公司 | 合资设立 | 2015.4 |
| 北汽集团 | 北汽鹏龙保险代理有限公司 | 独资设立 | 2017.9 |
| 吉利汽车 | 易保保险代理有限公司 | 独资设立 | 2018.2 |
| 小鹏汽车 | 广州小鹏汽车保险代理有限公司 | 独资设立 | 2018.7 |
| 梅赛德斯-奔驰 | 梅赛德斯-奔驰保险代理北京有限公司 | 独资设立 | 2019.3 |
| 特斯拉中国 | 特斯拉保险经纪有限公司 | 独资设立 | 2020.8 |
| 吉利汽车 | 合众财险 | 入股 | 2020.12 |
| 长城汽车 | 老友保险经纪有限公司 | 收购 | 2021.4 |
| 蔚来汽车 | 蔚来保险经纪有限公司 | 独资设立 | 2022.1 |
| 比亚迪汽车 | 比亚迪保险经纪有限公司 | 独资设立 | 2022.3 |
| 理想汽车 | 北京理想保险经纪有限公司 | 收购 | 2022.4 |
| 宝马汽车 | 宝马（中国）保险经纪有限公司 | 合资设立 | 2022.1 |
| 比亚迪汽车 | 易安财险 | 收购 | 2023.5 |

图8-2 主机厂布局保险业务统计

主机厂商与头部保险企业采用"总对总"模式，未来主机厂话语权有望增强。保险经纪牌照只是主机厂商构建汽车生态圈的开始。汽车企业发力车险业务，在投保、出险、续保、维修、理赔等多个场景下与用户建立连接，进而重塑汽车企业与用户的关系。对于汽车厂商而言，车辆交付仅是汽车企业创造价值的起点，将以车险为服务抓手，并开拓更多车后生态、车主权益等服务体系。

## （四）总体规模扩大，技术日趋成熟，风险将下降且趋于平稳

随着新能源汽车保有量的高速增长，新能源汽车市场走向成熟，各类基础数据扩容，定价和风险识别能力将得到提升；营运车辆占比将得到稀释下降；新能源汽车车主对驾驶习惯逐渐适应、驾驶经验的积累和三电系统技术逐渐成熟，出险率有望下降且趋于平稳。随着新

能源汽车市场进一步增长，车主维修需求将持续增加，推动厂家加大新能源汽车维修培训的力度，有效减小维修人员缺口，有利于抑制目前较高的维修工时费用；通过细分市场的发展，中低价位品牌车型的保有量增加，零配件生产技术日趋成熟、产量提升等都有利于案均赔款的下降。

## 任务二　了解新能源汽车保险的种类

### 任务导入

客户黄先生在购买了新能源汽车后，想要为爱车购买保险，但不知道应该如何选择。作为服务顾问，请为客户解释新能源汽车保险各险种的保险责任，并为客户定制汽车投保的保险组合。

### 任务目标

**知识目标**

1. 了解我国新能源汽车保险的种类。
2. 掌握机动车交通事故责任强制保险的保险责任与责任限额。
3. 掌握常见新能源汽车商业保险的保障内容。

**技能目标**

1. 能够为顾客定制新能源汽车投保的保险组合。
2. 能够向客户解释分析新能源汽车保险合同中的保险条例。

**素质目标**

1. 培养与人沟通的能力。
2. 培养法律意识。
3. 培养职业规范理念。

### 知识引入

#### 一、我国汽车保险的种类

汽车保险按实施形式可以分为强制险（机动车交通事故责任强制保险）和商业险。机动车交通事故责任强制保险是国家规定强制购买的保险，凡是在我国境内行驶上路的机动车都必须投保机动车交通事故责任强制保险。商业险是非强制购买的保险，车主可以根据自身的情况进行选择性投保。

新能源汽车售后服务管理

## 二、机动车交通事故责任强制保险

### 1. 合同中的名词解释

机动车交通事故责任强制保险合同中的被保险人是指投保人及其允许的合法驾驶人。

投保人是指与保险人订立机动车交通事故责任强制保险合同，并按照合同负有支付保险费义务的机动车的所有人、管理人。

机动车交通事故责任强制保险合同中的受害人是指因被保险机动车发生交通事故遭受人身伤亡或者财产损失的人，但不包括被保险机动车本车车上人员和被保险人。

> **课堂讨论**
>
> 机动车交通事故责任强制保险中的投保人和被保险人一定是同一个人吗？

机动车交通事故责任强制保险合同中的责任限额是指被保险机动车发生交通事故，保险人对每次保险事故所有受害人的人身伤亡和财产损失承担的最高赔偿金额。责任限额分为死亡伤残赔偿限额、医疗费用赔偿限额、财产损失赔偿限额，以及被保险人在道路交通事故中无责任的赔偿限额。其中无责任的赔偿限额分为无责任死亡伤残赔偿限额、无责任医疗费用赔偿限额，以及无责任财产损失赔偿限额。

### 2. 保险责任

在中华人民共和国境内（不含香港、澳门、台湾地区），被保险人在使用被保险机动车过程中发生交通事故，致使受害人遭受人身伤亡或者财产损失，依法应当由被保险人承担的损害赔偿责任，保险人按照机动车交通事故责任强制保险合同的约定对每次事故在下列赔偿限额内负责赔偿：

1）死亡伤残赔偿限额为 18 万元。

2）医疗费用赔偿限额为 1.8 万元。

3）财产损失赔偿限额为 2000 元。

4）被保险人无责任时，无责任死亡伤残赔偿限额为 1.8 万元；无责任医疗费用赔偿限额为 1800 元；无责任财产损失赔偿限额为 100 元。

死亡伤残赔偿限额和无责任死亡伤残赔偿限额项下负责赔偿丧葬费、死亡补偿费、受害人亲属办理丧葬事宜支出的交通费、残疾赔偿金、残疾辅助器具费、护理费、康复费、交通费、被扶养人生活费、住宿费、误工费，被保险人依照法院判决或者调解承担的精神损害抚慰金。

医疗费用赔偿限额和无责任医疗费用赔偿限额项下负责赔偿医药费、诊疗费、住院费、住院伙食补助费，以及必要的、合理的后续治疗费、整容费、营养费。

> **小贴士**
>
> 2020 年车险综合改革后，提升了交强险的赔偿限额，总赔偿限额从以前的 12.2 万元提高到 20 万元，死亡伤残赔偿限额从 11 万元提高到 18 万元，医疗费用赔偿限额从 1 万元提高到了 1.8 万元。

项目八 新能源汽车保险

> **课堂讨论**
>
> 机动车交通事故责任强制保险自2006年实施以来,分别在2008年、2020年有过两次大的调整,2020年9月中国银行保险监督管理委员会对交强险内容进行重大调整,调整的内容主要有哪些?改革后对车主有什么影响?

## 知识引入

如图8-3所示,**新能源汽车商业保险分为主险和附加险**。主险包括新能源汽车损失保险、新能源汽车第三者责任保险、新能源汽车车上人员责任保险共三个独立的险种,投保人可以选择投保全部险种,也可以选择投保其中部分险种。保险人依照保险合同的约定,按照承保险种分别承担保险责任。附加险不能独立投保。附加险条款与主险条款相抵触的,以附加险条款为准,附加险条款未尽之处,以主险条款为准。

| 3个主险 | | |
|---|---|---|
| 新能源汽车损失保险 | 新能源汽车<br>第三者责任保险 | 新能源汽车<br>车上人员责任保险 |
| **13个附加险** | | |
| 附加外部电网故障<br>损失险 | 附加自用充电桩<br>损失险 | 附加自用充电桩<br>责任险 |
| 附加新增加设备损失险 | 附加车身划痕损失险 | 附加修理期间费用<br>补偿险 |
| 附加精神损害<br>抚慰金责任险 | 附加法定节假日<br>限额翻倍险 | 附加医保外医疗<br>费用责任险 |
| 附加车轮单独损失险 | 附加车上货物责任险 | 附加新能源汽车<br>增值服务特约条款 |
| 附加绝对免赔率特约条款 | | |

图8-3 新能源汽车商业保险构成

新能源汽车商业保险介绍

被保险新能源汽车是指在中华人民共和国境内(不含香港、澳门、台湾地区)行驶,采用新型动力系统,完全或主要依靠新型能源驱动,上道路行驶的供人员乘用或者用于运送物品,以及进行专项作业的轮式车辆、履带式车辆和其他运载工具,但不包括摩托车、拖拉机、特种车。

### 一、新能源汽车损失保险

新能源汽车损失保险的保险责任为保险期间内,被保险人或被保险新能源汽车驾驶人(以下简称驾驶人)在使用(使用包括行驶、停放、充电及作业)被保险新能源汽车过程中,因自然灾害、意外事故(含起火燃烧)造成被保险新能源汽车下列设备的直接损失,且不属于免除保险人责任的范围,保险人依照保险合同的约定负责赔偿:1)车身;2)电池及储能系统、电机及驱动系统、其他控制系统;3)其他所有出厂时的设备。

保险期间内，被保险新能源汽车被盗窃、抢劫、抢夺，经出险地县级以上公安刑侦部门立案证明，满 60 天未查明下落的全车损失，以及因被盗窃、抢劫、抢夺受到损坏造成的直接损失，且不属于免除保险人责任的范围，保险人依照保险合同的约定负责赔偿。

发生保险事故时，被保险人或驾驶人为防止或者减少被保险新能源汽车的损失支付的必要的、合理的施救费用，由保险人承担；施救费用数额在被保险新能源汽车损失赔偿金额以外另行计算，最高不超过保险金额。

> **小贴士**
>
> 　　新能源汽车是以动力蓄电池作为储能装置的，所以电机、电池、电控这"三电"是风险容易集中发生的地方。如果按照传统车险，尽管车辆自燃保障已经纳入车险责任范围，但电池等配件不在保障范围内。而在新能源汽车损失险中，电池及储能系统、电机及驱动系统、其他控制系统，都被明确写进保险责任。
>
> 　　自然灾害指对人类以及人类赖以生存的环境造成破坏性影响的自然现象，包括雷击、暴风、暴雨、洪水、龙卷风、冰雹、台风、热带风暴、地陷、崖崩、滑坡、泥石流、雪崩、冰陷、暴雪、冰凌、沙尘暴、地震及其次生灾害等。

## 二、新能源汽车第三者责任保险

被保险人或其允许的驾驶人在使用（使用包括行驶、停放、充电及作业）被保险新能源汽车过程中发生意外事故（含起火燃烧），致使第三者遭受人身伤亡或财产直接损毁的，依法应当对第三者承担的损害赔偿责任，且不属于免除保险人责任的范围，保险人依照保险合同的约定，对于超过机动车交通事故责任强制保险各分项赔偿限额的部分负责赔偿。

保险人依据被保险新能源汽车一方在事故中所负的事故责任比例，承担相应的赔偿责任。

被保险人或被保险新能源汽车一方根据有关法律法规选择自行协商或由公安机关交通管理部门处理事故，但未确定事故责任比例的，按照规定确定事故责任比例：被保险新能源汽车一方负主要事故责任的，事故责任比例为 70%；被保险新能源汽车一方负同等事故责任的，事故责任比例为 50%；被保险新能源汽车一方负次要事故责任的，事故责任比例为 30%。涉及司法或仲裁程序的，以法院或仲裁机构最终生效的法律文书为准。

> **小贴士**
>
> 　　使用被保险新能源汽车过程是指保险新能源汽车作为一种工具被使用的整个过程，包括行驶、停放、充电及作业，但不包括在营业场所被维修期间、被营业单位拖带或被吊装等施救期间。

## 三、新能源汽车车上人员责任保险

新能源汽车车上人员责任保险的保险责任为保险期间内，被保险人或其允许的驾驶人在使用（使用包括行驶、停放、充电及作业）被保险新能源汽车过程中发生意外事故（含起火燃烧），致使车上人员遭受人身伤亡，且不属于免除保险人责任的范围，依法应当对车上人员承担损害赔偿责任，保险人依照保险合同的约定负责赔偿。

保险人依据被保险新能源汽车一方在事故中所负的事故责任比例，承担相应的赔偿责任。

被保险人或被保险新能源汽车一方根据有关法律法规选择自行协商或由公安机关交通管理部门处理事故，但未确定事故责任比例的，按照规定确定事故责任比例：被保险新能源汽车一方负主要事故责任的，事故责任比例为70%；被保险新能源汽车一方负同等事故责任的，事故责任比例为50%；被保险新能源汽车一方负次要事故责任的，事故责任比例为30%。涉及司法或仲裁程序的，以法院或仲裁机构最终生效的法律文书为准。

## 四、附加险

新能源汽车商业险中包含13个附加险，其中附加外部电网故障损失险、附加自用充电桩损失险、附加自用充电桩责任险是特别为新能源汽车设计的专属车险，以满足新能源汽车车主的保险需求。

### （一）附加外部电网故障损失险

投保了新能源汽车损失保险的新能源汽车，可投保附加外部电网故障损失险。

1）保险期间内，投保了本附加险的被保险新能源汽车在充电期间，因外部电网故障，导致被保险新能源汽车的直接损失，且不属于免除保险人责任的范围，保险人依照保险合同的约定负责赔偿。

2）发生保险事故时，被保险人为防止或者减少被保险新能源汽车的损失支付的必要的、合理的施救费用，由保险人承担；施救费用数额在被保险新能源汽车损失赔偿金额以外另行计算，最高不超过主险保险金额。

### （二）附加自用充电桩损失险

投保了新能源汽车损失保险的新能源汽车，可投保附加自用充电桩损失险。

保险期间内，保险单载明地址的，被保险人的符合充电设备技术条件、安装标准的自用充电桩，因自然灾害、意外事故、被盗窃或遭他人损坏导致的充电桩自身损失，保险人在保险单载明的附加险的保险金额内，按照实际损失计算赔偿金额。

### （三）附加自用充电桩责任险

投保了新能源汽车第三者责任保险的新能源汽车，可投保附加自用充电桩责任险。

保险期间内，保险单载明地址的，被保险人的符合充电设备技术条件、安装标准的自用充电桩造成第三者人身伤亡或财产损失，依法应由被保险人承担的损害赔偿责任，保险人负责赔偿。

### （四）附加绝对免赔率特约条款

绝对免赔率为5%、10%、15%、20%，由投保人和保险人在投保时协商确定，具体以保险单载明为准。

被保险新能源汽车发生主险约定的保险事故，保险人按照主险的约定计算赔款后，扣减本特约条款约定的免赔，即：

$$主险实际赔款 = 按主险约定计算的赔款 \times (1 - 绝对免赔率)$$

### （五）附加车轮单独损失险

投保了新能源汽车损失保险的新能源汽车，可投保附加车轮单独损失险。

保险期间内，被保险人或被保险新能源汽车驾驶人在使用被保险新能源汽车过程中，因自然灾害、意外事故，导致被保险新能源汽车未发生其他部位的损失，仅有车轮（含轮胎、轮毂、轮毂罩）单独的直接损失，且不属于免除保险人责任的范围，保险人依照附加险合同的约定负责赔偿。

### （六）附加新增加设备损失险

投保了新能源汽车损失保险的新能源汽车，可投保附加新增加设备损失险。

保险期间内，投保了附加险的被保险新能源汽车因发生新能源汽车损失保险责任范围内的事故，造成车上新增加设备的直接损毁，保险人在保险单载明的附加险的保险金额内，按照实际损失计算赔偿。

保险金额根据新增加设备投保时的实际价值确定。新增加设备的实际价值是指新增加设备的购置价减去折旧金额后的金额。

发生保险事故后，保险人依据本条款约定在保险责任范围内承担赔偿责任。赔偿方式由保险人与被保险人协商确定，赔款计算方式如下：

$$赔款 = 实际修复费用 - 被保险人已从第三方获得的赔偿金额$$

### （七）附加车身划痕损失险

投保了新能源汽车损失保险的新能源汽车，可投保附加车身划痕损失险。

保险期间内，被保险新能源汽车在被保险人或被保险新能源汽车驾驶人使用过程中，发生无明显碰撞痕迹的车身划痕损失，保险人按照保险合同约定负责赔偿。

保险金额为2000元、5000元、10000元或20000元，由投保人和保险人在投保时协商确定。

### （八）附加修理期间费用补偿险

投保了新能源汽车损失保险的新能源汽车，可投保附加修理期间费用补偿险。

保险期间内，投保了本险种的新能源汽车在使用过程中，发生新能源汽车损失保险责任范围内的事故，造成车身损毁，致使被保险新能源汽车停驶，保险人按保险合同约定，在保险金额内向被保险人补偿修理期间费用，作为代步车费用或弥补停驶损失。

本附加险保险金额 = 补偿天数 × 日补偿金额。补偿天数及日补偿金额由投保人与保险人协商确定并在保险合同中载明，保险期间内约定的补偿天数最高不超过 90 天。

### （九）附加车上货物责任险

投保了新能源汽车第三者责任保险的营业货车，可投保附加车上货物责任险。

保险期间内，发生意外事故致使被保险新能源汽车所载货物遭受直接损毁，依法应由被保险人承担的损害赔偿责任，保险人负责赔偿。

### （十）附加精神损害抚慰金责任险

投保了新能源汽车第三者责任保险或新能源汽车车上人员责任保险的新能源汽车，可投保附加精神损害抚慰金责任险。

在投保人仅投保新能源汽车第三者责任保险的基础上附加本附加险时，保险人只负责赔偿第三者的精神损害抚慰金；在投保人仅投保新能源汽车车上人员责任保险的基础上附加本附加险时，保险人只负责赔偿车上人员的精神损害抚慰金。

保险期间内，被保险人或其允许的驾驶人在使用被保险新能源汽车的过程中，发生投保的主险约定的保险责任内的事故，造成第三者或车上人员的人身伤亡，受害人据此提出精神损害赔偿请求，保险人依据法院判决及保险合同约定，对应由被保险人或被保险新能源汽车驾驶人支付的精神损害抚慰金，在扣除机动车交通事故责任强制保险应当支付的赔款后，在本保险赔偿限额内负责赔偿。

### （十一）附加法定节假日限额翻倍险

投保了新能源汽车第三者责任保险的家庭自用汽车，可投保附加法定节假日限额翻倍险。

保险期间内，被保险人或其允许的驾驶人在法定节假日期间使用被保险新能源汽车发生新能源汽车第三者责任保险范围内的事故，并经公安部门或保险人查勘确认的，被保险新能源汽车第三者责任保险适用的责任限额在保险单载明的基础上增加一倍。

### （十二）附加医保外医疗费用责任险

投保了新能源汽车第三者责任保险或新能源汽车车上人员责任保险的新能源汽车，可投保附加医保外医疗费用责任险。

保险期间内，被保险人或其允许的驾驶人在使用被保险新能源汽车的过程中，发生主险保险事故，对于被保险人依照中华人民共和国法律（不含香港、澳门、台湾地区法律）应对第三者或车上人员承担的医疗费用，保险人对超出《道路交通事故受伤人员临床诊疗指南》和国家基本医疗保险同类医疗费用标准的部分负责赔偿。

### （十三）附加新能源汽车增值服务特约条款

投保了新能源汽车保险后，可投保附加新能源汽车增值服务特约条款。本特约条款包括道路救援服务特约条款、车辆安全检测特约条款、代为驾驶服务特约条款、代为送检服务特约条款共四个独立的特约条款，投保人可以选择投保全部特约条款，也可以选择投保其中部分特约条款。保险人依照保险合同的约定，按照承保特约条款分别提供增值服务。

新能源汽车售后服务管理

## 任务三　新能源事故车辆维修管理

### 任务导入

黄先生的新能源汽车在路上发生了碰撞事故，和保险公司联系后，保险公司派查勘员到现场进行交通事故现场查勘，那查勘员需要掌握哪些方面的知识和技能呢？

### 任务目标

知识目标
1. 了解新能源汽车查勘人员的要求。
2. 掌握新能源事故车查勘时的注意事项。
3. 掌握新能源事故车的查勘流程。

技能目标
1. 能够完成新能源事故车的现场查勘工作。
2. 能够对动力蓄电池进行查勘检测。
3. 能够对新能源水淹车进行查勘定损。

素质目标
1. 加强法治知识。
2. 培养服务意识。
3. 树立规则意识和责任观念。

### 任务实施

#### 任务3.1　新能源汽车查勘

### 知识引入

#### 一、新能源汽车查勘人员的能力要求

1）应通过动力蓄电池查勘定损技能培训。
2）应了解新能源汽车结构、事故风险、电安全等查勘技能。
3）应了解专用工具、防护设备、救援设备使用方法。
4）应了解火灾、水淹、触电施救方法、应急高压断电方法。

> **课堂讨论**
> 
> 　　与传统汽车查勘人员相比，如果要胜任新能源汽车查勘员的岗位，需要在校期间加强自己哪些专业技能和职业素养方面的能力？

## 二、新能源事故车施救停放及查勘规范

### （一）新能源事故车施救及停放规范

1）新能源汽车发生事故，在动力蓄电池、高压电部件损失不明或动力蓄电池漏液、起火冒烟等情况下，应远离车辆等待专业救援机构救援。

2）查勘人员遇到需要施救新能源汽车情况，必须做好对客户的服务告知，采取合理的施救方式。

3）拖运车辆前，需关闭点火开关，并等待 10min 以上。

4）救援时需佩戴电绝缘手套，断开 12V 蓄电池负极和维修开关。

5）拖运车辆需要使用平板拖车，切勿使用钳式拖车，避免车轮旋转给车辆造成不必要的损失。

6）水淹现场实施救援时，应穿戴绝缘防护服，疏散人群远离水域。

7）应尽量将新能源汽车拖运至室外场地停放并进行遮盖，与其他车辆和建筑保持 15m 以上的距离。

8）应注意将动力蓄电池与新能源汽车分离放置，如果无法分离，则要对动力蓄电池进行气密性检测，必要时对动力蓄电池进行放电至安全电量范围内。

9）停放完毕后要在车辆四周设立警示标志，并将新能源汽车的钥匙远离车体。

### （二）新能源事故车查勘规范

1）动力蓄电池遭穿刺、挤压或者变形后，一般会伴随有短路燃烧或爆炸，在查勘中需要时刻留意车辆的异常情况。若发现冒烟、起火等危险情况，应参照现场安全须知处理。

2）2 级以上水淹事故中车辆被淹后停止一切上电、运行、充电等操作，等待厂家检测后再行处理。

3）新能源汽车长时间完全水淹后若水面陆续有气泡冒出，则远离车辆，待到水位退去后再行处理。

4）水淹数小时后无明显故障现象，拆除电池时注意观察，若有冒烟或异响，先行撤离。

5）在没有专业维修人员指导允许下，勿触碰橙色动力线及带有高压电标志的部件。

6）查勘人员禁止触摸涉电高压系统，操作人员需要经过专门培训。

7）操作人员手部及腕部不能佩戴任何金属饰品。

8）操作人员应严格按照指引操作，接触带电部件时，人员之间不准相互碰触。

9）操作和电池储存时注意防止短路。

10）操作过程中对电池不施加任何压力，不要弯曲电池。

11）电池安装过程中维修开关保持断开状态。

12）应配备试电笔、绝缘检测仪、护目镜、绝缘手套、防酸碱手套、绝缘鞋、绝缘服、绝缘拆装工具等，工具必须为高压电安全工具，或者经过绝缘处理。

13）常备灭火材料（二氧化碳灭火器、干粉或泡沫灭火器）。

14）准备应对不同事故的应急措施（接触电解液、锂离子时的急救措施）。

> **小贴士**
>
> 当电池破裂或发生突发事件时,员工应迅速撤离污染区并确保最大限度的通风,让腐蚀性气体、烟雾和难闻的气味消散。受伤人员建议采取以下措施。
>
> 1)吸入:将伤员移至空气新鲜区域,如果需要,需给氧或呼吸辅助并立刻咨询医生;给污染区通风,操作人员应使用独立的呼吸装置以避免吸入有害、有毒气体或烟雾。
>
> 2)皮肤接触:立即脱下任何被污染或被喷溅的衣物,彻底用冷水清洗污染区至少15min;用肥皂和冷水彻底清洗皮肤,不要用面霜,同时向医生咨询。
>
> 3)眼睛接触:立即用清水彻底冲洗(眼睛保持睁开)15~30min,不要用面霜,同时立即咨询医生。
>
> 4)摄入:如果受害者是清醒的,给受害者喝大量的水和吞服活性炭,不要引起呕吐,将伤者送往医院治疗。

## 任务 3.2　新能源汽车保险事故动力蓄电池查勘

### 知识引入

#### 一、新能源汽车保险事故动力蓄电池查勘检测

##### (一)动力蓄电池风险级别

查勘人员应按照事故场景与损伤情况确定动力蓄电池的风险级别,在保证安全的前提下,按照查勘实务要求开展作业。事故后动力蓄电池风险级别及作业要求详见表 8-1。

表 8-1　事故后动力蓄电池风险级别及作业要求

| 风险级别 | 事故场景与损伤情况 | 作业要求 |
| --- | --- | --- |
| 一级 | 动力蓄电池未遭受碰撞或动力蓄电池箱体轻微变形;无故障报警 | 无须穿戴专业防护设备开展作业 |
| 二级 | 动力蓄电池遭受碰撞,箱体有一定变形;安全气囊起爆;水淹事故插接口有水渍;高电压已断电;有故障报警;漏液 | 如果需要触碰车辆,作业过程中应穿戴护目镜、绝缘手套、防酸碱手套、绝缘鞋、绝缘服等防护设备 |
| 三级 | 动力蓄电池遭受碰撞,箱体变形、模组或电芯外露或破损、高电压线裸露;动力蓄电池温度异常、有异味、烟雾、有过火迹象;水淹事故且车辆长期浸泡;有故障报警 | 需要专业救援人员开展作业 |

##### (二)检查项目与检查指标

**1. 外观检查**

动力蓄电池外观应检查以下内容:

1)动力蓄电池箱体异味情况。

2）动力蓄电池箱体表面变形、破损、渗漏、锈蚀情况。

3）固定件、冷却管路接口、维修开关、平衡阀、高压电线束及插接器的松动、变形、破损、渗漏、锈蚀痕迹情况。

4）动力蓄电池外部高低压电接口内部水迹、烧蚀等痕迹和低压通信接口端子变形或松动情况。

### 2. 绝缘检测

使用绝缘电阻检测仪测量高压电零部件的绝缘阻值，应符合 GB/T 31498—2021《电动汽车碰撞后安全要求》的绝缘电阻要求。

### 3. 气密性检测

动力蓄电池气密性检测内容如下：

1）使用气密性检测仪完成动力蓄电池、冷却系统检测，检测结果应符合车辆维修手册要求。如果检测结果不符合要求，应进行下面2）和3）的检测项目。

2）检测动力蓄电池内部灰尘、微小颗粒、雨水、液体侵蚀痕迹。

3）检测动力蓄电池箱体结构和密封圈。

### 4. 漏液检测

拆包检测或使用漏液检测仪检测动力蓄电池箱体内电解液挥发气体浓度应满足动力蓄电池生产企业或汽车生产企业要求的浓度。

### 5. 诊断检测

动力蓄电池诊断方式包括车载自诊断系统（OBD）诊断、动力蓄电池管理系统诊断、上位机诊断，具体检测项目如下：

1）电池参数检测：包括总电压、总电流、电芯电压及压差、SOC、SOH（动力蓄电池健康状态）、温度、温差、绝缘电阻等。

2）故障诊断检测：传感器故障、通信故障、电池故障、电池过充或过放、过流、过温、绝缘故障等。

### 6. 健康状态检测

动力蓄电池健康状态检测内容如下：

1）使用容量检测设备或通过后台检测数据，检测动力蓄电池实际容量，评估动力蓄电池的 SOH。

2）检测动力蓄电池管理系统异常情况，SOC 的充电电量线性变化。

### 7. 冷却系统检查

动力蓄电池冷却系统检查内容如下：

1）检查冷却液高度，液面高度应符合厂家要求。

2）检查冷却管路固定情况、管路连接处渗漏情况。

### 8. 动力蓄电池内部检查

动力蓄电池内部模组、单体蓄电池、内部冷却组件、线束、高压盒、高低压线束插接器等部件检查内容如下：

1）检查模组或单体蓄电池外观变形、损坏、存在水渍的情况。
2）检查内部冷却组件变形破损情况。
3）检查线束外观破损、通断情况。
4）检查高压盒外观变形破损和内外固定螺栓松动情况。
5）检查高低压线束插接器破损、退针情况。
6）检查散热器或冷却装置的外观受损情况、管路泄漏情况。

动力蓄电池损伤级别

### （三）动力蓄电池损伤级别

根据动力蓄电池损伤范围及程度，结合事故类型，将**动力蓄电池损伤程度划分为四级**，详见表8-2。

表8-2 动力蓄电池损伤程度划分

| 损伤级别 | 事故类型 | 损伤范围 |
| --- | --- | --- |
| 一级 | 轻微托底事故、水淹事故 | 外观检查箱体有划伤，但未伤及冷却板、无故障报警。除外观检查外，无其他检测项目异常 |
| 二级 | 碰撞事故、托底事故 | 外观检查箱体变形（模组、单体蓄电池、冷却板未损伤）、固定支架损伤、插接器损伤，有故障报警信号、动力蓄电池检查内部熔丝或继电器等控制模块损坏。无其他检测项目异常 |
| 三级 | 水淹事故、严重碰撞事故、托底事故 | 外观检查箱体严重变形、固定支架损伤、插接器损伤，诊断检查有故障报警，气密性检测异常，模组或单体蓄电池损坏、冷却管路损坏、冷却液泄漏、动力蓄电池平衡阀进水、插接器进水 |
| 四级 | 水淹事故、严重碰撞事故、托底事故、火灾事故 | 动力蓄电池箱体有高压电线束、模组或单体蓄电池裸露或破损、温度异常、冒烟、起火、过火痕迹，安全检测异常，模组长期浸泡水淹导致蓄电池模组或单体蓄电池大面积损坏 |

### （四）动力蓄电池修复与更换

根据检测结果，结合汽车生产企业维修手册和实际情况制订修复和更换方案。

1）动力蓄电池发生一级损伤时，通过检测结果确认电池参数均正常，可以仅进行外部涂层和钣金修复。

2）因碰撞、托底事故导致动力蓄电池发生二级和三级损伤时，通过检测确认电池系统未受影响，应选择修复或更换动力蓄电池箱体和外部涂层。如果检测后确认模组或单体蓄电池受损，应根据实际情况修复或更换模组和损伤零部件。如果检测后确认动力蓄电池的损伤已不可维修，可更换动力蓄电池总成。

3）因水淹事故导致的动力蓄电池一级、二级和三级损伤时，可烘干后检测确定损伤级别。根据实际情况清洁、修复损伤零部件，必要时更换模组和相关零部件或动力蓄电池总成。

4）动力蓄电池发生四级损伤时，可更换动力蓄电池总成。

5）报废或拆解的动力蓄电池应按照国家相关规范进行损余回收。

项目八　新能源汽车保险

## 素养园地

### 动力蓄电池车险理赔标准出台，解决电池理赔乱象

有媒体报道称，山东腾正一电动汽车车主在驾驶车辆通过一处排水沟时，位于底盘位置的电池被水沟盖板顶坏。随后，车主把车开到了 4S 店进行检测，尽管该车的电池受损程度并不严重，但由于无法进行维修，只能更换整个电池总成，其价格大约为 10 万元，而这一价格几乎和当时该车的购买价 11 万元相差不多，所以保险公司拒绝理赔。几经协商，保险公司最终同意以全损的方式进行赔付，但车主不愿意接受，毕竟车买来还没用多久，就亏钱处理，换谁谁也不能接受，更何况本来修一修就能用，完全没有必要定全损。一时间双方僵持不下。

事实上，类似的事情在我国已不是第一次发生。2022 年 8 月，有媒体报道称，一位姓黄的纯电动汽车车主将自己因事故受损的车辆送到 4S 店定损时，被告知其整体的维修费用大概需要 54 万元。按 4S 店的说法，这笔维修费中占比最大的其实是电池。由于电池底部的铝板损坏严重，因此无法单独更换，只能更换总成，所以才需要这么高的费用。不过车主对此表示不太理解，毕竟他购买新车的价格也只要 30 多万元。在几方协商下，黄先生最终同意了定全损的方案。随后，双方又在定损的具体价格上出现了分歧，黄先生认为应该按照合同注明的全损价格执行，而保险公司坚持按照更低的开票价。

上述两起事件，都体现了当前新能源汽车在售后维修、保险理赔等方面存在的典型问题，特别是动力蓄电池领域尤为明显。

为了解决这些难题，2023 年 9 月，中国保险行业协会在北京发布了《新能源汽车保险事故动力蓄电池查勘检测评估指南》，旨在解决当前新能源汽车市场上有关动力蓄电池理赔上的"疑难杂症"，包括发生事故后的查勘、检测、损伤评估等环节。

根据这份指南的要求，在事故发生后，无论是保险公司还是 4S 店，都能够根据这份指南找到共同标准，对电池进行勘测和定损，不再是按照所谓的经验评估，而是将动力蓄电池的损伤等级进行了细致的划分，以科学定损的方式降低理赔成本。

中国保险行业协会表示，该项标准的发布实施将推动新能源汽车保险的高质量发展，建立针对动力蓄电池承保期间全流程的标准化管理体系，预防相关风险发生，切实做到风险减量。标准的实施也将促进新能源汽车可持续发展，推动动力蓄电池检测和维修技术创新，保证动力蓄电池安全使用、合理维修的同时，降低消费者使用新能源汽车的整体成本。该标准的应用还将及时有效地消除消费者在用车过程中的安全隐患，降低消费者的事故风险，保障社会公共安全和人民生命财产安全，是保险行业践行人民性和履行社会责任的重要体现。

《新能源汽车保险事故动力蓄电池查勘检测评估指南》

### 启示

为积极响应国家"碳达峰、碳中和"的目标要求，《新能源汽车保险事故动力蓄电池查勘检测评估指南》聚焦解决新能源汽车动力蓄电池保险理赔中的主要问题，规范新能源汽车发生保险事故时对动力蓄电池的查勘、检测与损伤评估，是助力新能源汽车健康发展的重要举措，是运用标准化手段全面强化行业自律的具体体现。为新能源汽车发展提供高质量配套保险，保险业加强新能源汽车保险服务体系建设，将成为构建完整车生态后端支持不可或缺的重要一环。

## 二、新能源水淹车查勘定损

### （一）新能源水淹车查勘拍照流程

1）水淹等级拍摄，新能源汽车水淹等级如图 8-4 所示，共分五级：一级轮芯、车内无水；二级门槛、地毯有水；三级座椅垫平面、中控台有水；四级仪表台顶、内室均有水；五级没顶，整车涉水。

图 8-4　新能源汽车水淹等级

2）打开前机舱，拍摄水淹位置及相关部件，包含：电机控制器、DC/DC 变换器、车载充电器、PTC（正温度系数）电加热器、电动空调泵、熔丝盒、各个车载电脑板、高压充电接口的水淹情况、插头进水情况、部件厂牌标签、固定螺栓、带易碎贴的贴标照，前机舱如图 8-5 所示。

3）打开驾驶舱拍摄地毯、中控台、杂物箱、导航组件、组合仪表涉水情况。

4）打开行李舱拍摄备胎槽、电器模块、高压电组件进水情况，行李舱如图 8-6 所示。

图 8-5　打开前机舱拍摄

图 8-6　行李舱拍摄

5）举升车辆，对高压电池进行拍摄，包括高压电池整体外观、插头连接、固定螺钉、出厂铭牌、易碎贴贴标照，观察高压电池有无外伤破损，对损伤处拍摄细目照。举升车辆拍摄如图 8-7 所示。

图 8-7　举升车辆拍摄

6）举升车辆，对高压电机进行拍摄，包括高压电机整体外观、插头连接、固定螺钉、出厂铭牌、易碎贴贴标照，对差速器放油，使用干净容器盛接，拍摄有无进水、观察高压电机有无外伤破损，对损伤处拍摄细目照。

## （二）新能源水淹车现场查勘流程

1）查勘人员必须要穿戴防护设备后再接触车辆，否则不得触碰车辆，并建议按照图 8-8 所示流程完成车辆查勘工作。

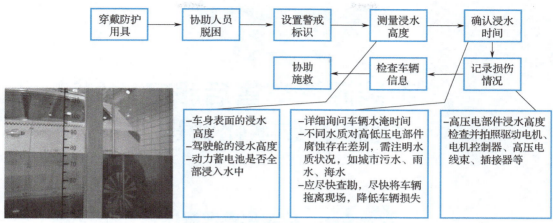

图8-8 新能源水淹车查勘流程

2）查勘人员对水淹程度较轻的车辆进行现场处理时，可按照图8-9所示流程检查事故车辆仪表信息，并断开车辆电源。

图8-9 水淹程度较轻时现场处理流程

## 项目拓展

### 新能源汽车自燃的处理方法和理赔注意事项

据应急管理部门统计公布的最新数据，仅2023年第一季度，新能源汽车自燃率就上涨了32%，平均每天就有8辆新能源汽车发生火灾（含自燃）。电动汽车自燃的原因主要包括两种，分别是电失控和热失控。电失控是指在电池充电时，电池已经被完全充电，但电路控制系统并没有结束充电过程，或者放缓充电速度，将会使得电池过度充电。热失控指的是电池内部温度持续升高。导致电池出现热失控的原因有很多，如电池材料的化学活性、电池管理软件故障、电芯或电池包遭遇外力破坏等。新能源汽车在行驶过程中发生碰撞后，容易导致电池包和电芯变形，从而引起电池短路出现热失控，是目前引起新能源汽车自燃频率高的原因之一。除了发生严重的碰撞以外，由于新能源汽车的动力蓄电池组安装在底盘上，一旦与路面上的坚硬物体发生磕碰，也会出现起火。

新能源汽车自燃的处理方法和理赔注意事项

由于新出台的《新能源汽车商业保险专属条款》中已经将起火燃烧纳入到了意外事故中，所以，新能源汽车意外起火自燃是可以使用新能源汽车车损险、新能源第三者责任险以及新能源车上人员责任险来进行理赔的。当新能源汽车发生自燃时，正确的处理方法和理赔注意事项，请扫描二维码进行学习。

# 项目九

# 新能源汽车售后服务企业的数字化管理

## 任务一 数字化管理概述

### 任务导入

张明在课堂上听老师提过传统汽车企业在进行数字化转型，加强数字化管理。张明很好奇，迫切想要知道，什么是数字化管理？新能源汽车售后服务企业是不是也在进行数字化管理？

### 任务目标

**知识目标**

1. 了解数字化管理的概念。
2. 了解数字化管理的重点内容。
3. 了解数字化管理的意义。
4. 掌握数字化管理在售后服务企业的具体应用。

**技能目标**

1. 能描述数字化管理的概念和意义。
2. 能分析数字化管理汽车售后服务业务。

**素质目标**

1. 锻炼对新事物的接受能力。
2. 开阔数字化视野。

### 知识引入

#### 一、什么是数字化管理？

党的二十大报告提出"加快发展数字经济，促进数字经济和实体经济深度融合，打造具有国际竞争力的数字产业集群"。在发展数字化经济的过程中一定要运用数字化的管理手段。那么什么是数字化管理呢？

项目九　新能源汽车售后服务企业的数字化管理

数字化管理是企业通过信息技术（IT）融合应用，打通核心数据链条，基于数据的广泛汇聚、集成优化和价值挖掘，优化、创新乃至重构企业战略决策、产品研发、生产制造、经营管理、市场服务业务活动，构建数据驱动型高效运营管理模式的能力。

随着汽车行业从增量市场进入存量市场，汽车售后服务企业单纯以生产技术或业务导向来提高规模化效率的发展模式已经很难适应行业发展的需求。为了整个汽车售后服务行业良性发展，需要建立新的发展模式，进而提升抗风险能力。

新能源汽车售后服务企业数字化管理的重点内容主要体现在以下三方面。

### （一）将新能源汽车售后服务业务数据化

售后服务业务数据化后，新能源汽车售后服务企业可以实现通过管理数据来管理业务。数字化工具将杂乱无章的业务量化，从而使售后服务业务具有可预测性与可分析性。

### （二）将新能源汽车售后服务工作流程化

新能源汽车售后服务企业通过售后服务业务流程化能打通各个环节，降低信息不对称带来的协作困难；还可以通过售后服务标准化流程梳理售后服务业务，降低冗余，提高工作效率。

### （三）将新能源汽车售后服务任务可视化

新能源汽车售后服务企业通过看板、App等信息化手段将每个人/组/部门需要完成的任务、正在进行的任务、已经完成的任务以及完成进度可视化，便于监控和执行。

## 二、新能源汽车售后服务数字化管理的意义

习近平总书记在党的二十大报告中指出"加快发展数字经济，促进数字经济和实体经济深度融合"。新一代信息技术与新能源汽车产业结合形成数字化生产力和数字经济，是新能源汽车经济体系发展的重要方向。大数据、云计算、人工智能等新一代数字技术是当代创新最活跃、应用最广泛、带动力最强的科技领域，给产业发展、日常生活、社会治理带来深刻影响。数据要素正在成为劳动力、资本、土地、技术、管理等之外最先进、最活跃的新生产要素，驱动实体经济在生产主体、生产对象、生产工具和生产方式上发生深刻变革。

数字化管理的意义

现在已经进入数字经济时代，数字化转型已成为各行各业的必然趋势。相对于其他的转型，数字化转型的范围更广、程度更深、历时更长、难度更大、投入更多、风险更高。面对困难重重的数字化转型，新能源汽车售后服务企业为什么还要义无反顾地通过数字化转型实现企业的数字化管理呢？

### （一）数字化管理能降本增效

新能源汽车售后服务企业通过数字化转型实现数字化管理带来最直接、最显著的成效就是内部运营效率的提升和成本的下降。数字化转型后，企业全部业务线上化、数字化、智能化，减少了很多人为因素，因此可以实现各个环节的降本增效。数字化管理可以给企业带来一些隐性的效果：效率的提升带来了周转率的提高、市场反应速度的加快、产品开发周期的

缩短以及盈利能力的提高；企业员工与上下游企业员工都可以在手机上完成很多相关工作。数字化转型后的新能源汽车售后服务企业在生产效率、运营效率等方面都得到了全面的提升，成本显著下降。

### （二）数字化管理能直面客户需求，重构客户体验

所有新能源汽车售后服务企业都在强调客户至上、以客户为中心以及客户满意度，但传统汽车售后服务企业由于市场渠道单一，缺乏与客户直接交互的能力。当传统售后服务企业通过数字化转型或新兴的售后服务企业，利用数字化平台打通了服务端和消费端，实现了端到端的全面协同，就可以很好地将客户和售后服务企业连接起来，通过平台收集、分析客户数据，根据客户需求个性化服务、精准营销。通过与客户深度连接能拉近与客户的距离，提升客户黏性，真正做到以客户为中心。

### （三）数字化管理能精细管理

全要素、全流程数字化可以使管理变得更加透明化、精细化。新能源汽车售后服务行业的数字化首先带来了管理能力的巨大提升。数字化的维修车间，实现了透明化管理。在管理过程中，大量数据让上千种物料的库存状况、出库情况、交车周期等实现了可视化的实时呈现，极大提高了对售后服务进程的管控。新能源汽车售后服务企业通过数字化管理还可以把客户、核心供应商集中到平台上，用数字化管理手段实现全部透明化，实现企业运营管理的精细化。

### （四）数字化管理能助力高效准确决策

传统汽车售后服务企业的数字化转型是把企业管理的基础换成具有智能感知和决策能力的数字平台的过程。数据看板为企业提供实时的、可视化的、客观的和准确的数据，为企业内部经营现状和外部竞争状况提供及时、准确、全面、动态的决策支持。管理者可以依赖实时数据而非经验指导决策，极大地提高了决策效率和决策质量，从而准确把握商机、精准行动。

实现数字化管理的新能源汽车售后服务企业，在管理环节由经验驱动逐步转化为数据驱动，也就是把管理经验固化成模型，用数据驱动管理工作。数字化管理可以实现实时从销售、维修、客户接待、备件的系统里提取数据，每天、每周开会时都可以对数据进行分析，维修台次、到店率、返修率等指标如何、问题出现在哪里、如何改正、纠偏等都可以基于数字化管理做出决策。数字化管理可以让新能源汽车售后服务企业做出"先知、先觉、先行"的经营决策。由于人的寿命、脑力、记忆力有限，无法完成对复杂世界的充分认识，经验指导难免片面，但通过数字化管理，人类在机器学习技术的辅助下，可以做出更科学合理的决策来指导企业运营。

### （五）数字化管理能产生数据资产并创新业务模式

数字化管理后，新能源汽车售后服务企业可以利用新技术重塑产品和服务，挖掘经营中沉淀的数据资产价值，拓宽利润来源；还可以深入探索新的商业模式，可以由线下售后服务到数字化增值服务。新能源汽车企业将分布在各地的车辆信息、客户信息接入平台，实时采

集客户信息及车辆的运行参数，远程监控和管理车辆的运行。售后服务部门还可以配备智能终端，远程监控车辆状态。客户在用车过程中遇到车辆故障时，可以通过企业 App 一键创建"服务订单"，在服务中心的智能调动下，服务人员以最快速度抵达现场，调取车辆运行数据，联合技术专家远程指导，快速找到并解决问题，提升故障修复率和修复速度。

### （六）数字化管理能预警风险、提升防范能力

任何企业在运行时都会遇到各种风险，企业更应该注重提高风险抵御能力。通过数字化管理，新能源汽车售后服务企业可以有效预防并控制内部风险，同时还能增强企业的应变能力，这样就可以更有效地应对环境频繁变化带来的风险。例如，数字化转型后的 4S 店通过数字化管理，开展智能化改造升级，采取数字化管理系统作为监管手段，使与客户服务有关的环节衔接顺畅，提高服务效率，避免客户流失。

新能源汽车售后服务企业实现数字化管理后，基于客户的历史数据、车辆数据和外部数据，可以建立如图 9-1 所示的客户信息画像，在给客户提供服务前，系统根据算法对客户信息进行分析，实现精准的客户需求及喜好推荐，能节省时间、获得客户的信任，进而提高客户的感受。在不确定性的经济形式及风险面前，具备强大数字化管理能力的新能源汽车售后服务企业可以从容应对，减少或者避免盲目投资带来的损失。特别是面对不可预知的风险，具备数字化管理能力的企业，就会及时响应市场需求，从容应对风险带来的各种变化。

忠诚用户

基本信息
姓名：张明
性别：男
年龄：32
职业：互联网职员
地域：上海

用户喜好
● 购车时间不长，对汽车保养和维修都不了解
● 互联网重度依赖用户
● 上下班都是自己开车
● 接受了某事物，就难以改变

用户需求
● 需要定期对爱车进行保养维护
● 汽车出现故障，需要到线下门店进行维护
● 4S店维修保养价格相对较高，需要寻找质量过关且价格优惠的线下维修门店

图 9-1　客户信息画像

## 三、数字化管理在新能源汽车售后服务企业的应用

数字化管理已经渗透到汽车全产业链，几乎每个汽车企业及其售后服务企业都在进行数字化转型升级。由于新能源汽车产销量大幅增长，新能源汽车车龄也逐渐增加，新能源汽车收益也在向售后服务方向转移。新能源汽车售后服务业务需要在独立售后、备件管理、事故车维修等方面入手，完成数字化转型升级。在后市场领域中，还需要与保险等行业建立跨行业协作，在数据、业务两个层面实现共赢。

新能源汽车售后服务企业数字化管理具体体现在以下几方面。

### （一）数字化管理备件业务

汽车售后服务质量将对用户车辆留存产生很大影响。随着新能源汽车使用年限的延长，未来消费者对于新能源汽车养护和维修将有更强烈的需求，因此，新能源汽车后市场备件需

求预测数字化管理已迫在眉睫。

由于备件业务涉及研发、生产、质量、销售、物流、仓储等各重要领域，售后备件预测数字化的重点是打通以上各环节的数据链路，实现数据共享、业务联动、流程匹配的高效协同系统。围绕汽车企业备件相关业务流程，构建涵盖数据采集、数据仓库、数据治理、算法模型等子功能的数据平台，将汽车企业备件相关业务数据统一管理。利用算法平台集成的多种成熟算法模型构建各级需求预测，满足不同业务场景下的数据需求。基于对各级需求的准确预测，可驱动备件订单优化、生产智能调度、仓储调度、智慧物流等业务精准运营。

由于车辆停产或者超出质量担保期，客户流失的增加极易造成备件库存呆滞。呆滞库存是各个新能源汽车售后服务企业亟须解决的问题，也是汽车企业保障供应体系的难题。汽车企业可搭建呆滞库存信息共享平台，解决呆滞件问题。当平台运行一定阶段后，汽车企业可对连锁维修、较大的独立维修店及再制造公司提供接口，形成品牌售后、连锁店、独立维修店之间的信息共享，实现更大范围内的供需匹配。

### （二）数字化管理独立售后业务

随着汽车超出质量担保期以及作为二手车重新出售，车主更有可能在独立的维修店进行检查和维修。随着车龄的增加，车主对性价比的要求更高，在选择售后服务时更偏重于灵活性和便利性，所以更多车主对汽车保养和维修转移至独立售后服务企业。从配件到服务，汽车企业的售后服务体系都有较强的业务资源，尤其是低频但高毛利润的服务项目，依然是汽车企业售后服务体系优势的集中体现。未来的独立售后服务模式将是大部分新能源汽车企业选择的服务模式。

### （三）数字化管理事故车维修服务

1）新能源汽车企业需要打通售后服务管理系统与定损维修数据的链路。

2）需要对维修数据进行标准化转换，车企进行数据分析、数据治理。

3）建立特约经销商或服务中心与保险公司统一数据接口层，用于数据传输及服务可复制化。

4）数据推送到保险公司进行理赔，理赔后事故车维修的配件数据、工时数据回传到汽车企业及特约经销商或服务中心。最终，汽车企业、经销商或服务中心、保险公司、客户形成一个闭环。

### （四）数字化管理常规维修保养服务

传统保养模式是客户到4S店或者修理门店进行维修保养。现在，新能源汽车售后服务企业都在进行数字化管理，由线下服务竞争转变到线上服务竞争。

新能源汽车企业搭建线上服务管理平台，同时开发App等线上服务机制和流程，开展多元化服务模式，最终实现常规维修保养数字化管理。

## 任务二　特约经销商售后服务数字化管理

### 任务导入

张明通过数字化管理概述的学习，对汽车售后服务领域数字化管理有了一定的了解。下学期张明就要到 4S 店实习了，他想要先了解 4S 店是如何实现数字化管理的。

### 任务目标

**知识目标**
1. 掌握特约经销商数字化管理的核心能力。
2. 掌握特约经销商数字化管理的路径。
3. 了解某一品牌特约经销商数字化管理的具体项目。

**技能目标**
1. 能解释特约经销商数字化管理的内容及实现路径。
2. 能描述特约经销商数字化管理的具体项目。

**素质目标**
1. 锻炼融入数字经济的能力。
2. 养成创新意识。

### 知识引入

#### 一、特约经销商数字化管理的核心能力及路径

特约经销商的数字化管理依托于汽车生产企业的管理手段来实现，各个品牌特约经销商的数字化管理形式各异，主要分为销售和售后两大模块。售后服务模块的数字化管理最能凸显用户价值，其中预见性主动式服务又是最核心的能力。

（一）特约经销商数字化管理的核心能力

主动式数字化售后服务以车联网大数据为载体，通过故障监控能力、故障预警能力、维修保养方案管理能力、服务订单管理及保养提醒等信息传递能力将汽车企业、经销商、用户三端串联，建立售后服务业务闭环管理，让数字化管理、智慧运营、前置预测技术共同提升汽车产业在后市场领域的领先水平，形成数字化服务体系，增强后市场的数智化管理。下面将结合这些核心能力认识特约经销商的数字化管理。

1. 实现故障监控及预警能力即智能运营，提高车主流量转化率

特约经销商为客户提供的主动式数字化售后服务通过数据价值标准化对汽车后市场的各

个环节运营场景进行拆解重构,利用数据模型分析控制器局域网络(CAN)信号、DTC信号和故障知识图谱,配置故障预警规则,能实时监测车况信息,进行故障判断、维护方案推荐、救援置换等信息交互,增强车主对车况信息的了解,给车主同步推送附近的经销商,生成服务订单,增加回店量。

客户流量由原始的被动上门转向主动上门,客户来源实现双向汇聚,打通了汽车后市场产业链的上下游环节,让后市场服务做到运营交互智能化、数据化和可视化。

### 2. 实现保养修理服务方案一体化能力,提升服务水平

由于汽车售后服务各领域的服务能力差异化明显,服务满意度参差不齐以及线下经销商对车辆故障的诊断能力和时间成本也难以把控,所以如何将故障、维修服务做到智能化、标准化,将成为提升汽车售后市场服务水平的关键点。

主动式数字化售后服务基于算法和模型对故障进行异常预警、构建故障与解决方案一体化的知识图谱,实现车辆故障与维修方案的自动匹配,对故障分类、故障类型、故障描述、信号诊断、保养维修方案、配件清单及费用快速匹配并推送给不同服务对象,以便支撑故障诊断的精准度和维修保养订单的完成度。

### 3. 缩短供应链信息差的能力,优化库存

随着车联网数据应用能力的提升,在一定程度上缓解了客户与经销商的沟通成本,缩短了信息差,弥补了传统被动式售后服务的部分问题,但经销商与汽车企业之间仍存在信息中断、汽车企业参与度不高等问题,且在故障判断、维修技术和服务质量等方面的专业性难以保障,客户信任度不稳定。

主动式数字化售后服务通过故障预测提前匹配所需零部件推送至经销商和客户两端,不仅降低了客户的时间成本,优化了客户体验,减少了配件库存闲置,还便于各经销商掌握零部件的消耗情况,优化库存,另外,还有利于汽车企业实现动态了解经销商及客户的需求信息。

从故障预测到客户回店保养修理,再到服务订单管理,整个服务路径汽车企业处于数据中台,能够及时对各个环节进行响应和支持。

## (二)特约经销商数字化管理实现的路径

以特约经销商为中心的传统的被动式服务需要逐步转向覆盖客户全生命周期的个性化主动式服务,即以车联网数据为核心,客户、经销商、汽车企业三端建立直接联系,通过大数据分析快速识别和解决车辆问题,提供创新的服务产品和模式来满足客户个性化需求。助力由传统的以经销商为核心的被动服务不断向以主机厂为核心的主动化、智能化等服务模式转变,提升售后服务的产业链价值。

### 1. 与客户直接关联

特约经销商或汽车企业通过内置系统与车辆深度绑定,提供全时在线信息服务,对车况信息进行预测和管理,从而实现故障实时监控、碰撞自动救助、路边救援协助、按需自助检测等十多项汽车安全信息服务,使得客户能够实时了解车辆相关情况,在养车、用车过程中可以得到更便捷的体验升级。

### 2. 与汽车企业直接关联

汽车企业基于对车况、客户、环境三方面数据的实时监控分析，实现故障诊断及预测、客户画像、场景推送、订单管理等模块。站在汽车企业质量部门和售后部门的角度，在对信息更全面、实时地深入了解，甚至是前置预测的条件下，数字化管理提高了业务处理效率，提升了主动服务能力。

### 3. 与经销商直接关联

通过故障知识图谱、订单管理、推送定制化维修保养方案等提升经销商的售后服务能力、返店率以及店端营收的增长，为经销商体系提供更多的有效维修保养信息，增加回店量和客户满意度。

车主流量、数字化营销体系、运营智能化对汽车后市场数智化转型的作用毋庸置疑，在汽车后市场业务模式创新上，也是汽车企业切入新服务领域的开端。基于数据应用的核心，串联起汽车企业、经销商、客户的汽车后市场生态，这仅仅是起点，未来汽车后市场将会在结构与形态方面发生更大的改变。

## 二、特约经销商数字化管理解决的问题

### 1. 解决客户的咨询、投诉和回访

特约经销商通过数字化管理在接待客户时，可以接待全渠道的客户。通过智能IVR（互动式语音问答）、ACD（自动呼叫分配器）接待机制建立线上接待服务体系。

### 2. 人工智能虚拟顾问接待客户

实现7×24小时智能接待文本、语音双渠道接待，网站、App、微信、钉钉等全渠道植入。

### 3. 人工智能辅助

智能客服助手助力客服提升接待能力，全量接待数据质量检查，督导客服人员提升接待质量。

### 4. 现场服务

现场救援、代充电业务、全流程可视化监控远程维修、定损，降低了运营成本。数据洞察营销、服务业务数据自定义抓取、分析智能数据大屏，适时展现营销服务数据。

## 三、特约经销商数字化管理的形式

为了应对多重复杂的变化，各大汽车企业正在从"产品＋销售"的传统经营模式向"产品＋体验"的新模式进行转型。一方面，伴随着新生代用户的崛起，用户对于数字产品、触点互动和体验服务的要求越来越高；另一方面，各种数字化营销管理工具和经过互联网验证的用户体验运营思路，也在乘用车行业中开始尝试并迅速迭代。

特约经销商主要依托于汽车企业开发的App、网站、微信公众号及小程序、钉钉等渠道来实现售后服务的数字化管理。

汽车App是用户全生命周期体验管理的重要触点。近两年，各大汽车企业大力发展建设自有App，将其作为加强与用户直接接触、沟通的重要工具。随着App功能的完善和深入运营，目前各大汽车企业的App不仅实现了丰富的车机联动功能，还成为车主休闲娱乐、

发展社交、购买产品、获取福利的重要平台。如今，App 已经打通了售前、售中、售后的整体链路，在用户购车、用车的过程中发挥着越来越重要的作用。基于此，主流汽车企业品牌围绕 App 触点，不断加强用户运营，为持续获取新用户、留存老用户而不懈努力。

下面我们就以一汽－大众 App 来体验特约经销商的数字化管理。

一汽－大众 App 是一汽－大众及其特约经销商与用户联系最紧密的核心触点，同时，一汽－大众也在进一步加大品牌创新，联动用户共创。例如一汽－大众旗下很多车型都已支持个性化定制，用户可以发挥自己的想象力，打造独一无二的属于自己的汽车。

进入一汽－大众 App 后，有首页、发现、爱车、商城、我的等几个页面。

### （一）首页页面

在首页可以进入云展厅。云展厅是以数字技术为基础，以创新开放为理念，突破时间和空间限制，跨越虚拟与现实，为用户带来视觉享受以及 360°多场景全方位的交互体验。展区设有 SUV 区、轿车区、文创商城区等多个子展区，如图 9－2 所示。这些展区将丰富的产品信息与互动式游戏体验完美融合，不但可以在虚拟世界的展厅中沉浸式看车，开启车门与行李舱、感受内饰等交互功能（图 9－3），还可以尝试便捷的购车服务，并有一汽－大众虚拟形象代言人 24 小时为用户提供服务（图 9－4）。

图 9－2　云展厅子展区

图 9－3　虚拟展厅交互场景

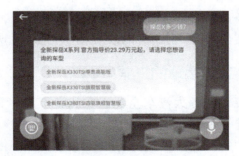
图 9－4　24 小时为用户服务

### （二）发现页面

客户可以通过发现页面的"活动""圈子""问答""常识"4 个栏目，浏览官方最前沿的信息。

1. 活动

活动栏目下有厂家活动（图9-5）和经销商活动板块，汽车企业会根据产品及营销战略，不定期发布活动，吸引客户。经销商也会配合汽车企业，同时也会根据自己的营销策略，发布活动，提升自己的影响力，吸引客户。

2. 圈子

圈子栏目里有车圈和热门圈子两个板块，如图9-6所示。每位车主和车迷都可以发布关于某款车型的用车体验、生活杂谈等，利用这块领地找到志同道合的朋友。图9-6所示的就是车主在圈子里发布的动态展示。

图9-5　厂家活动　　　　　　　　图9-6　车圈和热门圈子

3. 问答

问答栏目下设ID热门、问专家、问客服三个板块。在这里，有大众的专家、技师为客户解决日常选车、用车过程中遇到的疑惑和顾虑，对于满意的问答回复，客户还可以点击"采纳"按钮，让专家、技师更有动力来提供专业帮助。图9-7所示的是一汽-大众特约经销商的技师回复客户的问题。

图9-7　一汽-大众特约经销商的技师回复客户的问题

### 4. 常识

常识栏目通过图文和视频两种媒介向车主传递用车常识、车联网功能的使用等，这些都更符合现在快节奏下车主养车、用车的习惯，能提高客户满意度。通过图文板块（图9-8）和视频板块（图9-9）的内容展示，车主会根据自己的需求选择不同板块、不同内容解决自己的问题。

图9-8　图文板块　　　　　图9-9　视频板块

### （三）爱车页面

爱车页面有一键寻车功能，如图9-10所示；还有车主服务功能，可以看到智乎学院、用户手册、福利社等栏目，如图9-11所示；里面的全部服务涵盖了特约经销商的全部服务功能，如图9-12所示。

图9-10　一键寻车功能　　　图9-11　车主服务功能　　　图9-12　全部服务

全部服务栏目分为销售和服务两个功能区，如图9-12所示。销售功能区有订制车、预约试驾、求购好车、我要卖车、车联网体验项目。服务功能区有道路救援、维保预约、充电中心、维修进度、取送车、延时服务、置换车辆、爱车估价、车险询价、一键加电、再购有礼项目。这些项目几乎涵盖了准购车客户和车主的全部需求，真正做到了数字化管理，迎合了主流客户的需求。下面我们就从销售功能区、服务功能区、工具功能区、辅助功能区四个功能区认识一汽-大众特约经销商的数字化管理。

### 1. 销售功能区

（1）订制车　订制车项目下，选择车型、选装装备，如图9-13所示。一个车型可以有若干种组合，满足客户个性化需求。

（2）预约试驾　有意向购买的准车主，可以通过预约试驾完成试驾体验。如图9-14所示，客户预约试乘试驾，只要提交网上预约申请后，经销商的销售顾问就会及时打电话邀约和确认试驾时间等相关事宜，保证客户有良好的乘驾体验。试乘试驾之后客户还可以在此栏目下发表试乘试驾体验获得积分。

图9-13　订制车项目

图9-14　预约试乘试驾

（3）求购好车、我要卖车　求购好车（图9-15）、我要卖车（图9-16）是给购买二手车和想要卖车的车主提供的便利，通过特约经销商实现二手车的买卖，客户可以减少不愿意进入二手车市场的烦恼。

图9-15　求购好车

图9-16　我要卖车

## 2. 服务功能区

（1）一键加电　是利用数字化管理手段提升客户感受的项目。一键加电是方便新能源车主在车辆使用过程中因为电源问题影响出行而为车主专门设置的项目，如图9-17所示。从一键加电的承诺上，可以看到特约经销商在竭尽全力地执行以客户为中心的服务理念。

（2）维保预约、取送车　维保预约（图9-18）和取送车服务（图9-19）都是方便车主的售后服务项目，客户可以选择经销商、预约项目、车辆的基本信息、到店方式、上门取车时间、取车地点等。通过经销商的人性化服务，提高客户感受进而提高客户的满意度。

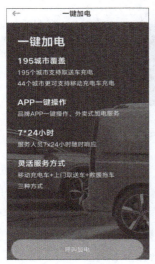
图9-17　一键加电

图9-18　维保预约

图9-19　取送车服务

（3）车险询价、置换车辆　特约经销商还为车主提供车险询价（图9-20）和车辆置换（图9-21）服务，车主可以根据车况计算估值，如图9-22所示，免去一些车主怕麻烦不愿意自己寻找资源的烦恼，解决了车主买车后的后顾之忧。

图9-20　车险询价

图9-21　车辆置换

图9-22　计算估值

### 3. 工具功能区

工具功能区最典型的项目有福利中心、常用备件查询（图9-23）、记账本（图9-24）、仪表指示灯（图9-25）等，这些功能可以满足不同的客户群体的个性化需求。

图9-23 常用备件查询

图9-24 记账本

图9-25 仪表指示灯

### 4. 辅助功能区

护航杂志（图9-26）、会员商城（图9-27）、影音流量、智乎学院（图9-28）、产品手册（图9-29）、福利社等栏目，客户可以根据需求查看。

图9-26 护航杂志

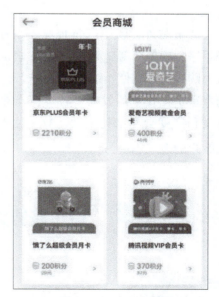

图9-27 会员商城

图 9-28 智乎学院

图 9-29 产品手册

### （四）商城页面

文创商城页面包含了优选车品、生活精品、车模玩具、服装配饰等板块，如图 9-30 所示。客户可根据需求选择和车型匹配的一些文化用品等，并且可以通过参加活动获得的积分兑换或直接购买。

### （五）我的页面

我的页面包含了车主的车辆信息、专属服务、我的足迹等内容。

除了 App 之外，各个汽车企业还在各大平台上建有公众号、小程序、旗舰店等，还会不定期地推出活动，客户可以在平台上购买汽车配件、维修服务等。

随着数字化技术的发展，各个汽车企业在数字化管理方面的深度和广度会越来越强大，数字化管理对汽车企业、经销商、客户的意义也更为深远。

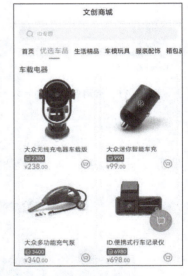

图 9-30 文创商城

## 任务三　造车新势力售后服务企业数字化管理

### 任务导入

张明学习了特约经销商的售后服务数字化管理后，对造车新势力的售后服务企业的数字化管理也很感兴趣。下面我们就和张明一起走进他感兴趣的造车新势力的售后服务企业的数字化管理领域吧！

## 任务目标

知识目标

1．了解造车新势力的优势。
2．了解造车新势力的售后服务发展方向。
3．熟悉造车新势力售后服务数字化管理的具体内容。

技能目标

1．能分析造车新势力的优势。
2．能说明造车新势力售后服务数字化管理的内容。
3．能说明某一造车新势力品牌的数字化管理项目。

素质目标

1．培养信息检索能力。
2．培养开拓创新精神。
3．增强民族自信、品牌自信。

## 知识引入

### 一、造车新势力的优势

#### （一）研发优势

与传统汽车企业和通过转型升级获得投资核准的汽车企业相比，造车新势力具备更强的创新意识，更能把握新时代汽车发展的方向以及更好地结合互联网＋，但部分企业由于没有长期的积淀，对造车难度及复杂度估计不足。在生产制造方面，造车新势力以"颠覆者"的形象出现，具有车辆结构相对简单的特点，给技术路线与竞争格局日渐固化的传统汽车企业带来了冲击。在市场方面，造车新势力没有庞大的销售链条，更易于打破现有销售方式的束缚，不采用现有的4S店模式，而是采用会员制、直营模式等多种方式。

**课堂讨论**

我国新能源汽车虽然已经领跑世界，但在关键技术以及复杂工艺等制造领域还有很大的提升空间。你认为在制造领域哪些方面需要工匠精神？

### 素养园地

#### 新能源汽车研发需要创新精神

不积跬步无以至千里，所有的成就都离不开过往的沉淀。对于理想汽车而言，它能在电动新时代的竞争中抢占先机，除了有其敏锐的战略眼光切中了行业变革之机，更离不开其对技术创新的不懈追求。只有技术创新才能推动企业长远的发展。

##### 一、理想汽车空气悬架的研发

空气悬架是由多个传感器、计算执行机构和空气悬架构成的车身控制系统，在其作用下，能让车身舒适、平稳、丝滑，而伴随着高舒适性、滤振性的是高昂的应用成本。

空悬系统开发难度极大，最开始立项时，理想汽车也希望能与成熟的空气悬架供应商合作，直接采购硬件和软件方案，既省时也省力。而汽车空气悬架技术一直处于"卖方市场"，被少数几家国际供应巨头垄断，中国供应商没有"技术主权"，当时的理想汽车还没有如今的体量，理想的这两个"基本需求"无法实现。

就这样，理想汽车毅然踏上了空气悬架系统的自研之路。如何研发？从哪开始研发？各技术专家从查阅中外学术论文开始进行专项研究，从对技术的深入拆解到竞品的优劣势对比分析，通过不断的学习和实验论证，逐步明确了理想空气悬架商标系统的开发路径。

先确定架构，然后就是零部件的选型和设计匹配。其中，空气弹簧是一个核心的关键部件。一般来说，空气弹簧刚度越高，车身稳定性就越高，但舒适性会随之下降。理想研发团队在空气弹簧的标准制定上，可谓"苛刻至极"。他们将空气弹簧高低温动态疲劳耐久试验做到了 680 万次，是行业水平的 1.5 倍；整车级验证大于 1000 万 km，高于行业水平两倍；空气悬架专项强化耐久最长 34 万 km。经过研究试验，研发团队优化了空气弹簧囊皮配方，采用新型氯丁胶、天然胶的混合材料，从而覆盖全场景的用户用车工况。

##### 二、空气悬架系统的整车匹配

在系统级设计和核心零部件的优化以外，整车 NVH 匹配也是研发团队的一个关注重点。在系统硬件的隔振设计、软件控制的策略优化等方面，研发团队都精益求精，为了更好地实现压缩机和整车的连接匹配效果，还自研了空气压缩机支架隔振装置，让理想汽车成为国内首家具备该系统正向开发能力的汽车企业。在完成整个空气悬架系统的设计开发后，对于团队来说，意味着另一场攻坚战的开始。因为要达到旗舰级的舒适，除了硬件配置之外，更需要旗舰级的调校匹配与标定。底盘调校团队接过重任，没日没夜地开始了上百轮的调校与硬件选型调试方案，包括空气弹簧调校 150 组、减振器调校 330 组、橡胶与液压衬套 132 组、轮胎 88 组……功夫不负有心人，空气悬架的应用得到了一致好评。

有网友在评论时说得好："比世界 500 强更强的是什么？是自强！"的确，唯有自强不息，才能百炼成钢。用技术创新，满足人们对美好生活的向往，广泛形成绿色生活方式，为应对全球气候变化、推动实现碳减排目标，为人类社会可持续发展提供动力。

通过理想汽车空气悬架研发，我们既可以看到不断创新，探索技术边界的科学精神；也能看到其精益求精、耐得住寂寞的工匠精神。

### 启示

党的二十大报告提出，实践没有止境，理论创新也没有止境；创新才能把握时代、引领时代。只有创新才能显著提升科技自立自强能力。在新能源汽车研发领域，坚守工匠精神，推动制造业高端化、智能化、绿色化发展。科技创新能促进我国经济实力、科技实力、综合国力大幅跃升；科技创新能促使我国实现高水平科技自立自强，进入创新型国家前列。通过科技创新加快发展数字经济，促进数字经济和实体经济深度融合，打造具有国际竞争力的数字产业集群。

### (二)服务模式创新优势

与传统汽车企业相比,造车新势力更具有客户体验思维,更注重生产、销售和服务方面的模式创新。相比于传统汽车企业关注如何更好地打造一辆车,造车新势力则致力于成为"客户公司",将关注点更多地放在客户服务上,更注重与客户的交流,以满足不同群体的个性化需求。不少造车新势力已向互联网公司一样,探索"粉丝经济"、社区化成长模式。

### (三)数字化管理优势

相较传统汽车企业,造车新势力的领导者思路更加开放、超前,尤其在智能网联领域的表现更为明显,具有较强的产品综合能力,给中国汽车产业智能网联化变革注入了新的基因。由于造车新势力的新能源产品带有数字化基因,所以在数字化管理方面占有绝对优势。

## 二、造车新势力售后服务的发展方向

### (一)创建具有新势力特色的服务品牌

基于具体的用车场景,围绕如何消除客户痛点展开服务。造车新势力都是新能源汽车领域,客户普遍存在充电焦虑、续驶里程焦虑、电池质量保证和整车质量保证焦虑等,只要围绕这些客户焦虑,开发出不同的服务产品,就会赢得客户。

### (二)创新客户开发与维护途径

提高客户的参与感。对于造车新势力而言,给予新客户足够的客户关怀,让新客户成为品牌的代言人。潜在客户的关系维护,也可以包含在售后服务体系中。

造车新势力企业注重客户体验,采用灵活的销售策略,线上、线下同时进行布局。以特斯拉汽车为例,通过定制化服务、线上线下统一售价、订单透明化以及零库存等形式打造新商业模式。

在销售和服务渠道变化的同时,可以不断制造新的"选项"给消费者。汽车美容、智能互联、车载娱乐、快充、移动充电等都能产生新的售后利润空间。紧跟客户需求,满足愿意为新功能新服务付费的客户需求,开发潜在市场,主动寻找客户,增加客户对产品和服务的体验是未来售后服务的发展方向。

基于以上分析,对未来造车新势力售后服务模式的发展方向判断是:一方面传统售后服务加智能售后服务齐头并进,确保完成基础服务的同时,提升自身智能化优势;另一方面,在如今互联网时代,造车新势力可以从会员订购制度入手,逐步将"科技+服务+营销"三者融合,这会将汽车售后服务提升到一个全新维度。

## 三、造车新势力售后服务数字化管理的内容

造车新势力几乎不需要数字化转型,因为它们的数字化基因体现在企业的各个方面。图9-31所示的就是造车新势力的典型代表企业蔚来汽车的数字化生态蓝图。

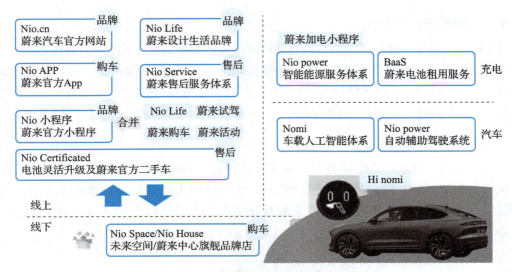

**图 9-31　蔚来汽车的数字化生态蓝图**

造车新势力的数字化管理主要体现在以下几个方面。

### （一）产品数字化管理

造车新势力的汽车产品都搭载了车载人工智能系统、自动辅助驾驶系统等，都彰显了品牌的数字化理念。这些数字化的产品设计为以后的售后服务数字化打下了坚实的基础。

像蔚来汽车的车载智能互联系统 Nomi（指蔚来汽车的人车交互系统）运用了谷歌（Google）发布的机器学习开源框架 TensorFlow（符号数学系统），集成了语音交互系统与智能情感引擎，为汽车产品赋予了灵动的生命力。它具备强大的学习能力，是真正的驾驶管家与导航助手。

### （二）销售及服务体系数字化管理

造车新势力进行产品销售基本有三种途径：建立线下的直营体验中心、建立线上的官方 App、官方微信小程序。造车新势力的线下的直营体验中心一般位于大商场里，例如，蔚来的体验中心包括产品展示区、休息区、会议及办公区、知识博物馆、咖啡饮品区、儿童乐园等。从功能区设计可以看出，与传统汽车企业相比，蔚来体验中心的重心并不在汽车的销售或售后服务，而是打造以客户为中心的生活方式社区。

下面，我们走进蔚来汽车品牌的销售及服务体系，了解蔚来汽车售后服务的数字化管理。

#### 1. 销售体系数字化管理

造车新势力和传统汽车企业一样，也运营官方 App、微信小程序等。蔚来 App 也是蔚来汽车极为重要的核心触点。该 App 在功能模块设计上，主要分为购车、发现、朋友、惊喜、我的五大部分，如图 9-32 所示。

（1）购车页面　购车页面提供汽车产品介绍、个性化配置与订购服务，是首次打开 App 时默认打开的功能，处于 App 的居中核心位置，如图 9-33 所示。

项目九 新能源汽车售后服务企业的数字化管理

图 9-32 蔚来 App 五大功能模块

图 9-33 购车

（2）发现页面 发现页面主要分为推荐、此刻、此地、资讯、蔚来之夏（此板块主题会经常发生变化）五个板块，如图 9-34 所示。用户在发现页面还可以搜索关键字、发此刻、建群聊和扫描二维码。推荐板块更像是其后三个板块的汇总，包括蔚来的最新资讯、"充电地图""详细配置"与"预约试驾"三个快速入口，以及社区用户的最新动态；"此刻"则是用户关注的朋友的动态；"此地"则是用户所在城市内的活动资讯；而资讯板块下有九个分类，包括购车指南、车辆产品、社区指引等，是面向用户的引导与帮助手册。而"蔚来之夏"则是蔚来社区中分享观点、启发灵感的知识分享平台。用户可以在该板块下参与话题、精彩活动、提问等。活动类别也丰富多样，覆盖参加活动的感受、油电体验对比等内容。

（3）朋友页面 大多数传统汽车企业的社区运营，仍然停留在发送短图文动态、视频动态领域，而蔚来的 App 则提供了会话、群聊等丰富的社交功能。用户在蔚来 App 中能够添加朋友、建群聊/社群、面对面建群，甚至是口令组队。这一功能除了有利于车友之间的社交外，能够促进销售及售后服务顾问与顾客的直接沟通。

（4）惊喜页面 惊喜页面则是蔚来旗下的原创品牌 NIO Life 的专属区域，如图 9-35 所示。NIO Life 成立于 2018 年，在成立后的短短三四年间，已与全球超过 500 位设计师建立联盟，开发自研接近 1000 件新品，覆盖美食研究所、微醺俱乐部、服装配饰、家居日用、运动户外、旅行箱包、科技数码、车模玩具八大品类。

（5）我的页面 在我的功能模块下，有四个功能亮点值得一提。首先，每名用户有自己的独一无二的二维码，可以用于活动签到、积分支付、体验券使用等，象征着蔚来已经建立起了统一的用户 ID 管理体系；此外，用户可以点击"邀请好友"，通过邀请好友体验蔚来产品，从而获得积分与蔚来值；而在我的模块下的最底部，用户还可以点击"加入蔚来"，浏览蔚来的招聘讯息。

209

图 9-34　发现　　　　　图 9-35　惊喜

当用户成为正式的蔚来车主后，可以使用一系列的售后服务、能源充电、二手车相关功能。

### 2. 售后服务及能源体系数字化管理

（1）NIO Service（蔚来服务）　蔚来的售后服务体系称之为"NIO Service"。用户在成为蔚来车主之后，可以通过手机 App，使用远程控车、一键维保、终身免费道路救援、洗车、代驾、机场泊车、车辆年检等售后服务功能。

（2）NIO Power（蔚来加电解决方案）　NIO Power 是蔚来基于移动互联网的加电解决方案，如图 9-36 所示。依托蔚来云技术，为车主提供全场景化的加电服务。车主可以通过手机 App 进行远程充电预约，并实时查看充电状态。此外，车主还可以在手机 App 上一键下单"蔚来充电车"服务，充电车向移动充电宝一样，为车主提供上门充电服务。

图 9-36　蔚来加电解决方案

NIO App 还提供了 7×24 小时的人工充电服务。车主只需在 NIO App 上轻轻一点，蔚来服务专员就会上门取车，并使用云端指派资源（换电站、充电车、充电桩），选择最优的加电方案，确保在最短时间内完成加电。

另外值得一提的是，蔚来于 2020 年底推出了 NIO BaaS（Battery as a Service）电池租用服务，为车主带来"车电分离"的全新体验。用户在购车时，可以仅购买车型，不购买电池，按需租用特定电池包。

（3）NIO Certified（蔚来电池升级及二手车服务）　NIO Certified 是对电池灵活升级及蔚

来官方二手车服务的统称。用户可以通过蔚来官网，单击"蔚来官方认证二手车"，在网页端选择"我要买车"或者"我要卖车"，之后留下个人信息，等待蔚来顾问联络。此外，蔚来的手机端App还提供"官方二手车商城"的功能模块，用户可以在线浏览在售的官方二手车，而蔚来也会提供从车辆的售前检测，到售后保修、保障的全生命周期服务。

（4）车载小机器人"NOMI" 蔚来汽车安装了"NOMI"车载人工智能系统，它集成了语音交互系统和智能情感引擎，实现了一种全新的人车交互方式，让汽车从机器变成了可以互动沟通的伙伴，符合现代车主的需求。

"NOMI"还实现了汽车企业收集用户第一手反馈信息的有效途径。从用户反馈信息到车企获取信息，一般需要几周甚至一个月以上的时间，数据还可能因过滤而失真。而通过这种车载人工智能系统，当"NOMI"回答"我知道了"的那一刻，后台会同步收集到客户的反馈意见，这个时间很短，且反馈意见真实地同步到后台，节省了时间。

新能源汽车的发展势不可挡，通过引入最新的信息技术，新能源汽车具备了智能化、网络化的特性，为用户提供了更便捷、舒适的驾驶体验。然而，随着汽车技术的日新月异，车主在享受新功能带来的便利的同时，也可能面临一些新的挑战，例如，新能源汽车的充电设备使用、电池管理、车载信息系统的操作等，都可能对一些首次接触新能源汽车的用户造成困扰。因此，新能源汽车的售后服务模式，特别是线上售后服务模式显得尤为重要。例如，在车辆交付时，受制于时间限制，交付专员不会面面俱到地讲解车辆的全部功能，而有些车主则是没有耐心听交付专员一两个小时的功能讲解，满怀欣喜地将车辆开回去，但随后发现有些新功能不会使用。而另一个问题就是这些功能发生故障的概率也会增加，而新能源汽车的远程诊断功能，也让车辆维修诊断更加便捷。在新能源汽车注重用户思维的背景下，如果能够得到及时有效的线上售后服务与答疑，那么用户体验将会大大提高。

新能源汽车的线上售后服务模式，带来了巨大的便利性和效率的提升。随着新能源汽车技术的日新月异，线上售后服务模式也在不断更新和改进。随着人工智能工具和车联网技术的发展，未来可能会出现更多基于大数据和人工智能的售后服务模式，如智能客服、预测性维修等。同时，对于新能源汽车企业而言，平衡好线上和线下服务，保证服务质量和用户体验，是它们将要面临的重大挑战。随着数字化技术的发展，新能源汽车的数字化售后服务模式已经成为趋势，它将在未来的汽车市场中扮演更重要的角色。

## 任务四　O2O模式工场店数字化管理

### 任务导入

张明对4S店和造车新势力的数字化管理都有了深入了解，但对向学校订单项目途虎养车以及京东会、天猫养车这类的工场店是如何实现数字化管理的还存在着疑问。接下来我们一起了解O2O工场店的数字化管理吧。

## 任务目标

**知识目标**
1. 掌握 O2O 模式工场店的关键因素。
2. 熟悉 O2O 模式工场店数字化管理的内容。

**技能目标**
1. 能解读 O2O 模式工场店的关键因素。
2. 能描述某一工场店数字化管理的具体形式。

**素质目标**
1. 培养数字化思维。
2. 培养创新意识。

## 知识引入

### 一、O2O 模式工场店的关键要素

O2O 模式工场店快速发展的两个因素：一是以客户为导向；二是建立标准的服务体系，包含标准化体系和运营管理体系。

汽车后市场是典型的服务型行业，它需要提升的不只是产业效率，而是通过提升运营效率进而提升客户体验。途虎工场店运营就是"以客户导向 + 数字化"的方式提高运营效率和客户体验。途虎工场店运营模型如图 9-37 所示。

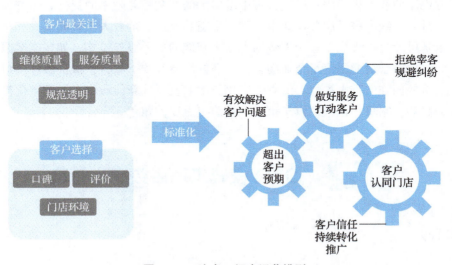

图 9-37 途虎工场店运营模型

#### 1. 围绕客户需求建立服务体系

客户很关注维修质量、服务质量、规范透明，客户会选择口碑好、评价高、环境好的门

店，所以工场店的体系设计就要做好服务、打动客户，有效解决客户问题，超出客户预期，最终让客户认同工场店并持续推广。

（1）围绕客户需求建立"标准化服务流程"　汽车售后服务工场店通过系统、督导、流程设计等方式，打造了"标准化服务流程"并顺利落地、复制。O2O模式工场店的每个岗位都有作业指导书，如"途虎八步"服务流程图。

各个品牌工场店通常把标准化服务流程分为模块化服务流程、流程化服务流程和系统化服务流程三个部分，把门店各项业务分成几个模块，对各项作业都进行流程化，制订详细的作业指导书。例如，途虎工场店开发的九大系统，所有系统的数据都是互通的，最终保证了标准化服务流程得以落地，门店效率得到提升。

标准化的服务流程，客户会有很强的感知度，让客户感受到工场店与路边的修理店是不同的。基于标准化的服务流程，门店能有效提高客户服务体验，提高客户满意度。

（2）围绕客户需求建设管理体系　通过门店运营管理顾问提升门店人员的能力；通过监控质检，监测门店是否有问题、有什么问题，并针对问题对门店进行提升；全面发掘客户需求，根据客户的意愿推动流程的优化，提升作业标准以及操作标准。

（3）围绕客户需求建设软件体系　各个品牌的工场店都定制研发了一系列配套管理软件，这些管理软件之间的数据是互通的。管理者用一部手机就能管理门店，客户用一部手机就可以下单预约、查看车辆维修保养状态。

### 2. 数字化管理

O2O模式工场店的数字化管理系统，能完整呈现出一家门店的实时经营状态，根据系统的反馈，店长能及时掌握门店的运营情况，并且能根据系统提供的基础数据，多维度分析门店的运营情况。

这些依托于互联网的O2O模式工场店，是借助互联网平台、大数据分析、算法的优势而强大起来的。这些工场店的品牌方都有一个大型研发中心，从平台到用户、从车辆到门店、从督导到技师，用数字化技术不断优化每一个流程，做到全程透明、可管可控。所以工场店不仅仅是一家门店，而是一家基于以客户满意为核心的、标准化、数字化运营的门店。基于大数据，可以判断门店经营的问题所在，透过数据拆解和分析，找到问题所在，并且有针对性地进行改善。正是因为数字化管理，O2O模式工场店的管理效率不断提升，盈利能力不断改善。

## 二、O2O模式工场店售后服务数字化管理的内容

基于在数字化领域的创新实践，各个O2O模式工场店都有自己的后市场数字化解决方案，也就是通过App及各大平台实现售后服务数字化管理，实现线上接单、线下服务的工场店模式。这种数字化管理从线上、线下、供应链、服务保障、人才培训等方面实现汽车后市场产业服务链。

从服务流程数字化、客户管理数字化、门店管理数字化、供应链管理数字化上，全方位地帮助门店服务客户和提升效率，保障门店经营质量。

## （一）"工"的数字化管理

人才始终是行业的重中之重，O2O 模式工场店也积极响应国家关于打造知识型、技能型、创新型劳动者大军的相关号召，把人才管理放在了重要地位。它们除了进行现有的线上线下培训外，还将联合厂商利用数字化管理手段打造联合培训体系，推动技师认证、产教融合以及双轨制教学，最终为技师提供专业路径、管理路径以及经营路径等不同发展方向。例如，天猫的线上云课堂，培训了线上线下近 4000 名天猫养车的一线人员，已建立了完善的线上线下培训体系、人才晋级体系、绩效考核体系。

## （二）"场"的数字化管理

"场"分为两种：一种是选址；另一种是呈现的场所。

### 1. 数字化选址与门店空间设计

O2O 模式工场店通过大数据来辅助选址，会基于供给能力、人群密度进行数字化选址，锁定区域，包括工位改造。

### 2. 数字化前置仓与门店库存

O2O 模式工场店在备件方面有得天独厚的优势，实现了前置仓与门店库存数字化共同管理。品牌方和门店双方共同管理仓库的库存。O2O 模式工场店有了前置仓，通过一键下单补货，提高了供货效率，通过天猫养车专属管理系统、智慧监控查巡系统、App 达到客户、门店、前置仓对货的追溯与时效。

### 3. 数字化接待、客户休息、车间场景

作为客户的场景，O2O 模式工场店是以车、家、客户休息三个场所为主。客户在车中、在家都可通过淘宝、天猫、高德、支付宝及工场店 App 实现交易需求与链路。

在接待区域或家，客户也是通过 App 来了解维修数据的信息，车辆动态实时跟踪。在路上车辆发生故障或意外可以通过高德找到或联系到附近门店。

在车间，按照工位的数据化来呈现。有效的工位情况，包括在线的巡查系统，可以帮助门店有效地管理，包括锁定一些车辆的动态。

## （三）"线上 + 线下"数字化管理

### 1. 线上数字化管理

各个 O2O 模式工场店都在聚焦年轻化和定制化，联合主流短视频平台推广短视频 + 直播模式，助力带货营销；在定制化层面，工场店还会依据自身特点、客户集群、地域特点等推出个性化服务，帮助厂商寻找更精准的产品定位；此外，还将帮助行业进行私域流量运营，提升运营推广效率。

### 2. 线下数字化管理

推动数字化管理带动行业转型，将从连锁管理、服务能力、技术要求这三个方面重点进行数字化能力提升。供应链在"一物一码"的基础上，更多地聚焦正品如何溯源，提高商品库存的智慧化管理能力，最终帮助厂商提高运营效率。

## 三、O2O 模式工场店数字化管理的形式

O2O 模式工场店的数字化管理也是通过 App、微信小程序来实现的，O2O 模式工场店的 App 在内容结构组合上由于没有汽车销售的压力，而变得更灵活、更简单。下面以途虎养车 App 为例，介绍 O2O 模式工场店数字化管理的形式。

### （一）首页页面

途虎首页页面展示了门店的各项服务活动，如图 9-38 所示，客户可以根据需求选择服务。

图 9-38　途虎首页页面

### （二）分类页面

分类页面展示了各个服务项目需要的备件，如图 9-39 所示。分类页面还可以查询备件价格，与备件相关的故障问题如图 9-40 所示。

图 9-39　分类页面

图 9-40　与备件相关的故障问题

### （三）车友圈

在车友圈页面，建有各个车型的车友圈，不同车型的车友可以加入对应的车友圈，在车友圈里可以分享车辆使用、维修等知识，遇到车辆有问题还可以求助车友。

### （四）门店

在门店页面客户可以根据位置选择门店及服务项目下单，下单后还可以查询维修进度等。各个工场店的软件系统在形式上会有不同，但本质是相同的，都是利用数字化管理提升门店管理质量。

### （五）我的

在我的页面可以看到我的订单、我的爱车及与客户车型对应的车友圈，方便客户查看订单状态、养护记录、寻求道路救援帮助等。

## ◀ 项目拓展

### 红旗品牌数字化管理

数字时代的到来，推动了社会、经济、人文、科技各个领域以惊人的速度不断进化，同时也催生客户发生异化、云化、数字化。全新商业场景下，客户对数字化服务体验与数字化产品需求，实际上也达到了全新的层面，整个数字化进程也在不断重构当前的时代。

当前汽车行业也形成了基本共识，整个行业整体利润点正在向后端或者数字化服务方向转移。原来更多是以硬件主导、靠产品制胜的汽车产业，未来也必将向以软件主导、靠"产品+服务"支撑的方向进行转型升级，也就是从卖硬件向卖软件、卖体验、卖生态过程转变，"体验+软件"定义汽车的趋势越来越明显。

红旗品牌数字化管理

一汽红旗数字化工厂AGV的应用

# 参考文献

［1］赵晓宛，马骊歌，夏英慧. 汽车售后服务管理［M］. 3版. 北京：北京理工大学出版社，2019.
［2］徐广琳，初宏伟. 汽车维修企业管理［M］. 2版. 北京：机械工业出版社，2021.
［3］北京中车行高新技术有限公司职业教育培训评价组织. 汽车运用与维修（含智能新能源汽车）1＋X证书制度 职业技能等级标准［M］. 北京：高等教育出版社，2019.

新能源汽车专业系列教材

# 新能源汽车售后服务管理
## 任务实施

主　编　初宏伟　徐广琳
副主编　李梦雪　田丰福　彭　敏
参　编　代孝红　谢　丹　石庆国　刘　彤
　　　　孙凤双　崔艳宇　叶　鹏　张海华
　　　　刘震宇　方丽琴　周艳微　张　颖

机械工业出版社

# 目 录
## Contents

| | | |
|---|---|---|
| 项目一任务一实训工单 | 新能源汽车产销量及增长率分析 | … 1 |
| 项目一任务二实训工单 | 新能源汽车售后服务调研 | … 2 |
| 项目二任务一实训工单 | 4S店调研 | … 3 |
| 项目二任务二实训工单 | 新势力汽车企业的售后服务企业调研 | … 4 |
| 项目二任务三实训工单 | O2O模式工场店服务模式调研 | … 5 |
| 项目二任务四实训工单 | 调研新势力汽车企业销售及服务组织机构和岗位设置 | … 6 |
| 项目三任务一实训工单 | 遵循礼仪规范接待客户 | … 7 |
| 项目三任务一实训考核 | 遵循礼仪规范接待客户 | … 8 |
| 项目三任务2.1学习表 | 典型品牌经销商的新能源汽车售后服务核心流程 | … 9 |
| 项目三任务2.2.1实训工单 | 预约客户 | … 10 |
| 项目三任务2.2.1实训考核 | 预约客户 | … 11 |
| 项目三任务2.2.2实训工单 | 接待客户 | … 12 |
| 项目三任务2.2.2实训考核 | 接待客户 | … 14 |
| 项目三任务2.2.3实训工单 | 维修/进行工作 | … 15 |
| 项目三任务2.2.3实训考核 | 维修派工 | … 17 |
| 项目三任务2.2.4实训工单 | 交车/结算 | … 18 |
| 项目三任务2.2.4实训考核 | 交车/结算 | … 20 |
| 项目三任务2.2.5实训工单 | 跟踪服务 | … 21 |
| 项目三任务2.2.5实训考核 | 跟踪回访 | … 22 |
| 项目四任务一学习工单 | 识别新能源汽车安全防护用品 | … 23 |
| 项目四任务一实训工单 | 新能源汽车维修高压电安全防护准备 | … 24 |
| 项目四任务二实训工单 | 新能源汽车日常维护工作表 | … 26 |
| 项目四任务三实训工单 | 新能源汽车维修竣工验收工作表 | … 28 |
| 项目五任务一学习表 | 制订某品牌新能源汽车备件订货计划 | … 30 |
| 项目五任务二实训工单 | 备件入库、出库管理 | … 31 |

| | | |
|---|---|---|
| 项目五任务二实训考核 | 管理备件库房 | ... 32 |
| 项目六任务一实训工单 | 退换车案例分析 | ... 33 |
| 项目六任务二实训工单 | 完成索赔申请 | ... 34 |
| 项目六任务三实训工单 | 管理质量担保旧件 | ... 35 |
| 项目七任务一实训工单 | 解决客户流失问题 | ... 36 |
| 项目七任务二实训工单 | 完成售后服务客户满意度调研 | ... 37 |
| 项目七任务三实训工单 | 处理客户投诉 | ... 38 |
| 项目七任务三实训考核 | 处理客户投诉 | ... 39 |
| 项目八任务一实训工单 | 新能源汽车保险调研 | ... 40 |
| 项目八任务二实训工单 1 | 为客户介绍机动车交通事故责任强制保险 | ... 41 |
| 项目八任务二实训工单 2 | 为客户介绍新能源汽车商业保险 | ... 42 |
| 项目八任务 3.1 实训工单 | 新能源汽车查勘工作调研 | ... 43 |
| 项目八任务 3.2 实训工单 | 动力蓄电池评估 | ... 44 |
| 项目九任务一学习工单 | 数字化管理的概念、意义和应用 | ... 45 |
| 项目九任务二实训工单 | 调研比亚迪品牌售后服务数字化管理 | ... 46 |
| 项目九任务三实训工单 | 调研新势力汽车企业数字化管理 | ... 47 |
| 项目九任务四实训工单 | O2O 模式工场店数字化管理调研 | ... 48 |

## 项目一任务一实训工单　新能源汽车产销量及增长率分析

| 班级： | | 姓名： | |
|---|---|---|---|
| 实训日期： | | 指导教师： | |
| 任务说明 | 本任务需要学生利用网络资源多方面查找数据，合理地运用数据完成任务。具体要求如下：<br>1）2 或 3 人为一组，确定要调查的自主新能源汽车品牌，根据品牌查找近 5 年的产销量，明确各个环节需要完成的任务，做好任务分工。<br>2）形成完整的数据资料备查，能说明数据查询过程及数据来源。 | | |
| 任务描述 | 利用网络资源完成比亚迪品牌近 5 年的新能源汽车产销量及增长率统计。 | | |
| 任务计划及实施 | | | |
| 制订人员分工 | | 制订查询计划并实施计划 | |
| 组号 | | | |
| 人员 | | | |
| 任务分工 | | | |

1. 利用网络资源，统计分析近 5 年比亚迪品牌新能源汽车的产销量及增长率，并按照教材中的图 1-3 的形式完成图 1 的填写。

| | （　　）年 | （　　）年 | （　　）年 | （　　）年 | （　　）年 |
|---|---|---|---|---|---|
| ▓ 汽车产量/万辆 | | | | | |
| ■ 汽车销量/万辆 | | | | | |
| ── 产量增长率（%） | | | | | |
| ── 销量增长率（%） | | | | | |

**图 1　比亚迪新能源汽车产销量及增长率分析**

2. 分析以上统计数据，谈谈你对自主品牌新能源汽车生产或售后服务领域的认识。

_____

_____

_____

_____

## 项目一任务二实训工单　新能源汽车售后服务调研

| 班级： | | 姓名： | |
|---|---|---|---|
| 实训日期： | | 指导教师： | |
| 任务说明 | 任务需要学生以小组为单位，分工合作。具体要求如下：<br>1）4 或 5 人为一组，通过网络对某品牌新能源汽车的销售及服务模式有初步了解。<br>2）走进某品牌的大型展厅，与产品专家或顾问沟通。<br>3）可以参与试乘或试驾，体验产品及服务。<br>4）形成完整的 PPT 或视频资料，以小组为单位进行汇报。<br>5）教师对各组完成情况进行点评。 | | |
| 任务描述 | 各个城市大型商场超市的一楼，总会看到很多品牌的汽车，而且以新能源汽车为主。以传统汽车企业新能源汽车、新势力汽车企业的新能源汽车为调研对象，调研他们的销售及售后服务模式。 | | |
| 任务计划及实施 | | | |
| 制订人员分工 | | 制订调研计划并实施计划 | |
| 组号 | | | |
| 人员 | | | |
| 任务分工 | | | |
| 调研品牌 | 传统汽车企业 | | 新势力汽车企业 |
| | | | |
| 调研途径 | 传统汽车企业 | | 新势力汽车企业 |
| | | | |
| 新车销售途径 | 传统汽车企业 | | 新势力汽车企业 |
| | | | |
| 售后服务模式 | 传统汽车企业 | | 新势力汽车企业 |
| | | | |
| 通过调研有哪些收获？ | | | |

## 项目二任务一实训工单　4S店调研

| 班级： | | 姓名： | |
|---|---|---|---|
| 实训日期： | | 指导教师： | |
| 任务说明 | | 本任务需要同学以小组为单位，分工合作。具体要求如下：<br>1）4或5人为一组完成任务。<br>2）将调研内容形成海报式汇报材料，以集市法在课堂展示，小组和小组之间答疑、互评。<br>3）教师对各组完成结果进行点评和总结。 | |
| 任务描述 | | 为了提高学生对传统汽车企业新能源汽车销售及服务模式的认知，小组同学自主选择某一品牌4S店开展调研活动。调研内容包括4S店的特点、能为客户提供的服务、组织机构和岗位设置等。 | |

### 任务计划及实施

| 制订人员分工 | | 制订调研计划并实施计划 | |
|---|---|---|---|
| 组号 | | | |
| 人员 | | | |
| 任务分工 | | | |

### 调研笔记

| 4S店品牌 | |
|---|---|
| 4S店的特点 | |
| 4S店能为客户提供的服务 | |
| 调研品牌4S店的组织机构及岗位分布 | |

## 项目二任务二实训工单　新势力汽车企业的售后服务企业调研

| 班级： | | 姓名： | |
|---|---|---|---|
| 实训日期： | | 指导教师： | |
| 任务说明 | | 本任务需要学生以小组为单位完成调研并形成PPT汇报资料，课堂汇报、答疑，教师进行点评。具体要求如下：<br>1）4~6人为一组，以小组为单位确定调研品牌，做好任务分工。<br>2）形成完整的PPT汇报资料，课堂汇报、答疑，小组和小组之间互评。<br>3）教师对各组完成结果进行点评、总结。 | |
| 任务描述 | | 为了加强对造车新势力销售及售后服务体系的认识，请通过线下、线上、电话咨询等多种途径了解某一造车新势力品牌的销售及售后服务体系，完成调研表填写及调研汇报。 | |
| 任务计划及实施 ||||
| 制订人员分工 | | 制订调研计划并实施计划 ||
| 组号 | | | |
| 人员 | | | |
| 任务分工 | | | |
| 调研笔记 ||||
| 调研品牌 | | | |
| 销售形式 | | | |
| 售后服务形式 | | | |
| 新势力汽车企业的服务形式与4S店的区别 | | | |

## 项目二任务三实训工单　O2O模式工场店服务模式调研

| 班级： | | 姓名： | |
|---|---|---|---|
| 实训日期： | | 指导教师： | |
| 任务说明 | | 本任务需要学生利用网络资源、线下实体店、电话等调研手段，对选定的某一O2O模式连锁品牌开展调研。具体要求如下：<br>1）4~6人为一组，以小组为单位开展调研，做好任务分工。<br>2）完成调研表格并形成完整的汇报资料，选择一组汇报，其他小组补充汇报。<br>3）教师对小组结果进行点评。 | |
| 任务描述 | | 选择途虎养车、天猫养车、京东养车中的某一连锁品牌为研究对象，对确定的某一品牌进行多视角调研。调研从品牌发展历程、品牌文化、服务模式等方面完成调研。 | |

### 任务计划及实施

| 制订人员分工 | 制订调研计划并实施计划 |
|---|---|
| 组号 | |
| 人员 | |
| 任务分工 | |

### 调研笔记

| 调研品牌 | |
|---|---|
| 品牌发展历程 | |
| 品牌文化 | |
| 为客户提供的服务内容 | |
| 服务模式 | |
| 组织机构 | |
| 岗位设置 | |

## 项目二任务四实训工单 调研新势力汽车企业销售及服务组织机构和岗位设置

| 班级： | | 姓名： | |
|---|---|---|---|
| 实训日期： | | 指导教师： | |
| 任务说明 | 本任务需要学生以小组为单位，分工合作。具体要求如下：<br>1）4~6人为一组，以小组为单位研讨新势力汽车企业销售及售后服务组织机构、岗位设置、岗位描述，明确各环节需要完成的任务，做好任务分工。<br>2）选择一个典型岗位研讨岗位描述。<br>3）以岗位描述为基础，完成岗位招聘启事及学习提升计划。<br>4）教师对各组完成结果进行点评。 ||||
| 任务描述 | 以理想汽车品牌的销售和售后服务体系为载体，调研新势力汽车企业销售及售后服务的组织机构及岗位设置，为理想汽车设计某一岗位的招聘启事及学习提升计划。 ||||
| 任务计划及实施 |||||
| 制订人员分工 | | 制订调研计划并实施计划 |||
| 组号 | |||||
| 人员 | |||||
| 任务分工 | |||||
| 调研笔记 |||||
| 岗位名称 | |||||
| 岗位职责 | |||||
| 岗位要求 | |||||
| 优先选择条件 | |||||
| 制订胜任此岗位的学习计划 | |||||

# 项目三任务2.1 学习表 典型品牌经销商的新能源汽车售后服务核心流程

1. 查阅资料，画图并补充大众品牌经销商的新能源汽车售后服务核心流程，如图2所示。

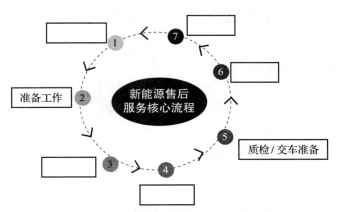

图2 大众品牌经销商新能源汽车售后服务核心流程

2. 基于对新能源汽车售后服务核心流程的理解，总结环车检查、自检/互检、交车环节的注意事项，填入图3所示的框中。

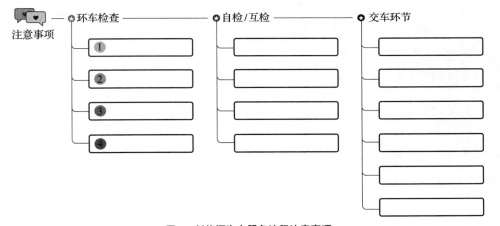

图3 新能源汽车服务流程注意事项

## 项目三任务 2.2.1 实训工单　预约客户

| 班级： | | 姓名： | |
|---|---|---|---|
| 实训日期： | | 指导教师： | |
| 任务说明 | 本任务中，需要同学扮演服务顾问和客户两种角色，另外选择多名同学作为评价员，对服务顾问的表现进行评分，并完成评分表。小组成员可轮流扮演服务顾问和客户，任务完成后，教师对任务完成情况进行评价。 ||||
| 任务描述 | 一位大众 ID.4 车主发现车辆无法正常充电，不知道是什么原因，因此打电话给 4S 店预约进行检修。服务顾问接听电话并完成预约服务。（预约参考话术 二维码） ||||

### 预约登记表

| 服务顾问 | | 主修人 | | 工位 | |
|---|---|---|---|---|---|
| 客户名称 | | | 联系电话 | | |
| 牌照号 | | 底盘号 | | 行驶里程 | |
| 车型 | | 预约登记日期 | | | |
| 预约接车时间 | | | | | |
| 预约维修开始时间 | | | 预约维修结束时间 | | |
| 维修类型 | 定期保养□　其他□ || 预约类型 | 主动□　被动□ ||
| 维修项目 | | | 维修备件 | | |
| 预计维修项目工时费 | | 预计维修备件费用 | | 预计费用 | |
| 客户需求描述： |||||| 
| 经销商建议： ||||||
| 服务顾问预约准备确认 ||||||
| 备件确认 | 工具确认 || 新能源车辆确认 || 服务顾问提前1小时确认 |
| 是□　否□ | 是□　否□ || 是□　否□ || 是□　否□ |
| 服务顾问签字： ||||||

## 项目三任务 2.2.1 实训考核　预约客户

| 姓名： | 班级： | 学号： | 日期： |
|---|---|---|---|
| 自评：<br>□熟练　　□不熟练 | 互评：<br>□熟练　　□不熟练 | 教师评：<br>□熟练　　□不熟练 | 指导教师签字： |
| 工作任务 1　服务流程演练：预约客户 ||||

| | 评分内容 | 分值 | 评分 |
|---|---|---|---|
| 基本要求 | 态度亲和有礼貌 | 5 | |
| | 语速清晰缓和 | 5 | |
| | 不打断客户说话 | 5 | |
| | 及时、准确记录信息 | 5 | |
| 预约流程要求 | 是否在 3 声内接听电话 | 5 | |
| | 是否自报公司名称、姓名及岗位 | 5 | |
| | 是否主动询问客户的需求 | 5 | |
| | 是否确定客户的预约时间 | 5 | |
| | 是否向客户说明维修的大致时间及费用 | 5 | |
| | 是否确认客户是新能源车辆 | 5 | |
| | 是否与客户确认预约时间及预约内容 | 5 | |
| | 是否提醒客户来店时带齐相关文件 | 5 | |
| | 电话结束后，是否感谢客户的来电 | 5 | |
| | 是否填写预约登记表 | 5 | |
| 评价员对服务顾问整体表现评分 || 30 | |
| 评价员评价总分 || 100 | |
| 教师评分 || 100 | |
| 综合得分（评价员评价总分×0.5 + 教师评分×0.5） || 100 | |

# 项目三任务 2.2.2 实训工单　接待客户

| 姓名： | 班级： |
|---|---|
| 实训日期： | 指导教师： |
| 任务说明 | 本任务中，需要学生扮演服务顾问和客户，另外选择多名同学作为评价员，对服务顾问的表现进行评分，并完成评分表。小组成员可轮流扮演服务顾问和客户，任务完成后，教师对任务完成情况进行评价。 |
| 任务描述 | 王先生是一位大众 ID.4 的车主，开车时看到里程显示 9600 多 km 了，就想要做保养。同时，他在制动时偶尔会听到"吱吱"的声音，王先生希望也检查一下该问题。请完成对王先生的接待工作。 |

（续）

| 接车单 |||||||
|---|---|---|---|---|---|---|
| 基本信息及需求确认 | 车牌号 | | 车型 | | 接车时间 | |
| ^ | 客户姓名 | | 客户联系电话 | | | |
| ^ | 客户陈述及要求： | | | 是否预约 | 是□ | 否□ |
| ^ | | | | 是否需要预检 | 是□ | 否□ |
| ^ | | | | 是否需要路试 | 是□ | 否□ |
| ^ | | | | 贵重物品提醒 | 是□ | 否□ |
| ^ | | | | 是否洗车 | 是□ | 否□ |
| ^ | | | | 是否保留旧件 | 是□ | 否□ |
| ^ | | | | 如保留旧件，放置位置为： | | |
| ^ | 服务顾问建议： ||||||
| ^ | 维修项目（包括客户描述及经销商检测结果）： ||| 维修费用及时间（备件、工时等）： |||
| ^ | ^ ||| 交车时间： |||
| ^ | 注意！因车辆维修需要，有可能涉及路试，如在路试中发生交通事故，按保险公司对交通事故处理方法处理！ ||||||

| | 检查项目 | 接车确认 | 备注（如异常，请注明原因） | |
|---|---|---|---|---|
| 接车检查 | 车辆主副及应急钥匙 | 正常□ 异常□ | | 接车里程数：_____km |
| ^ | 内饰 | 正常□ 异常□ | | |
| ^ | 电子指示系统 | 正常□ 异常□ | | 外观确认（含轮胎、轮毂/盖、玻璃等，如有问题，画圆圈标注在车辆相应位置）： |
| ^ | 刮水器功能 | 正常□ 异常□ | | ^ |
| ^ | 天窗 | 正常□ 异常□ | | ^ |
| ^ | 音响 | 正常□ 异常□ | | ^ |
| ^ | 空调 | 正常□ 异常□ | | ^ |
| ^ | 点烟器 | 正常□ 异常□ | | ^ |
| ^ | 座椅及安全带 | 正常□ 异常□ | | ^ |
| ^ | 后视镜 | 正常□ 异常□ | | ^ |
| ^ | 玻璃升降 | 正常□ 异常□ | | ^ |
| ^ | 天线 | 正常□ 异常□ | | ^ |
| ^ | 备胎 | 正常□ 异常□ | | ^ |
| ^ | 随车工具 | 正常□ 异常□ | | ^ |
| ^ | 服务顾问签名： ||| 客户签名： |

| 整体评价 | 客户整体评价（请帮忙在下述相应表格中打"√"） |||| 客户签字 |
|---|---|---|---|---|---|
| ^ | 非常满意□ | 满意□ | 一般□ | 不满意□ 非常不满意□ | |

## 项目三任务2.2.2 实训考核 接待客户

| 姓名： | | 班级： | | 学号： | | 日期： | |
|---|---|---|---|---|---|---|---|
| 自评<br>□熟练 □不熟练 | | | 互评<br>□熟练 □不熟练 | | 教师评<br>□熟练 □不熟练 | 指导教师签字： | |
| 工作任务2 服务流程演练：接待未预约客户 | | | | | | | |

| | 评分内容 | 分值 | 评分 |
|---|---|---|---|
| 基本要求 | 服务顾问是否尊称客户 | 5 | |
| | 服务顾问是否微笑着向客户致意，并欢迎到店 | 5 | |
| | 不打断客户说话 | 5 | |
| | 对待客户车辆小心爱护 | 5 | |
| 接车/制单流程要求 | 服务顾问是否第一时间接待客户 | 5 | |
| | 服务顾问是否引导客户将新能源汽车停放到合适的位置 | 5 | |
| | 服务顾问是否自我介绍并递送名片 | 5 | |
| | 服务顾问是否主动询问客户的保养修理需求 | 5 | |
| | 服务顾问是否按照新能源汽车的安全检查要求进行了环车检查，并进行了记录 | 5 | |
| | 检查时，服务顾问是否主动同时向客户讲解他在检查什么 | 5 | |
| | 服务顾问是否当面主动使用"五件套"（脚垫、座椅套、转向盘套、驻车制动手柄套、变速杆套）将车辆内饰罩住，保护内饰 | 5 | |
| | 服务顾问是否主动提醒客户带走贵重物品 | 5 | |
| | 服务顾问是否主动告诉客户维修/保养相关部件对驾车体验有什么好处 | 5 | |
| | 服务顾问是否详细介绍了本次保养/维修的内容 | 5 | |
| | 服务顾问是否主动口头向客户提供了预估的费用和维修时间 | 5 | |
| 评价员对服务顾问整体表现评分 | | 25 | |
| 评价员评价总分 | | 100 | |
| 教师评分 | | 100 | |
| 综合得分（评价员评价总分×0.5 + 教师评分×0.5） | | 100 | |

## 项目三任务 2.2.3 实训工单 维修/进行工作

| 班级： | | 姓名： | |
|---|---|---|---|
| 实训日期： | | 指导教师： | |
| 任务说明 | 本任务中，需要同学扮演服务顾问、车间工作人员、维修技师、客户 4 种角色，另外选择多名同学作为评价员，对服务顾问的表现进行评分，并完成评分表。小组成员可轮流扮演服务顾问、车间工作人员、维修技师和客户，任务完成后，教师对任务完成情况进行评价。 | | |
| 任务描述 | 服务顾问把王先生送入休息区等待后，把客户车辆交接给维修技师并说明工作内容及注意事项。在维修过程中，维修车间实时更新维修进度看板信息，服务顾问及时关注维修进度看板变化，并将维修进度适时告知王先生。在维修过程中，维修技师告知服务顾问制动异响是因为制动片磨损得过薄，需要更换两侧后轮制动片，服务顾问将这个维修增项信息告知王先生，并对其进行解释说明。 | | |

(续)

## 维修进度管理看板

| 序号 | 服务顾问 | 车牌号 | 进厂时间 | 预计交车时间 | 维修工位 | 维修进度 ||||||
|---|---|---|---|---|---|---|---|---|---|---|---|
| | | | | | | 等待派工 | 等待配件 | 维修中 | 等待客户答复 | 质检中 | 等待交车 |
| 1 | | | | | | | | | | | |
| 2 | | | | | | | | | | | |
| 3 | | | | | | | | | | | |

## 维修项目变更申请表

车牌号：　　　　　　　　　　　客户姓名：　　　　　　　　　　　时间：

| 序号 | 项目名称 | 预计工时费用 | 预计备件费用 | 有无备件 | 如无备件，请填写备件预计到货时间 | 客户选择 |
|---|---|---|---|---|---|---|
| 1 | | | | 有□　无□ | | 维修□　不维修□ |
| 2 | | | | 有□　无□ | | 维修□　不维修□ |
| 3 | | | | 有□　无□ | | 维修□　不维修□ |
| 4 | | | | 有□　无□ | | 维修□　不维修□ |

根据客户维修要求，维修费用和时间将相应增加，具体如下：

预估增加工时费用：　　　预估增加备件费用：　　　预估增加总费用：　　　预估增加时间：

客户确认签名：　　　　　　　　　　　服务顾问签名：

维修技师签名：

备注：检查发现的维修项目，凡是与车辆安全有关的问题，客户如不同意进行维修，引发的责任由客户自行负担。

## 项目三任务2.2.3 实训考核 维修派工

| 姓名： | | 班级： | | 学号： | | 日期： | |
|---|---|---|---|---|---|---|---|
| 自评<br>□熟练 □不熟练 | | 互评<br>□熟练 □不熟练 | | 教师评<br>□熟练 □不熟练 | | 指导教师签字： | |
| 工作任务3 服务流程演练——派工维修及增项处理 | | | | | | | |

| | 评分内容 | 分值 | 评分 |
|---|---|---|---|
| 基本要求 | 服务顾问是否尊称客户 | 5 | |
| | 服务顾问态度是否亲和有礼 | 5 | |
| | 不打断客户说话 | 5 | |
| | 服务顾问是否服务积极主动 | 5 | |
| 维修工作流程要求 | 服务顾问是否将钥匙、工单等交给车间工作人员 | 5 | |
| | 服务顾问是否向车间工作人员说明工作内容 | 5 | |
| | 服务顾问是否向车间工作人员说明预估交车时间及注意事项 | 5 | |
| | 服务顾问是否查看维修进度看板 | 5 | |
| | 维修技师是否具有新能源汽车维修资质并注意高压电安全问题 | 5 | |
| | 服务顾问是否随时与维修技师沟通维修情况 | 5 | |
| | 发生增加项目时，服务顾问是否主动征求客户对额外服务的确认 | 5 | |
| | 如果时间或者费用增加，服务顾问是否告知客户，并说明变化的原因 | 5 | |
| | 在客户等待期间，服务顾问是否至少一次向客户通报维修进度 | 5 | |
| | 是否在约定的时间内完成维修/保养 | 5 | |
| | 服务顾问是否通知客户维修保养工作已经完毕，现在车辆正在送去质检洗车 | 5 | |
| 评价员对服务顾问整体表现评分 | | 25 | |
| 评价员评价总分 | | 100 | |
| 教师评分 | | 100 | |
| 综合得分（评价员评价总分×0.5 + 教师评分×0.5） | | 100 | |

## 项目三任务 2.2.4 实训工单　交车/结算

| 班级： | 姓名： |
|---|---|
| 实训日期： | 指导教师： |

| | |
|---|---|
| 任务说明 | 　　本任务中，需要学生扮演服务顾问、客户和收银员 3 种岗位工作人员，另外选择多名同学作为评价员，对服务顾问的表现进行评分，并完成评分表。小组成员可轮流扮演服务顾问、客户和收银员，任务完成后，教师对任务完成情况进行评价。 |
| 任务描述 | 　　王先生的大众 ID.4 保养完成并完成了质检、全面清洁工作。服务顾问制作完结算单后，去休息区通知客户维修已经完成，请客户一同去验车。验车结束后，向客户详细说明结算单上的费用明细，并陪同客户结算，最后把车钥匙交还给客户，送他离开。 |

(续)

| 结算单 | | | | | |
|---|---|---|---|---|---|
| | | | | | 结算日期： |
| 客户 | | 电话 | | 牌照号 | |
| 底盘号 | | 进厂日期 | | | |
| 车型 | | 行驶里程 | | | |
| 下次保养时间 | | | 回访方式 | | |
| 下次保养里程 | | | 回访时间 | | |
| 维修项目 | | | | | |
| 项目名称 | | 工时费 | | 项目属性 | |
| | | | | | |
| 应收工时费 | | | | | |
| 备件材料 | | | | | |
| 备件名称 | | 数量 | | 单价 | 金额 |
| | | | | | |
| 应收材料费 | | | | | |
| 本次收款总计 | | | | | |
| 建议维修项目 | | | | | |
| 建议维修项目名称 | | 工时费 | | 材料备件费 | 备注 |
| | | | | | |
| | | | | | |
| 尊敬的客户：建议您尽快为您的爱车实施以上建议维修项目，以保障车况良好和驾驶安全！如因未实施以上项目而导致的车辆、人员等损失，本公司概不负责！ | | | | | |
| 温馨提示：<br>提醒下次保养里程_____下次保养时间_____ | | | | | |
| 提醒客户预约电话_____24小时服务电话_____ | | | | | |
| 我们将在48小时内，在您方便的时段，以您喜欢的方式对我们的服务质量进行回访！ | | | | | |
| 服务顾问： | | | | | |
| 客户签名：_____ | | | 日期： | | |

## 项目三任务2.2.4 实训考核 交车/结算

| 姓名： | | 班级： | | 学号： | | 日期： | |
|---|---|---|---|---|---|---|---|
| 自评<br>□熟练 □不熟练 | | | 互评<br>□熟练 □不熟练 | | 教师评<br>□熟练 □不熟练 | 指导教师签字： | |
| 工作任务4 服务流程演练：将车辆交付给客户 | | | | | | | |

| | 评分内容 | 分值 | 评分 |
|---|---|---|---|
| 基本要求 | 服务顾问是否尊称客户 | 5 | |
| | 态度是否谦和有礼 | 5 | |
| | 不打断客户说话 | 5 | |
| | 对待客户车辆小心爱护 | 5 | |
| 交车/结算<br>流程要求 | 服务顾问是否进行了交车前高压电安全检查 | 5 | |
| | 服务顾问是否主动向客户描述了保养效果，并向客户阐述维修保养带来的好处 | 5 | |
| | 服务顾问是否向客户确认工单上所有项目完成 | 5 | |
| | 服务顾问是否主动解释结算单的各项费用和总维修费用 | 5 | |
| | 服务顾问当进行维修说明时是否告知客户高压电安全问题注意事项 | 5 | |
| | 服务顾问是否展示车辆内部整洁、无污渍 | 5 | |
| | 服务顾问是否展示车辆外部清洗干净 | 5 | |
| | 车辆的设定（如收音机、座椅、后视镜等）是否与客户初始状态相同 | 5 | |
| | 服务顾问是否主动询问客户是否需要更换下的零件 | 5 | |
| | 服务顾问是否陪同客户到车旁，并提交车钥匙 | 5 | |
| | 服务顾问是否主动提醒下次保养时间/里程 | 5 | |
| 评价员对服务顾问整体表现评分 | | 25 | |
| 评价员评价总分 | | 100 | |
| 教师评分 | | 100 | |
| 综合得分（评价员评价总分×0.5 + 教师评分×0.5） | | 100 | |

## 项目三任务 2.2.5 实训工单　跟踪服务

| 班级： | | 姓名： | |
|---|---|---|---|
| 实训日期： | | 指导教师： | |
| 任务说明 | | 本任务中，需要同学扮演回访人员和客户，另外选择多名同学作为评价员，对回访人员的表现进行评分，并完成评分表。小组成员可轮流扮演回访人员和客户，任务完成后，教师对任务完成情况进行评价。 | |
| 任务描述 | | 王先生的大众 ID.4 车进行 10000km 保养完成一天后，回访人员给王先生打回访电话，询问关于车辆保养维修后的使用情况以及对各项服务的满意度，并把客户的意见和建议记录下来。 | 跟踪回访<br>参考话术 |

### 跟踪服务调查表

| 客服专员： | | 调查时间： | |
|---|---|---|---|

**客户信息**

| 客户姓名 | | 车牌号 | | 车型 | |
|---|---|---|---|---|---|
| 维修/保养日期 | | 服务顾问 | | 维修技师 | |

回访问题：
1. 您对我们的服务满意吗？
2. 能陈述一下您的理由吗？
3. 您车辆使用情况如何？

| 非常满意<br>(5分) | | 满意<br>(3分) | | 一般<br>(2分) | | 不满意<br>(0分) | |
|---|---|---|---|---|---|---|---|

原因：



客户抱怨/投诉的问题：



解决方案：

## 项目三任务2.2.5 实训考核 跟踪回访

| 姓名： | | 班级： | | 学号： | | 日期： | |
|---|---|---|---|---|---|---|---|
| 自评<br>☐熟练 ☐不熟练 | | 互评<br>☐熟练 ☐不熟练 | | 教师评<br>☐熟练 ☐不熟练 | | 指导教师签字： | |
| 工作任务5 服务流程演练：维修24小时后回访客户 | | | | | | | |

| | 评分内容 | | 分值 | 评分 |
|---|---|---|---|---|
| 基本要求 | 是否态度亲和有礼貌 | | 5 | |
| | 是否语速缓和、语音清晰 | | 5 | |
| | 不打断客户说话 | | 5 | |
| | 是否及时、准确地记录信息 | | 5 | |
| 跟踪服务流程要求 | 回访人员是否在维修保养后的48小时内回访客户 | | 5 | |
| | 是否首先报出店名和姓名 | | 5 | |
| | 是否说明回访的目的 | | 5 | |
| | 是否询问客户是否方便接听电话 | | 5 | |
| | 是否询问客户车辆维修后的使用情况 | | 5 | |
| | 回访人员是否询问客户对服务经历的总体满意度 | | 5 | |
| | 客户有抱怨时，回访人员在回访中是否有效进行了解决 | | 5 | |
| | 是否记录了客户反映的问题及建议 | | 5 | |
| | 回访结束前是否对客户表示感谢（如感谢您的配合等） | | 5 | |
| | 是否填写了回访调查表 | | 5 | |
| 评价员对回访人员整体表现评分 | | | 30 | |
| 评价员评价总分 | | | 100 | |
| 教师评分 | | | 100 | |
| 综合得分（评价员评价总分×0.5 + 教师评分×0.5） | | | 100 | |

## 项目四任务一学习工单　识别新能源汽车安全防护用品

1. 新能源汽车维修技师在从事高压电作业时需要做好个人防护，下列选项中新能源汽车维修用到的个人防护用品有_____。

a)　　　　　　b)　　　　　　c)　　　　　　d)　　　　　　e)

2. 新能源汽车维修技师在从事高压电作业时需要使用专用工具，下列选项中从事新能源汽车维修时可能用到的工具有_____。

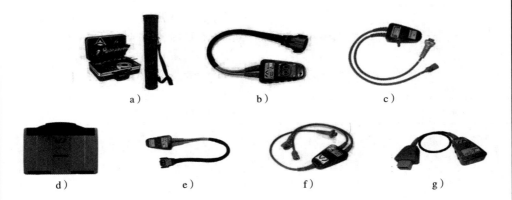

a)　　　　　　b)　　　　　　c)

d)　　　　　　e)　　　　　　f)　　　　　　g)

3. 连线题。新能源汽车维修技师在从事高压电作业时需要做好安全警示，请识别下列警告或禁止标识并一一对应连线

禁止插入　　　请勿接近　　　警戒线　　　高压电危险符号

禁止烟火　　　安全锁　　　禁止接通　　　动力蓄电池危险

## 项目四任务一实训工单　新能源汽车维修高压电安全防护准备

| 班级： | | 姓名： |
|---|---|---|
| 实训日期： | | 指导教师： |
| 任务说明 | | 本任务需要学生扮演新能源汽车维修技师的操作人员和监护人员进行高压电维修前的安全防护准备工作，其他小组成员作为评价员，对两位同学的准备工作打分并且完成评分表，任务完成后，教师对任务完成情况进行评价。具体要求如下：<br>1）5或6人为一组，以小组为单位研讨维修人员资质、准备事项，操作人员及监护人员的岗位职责，明确各个环节需要完成的任务，做好任务分工。<br>2）形成完整的视频影像资料，课堂观看，小组和小组之间互评。<br>3）教师对各组完成结果进行点评。<br>4）各组根据课堂小组互评和教师点评结果，课后录制改正后的视频影像资料并提交。 |
| 任务描述 | | 为了提高学生新能源汽车安全防护意识，避免专业课实训环节和未来从事新能源维修工作时出现安全隐患，学生完成某品牌纯电动汽车维修前的高压电防护工作。 |

| 任务分工 | | |
|---|---|---|
| 制订人员分工 | | 制订工作计划并实施计划 |
| 组号 | | |
| 人员 | | |
| 任务分工 | | |

（续）

| 实训内容 | | 能够做到 | 有待改进 | 不能做到 |
|---|---|---|---|---|
| 检查资质 | 1. 低压电工证 | | | |
| | 2. 维修企业的高压电技师证 | | | |
| | 3. 维修人员身体是否有金属饰物等 | | | |
| 检查防护用品、仪器和设备 | 1. 绝缘手套安全检查 | | | |
| | 2. 绝缘帽安全检查 | | | |
| | 3. 绝缘鞋安全检查 | | | |
| | 4. 护目镜安全检查 | | | |
| | 5. 绝缘垫安全检查 | | | |
| | 6. 绝缘仪安全检查 | | | |
| | 7. 万用表/电流钳安全检查 | | | |
| 操作人员完成工作内容 | 1. 正确使用新能源汽车维修警戒线及危险警告标识 | | | |
| | 2. 正确使用断电危险警告标识 | | | |
| | 3. 正确穿戴个人防护用品 | | | |
| | 4. 关闭点火开关、保存好车钥匙、保存或锁好维修开关 | | | |
| 监护人员口述监护内容 | 1. 进行高压电切断时，监护所有操作人员的活动范围，使其与带电设备保持规定的安全距离 | | | |
| | 2. 带电作业时，监护所有操作人员的活动范围，使其与高压部件保持规定的安全距离 | | | |
| | 3. 监护所有操作人员的工具使用是否正确、工作位置是否安全，以及操作方法是否正确等 | | | |
| | 4. 工作中监护人员因故离开工作现场时，必须另指派了解有关安全措施的人员接替监护并告知操作人员，使监护工作不致间断 | | | |
| | 5. 监护人员发现操作人员中有不正确的动作或违反规程的行为时，应及时提出纠正，必要时可令其停止工作，并立即上报 | | | |
| | 6. 所有操作人员不准单独留在维修保养中的专用工位区域内，以免发生意外触电或电弧灼伤 | | | |
| | 7. 监护人员应自始至终不间断地进行监护，在执行监护时，不应兼做其他工作，但在动力蓄电池与新能源汽车断开的情况下监护人员可参加班组的工作 | | | |
| 考核评估 | 非常出色<br>（90~100分） | 有待改进<br>（80~89分） | 比较欠缺<br>（60~79分） | 不能做到<br>（59分及以下） |
| 需改进之处 | | | | |

## 项目四任务二实训工单 新能源汽车日常维护工作表

| 班级： | | 姓名： |
|---|---|---|
| 实训日期： | | 指导教师： |
| 任务说明 | | 本任务中，2位同学一组，2位同学分别为A技师和B技师，完成新能源车辆的日常维护工作，小组其他同学对A技师、B技师的表现进行评分，并完成评分表。小组同学可轮流进行日常维护，任务完成后，教师对任务完成情况进行点评评分。 |
| 任务描述 | | 一位大众ID.4车主将行驶接近30000km的车开到4S店进行维修工作。维修技师在维修前需要对车辆进行日常维护工作。请2位同学结合专业课所学知识，完成大众ID.4车辆的日常维护工作。 |
| | 任务计划及实施 | |
| 制订人员分工 | | 制订工作计划并实施计划 |
| 组号 | | |
| 人员 | | |
| 任务分工 | | |

(续)

| 实训内容 | | 能够做到 | 有待改进 | 不能做到 |
|---|---|---|---|---|
| 日常维护 | 1. 车身（车窗）是否清洁 | | | |
| | 2. 常规工作介质（油、水、电、胎压等）是否正常 | | | |
| | 3. 运动部件（如门窗铰链）润滑 | | | |
| | 4. 底盘（制动、传动、悬挂、转向等） | | | |
| | 5. 电气（灯光、照明、信号等） | | | |
| | 6. 电机运转状态 | | | |
| | 7. 高压电部件相关风冷过滤网 | | | |
| | 8. 高压电工作介质（制冷剂、冷却液、动力蓄电池的电量等） | | | |
| | 9. 电动传动系统零部件润滑 | | | |
| | 10. 驱动电机及控制器工作状态检查 | | | |
| | 11. 仪表指示灯检视 | | | |
| | 12. 动力蓄电池中通、电动辅助系统 | | | |
| 电动系统专用装置日常维护 | 1. 检查仪表外观及指示功能，仪表应完好有效，指示功能应正常 | | | |
| | 2. 检查信号指示装置，信号指示应无异常声光警告和故障提醒 | | | |
| | 3. 检查动力蓄电池荷电状态（SOC）示值或参考行驶里程示值情况，示值应符合车辆维修保养手册的规定 | | | |
| | 4. 检查运行工作状况，运行应平稳，且无异常振动和噪声 | | | |
| | 5. 检查系统外观及连接管路，表面应清洁，管路应无渗漏现象 | | | |
| | 6. 检查风冷过滤网外观，过滤网应洁净、无破损 | | | |
| | 7. 检查运行工作状况，运行过程中应无异常噪声和渗漏现象 | | | |
| | 8. 检查冷却液液面高度，液面高度应符合车辆维修手册的规定 | | | |
| | 9. 检查充电插孔外观，插孔应无烧蚀、异物，插座应清洁、干燥，检查防护盖（防护盖应锁闭完好） | | | |
| | 10. 检查电气舱舱门和动力蓄电池舱舱门的关闭状态，舱门锁闭应完好有效 | | | |
| | 11. 鼻嗅检查，舱体周围应无刺激或烧焦等异味 | | | |
| 考核评估 | 非常出色<br>（90~100分） | 有待改进<br>（80~89分） | 比较欠缺<br>（60~79分） | 不能做到<br>（59分及以下） |
| | | | | |
| 需改进之处 | | | | |

## 项目四任务三实训工单  新能源汽车维修竣工验收工作表

| 班级: | | 姓名: | |
|---|---|---|---|
| 实训日期: | | 指导教师: | |
| 任务说明 | 本任务中,需要两名同学为一组完成新能源汽车维修的竣工验收,小组其他同学对这两名同学的表现进行评分,并完成评分表。任务完成后,教师对任务完成情况进行点评评分。为了安全,切断高压电,涉及高压电安全的验收项目可以口述需要进行的验收操作及应该达到的验收标准。两名同学需要做好安全防护工作且在有资质的老师指导下完成该任务。 ||||
| 任务描述 | 一辆比亚迪海豚汽车到店进行二级维护后,质量检查员需要对二级维护后的车辆进行竣工验收。两名同学一组,在保证安全的前提下,完成车辆的验收工作。 ||||
| 任务计划及实施 |||||
| 制订人员分工 || 制订工作计划并实施计划 |||
| 组号 | | | | |
| 人员 | | | | |
| 任务分工 | | | | |

· 28 ·

(续)

| 实训内容 | | | | | |
|---|---|---|---|---|---|
| 故障码 | □无故障码　　　　　□有故障码，信息描述： | | 能够做到 | 有待改进 | 不能做到 |
| 仪表和信号指示装置 | □无异常报警或信号提醒<br>□有异常报警或信号，信息描述： | | | | |
| 灭火装置 | □功能正常且在有效期内　　□更换 | | | | |
| 充电状态 | □充电配合正常，充电保护有效　□充电连接异常 | | | | |
| 绝缘性 | □绝缘有效　　　　□绝缘故障 | | | | |
| 检查项目 | 运行状况 | 外观 | 固定情况 | 密封性 | 冷却系统 |
| 动力蓄电池系统 | | | | | |
| 驱动电机系统 | | | | | |
| 电动空气压缩机 | | | | — | |
| 转向系统 | | | | | |
| 空调系统 | | | | | |
| 电动除霜器 | — | | | — | |
| 高压电维修开关 | | | | — | |
| 电源变换器 | — | | | — | |
| 车载充电机 | | | | — | |
| 充电插孔 | — | — | — | — | |
| 制动能量回收系统 | | — | | | |
| 高压电警告标记 | — | | | — | |
| 结论 | | | 检验人员（签字）：　　年　月　日 | | |

| 考核评估 | 非常出色<br>（90~100分） | 有待改进<br>（80~89分） | 比较欠缺<br>（60~79分） | 不能做到<br>（59分及以下） |
|---|---|---|---|---|
| | | | | |

| 需改进之处 | |
|---|---|
| | |

注：1. 检查结果中符合要求的在对应位置记√，不符合要求的记0，/表示此项不做要求。
　　2. 若无表中某项或某几项，则这些项目不做要求；若存在其他项目，宜做相应增项。

## 项目五任务一学习表 制订某品牌新能源汽车备件订货计划

| 任务说明 | 以 2 或 3 人为一组,讨论学习完成制订备件订货计划任务。 |
|---|---|
| 任务描述 | 王力是某新势力汽车企业的配件专员,根据现有库存情况要为长春服务中心制订 A 型机油滤清器的下月订货计划。已知长春服务中心 A 型机油滤清器前 6 个月的销量记录如下:<br><br>| 时间 | 第 $N-5$ 月 | 第 $N-4$ 月 | 第 $N-3$ 月 | 第 $N-2$ 月 | 第 $N-1$ 月 | 第 $N$ 月 |<br>|---|---|---|---|---|---|---|<br>| 销售数量/个 | 28 | 32 | 30 | 28 | 36 | 26 |<br><br>此件的订货周期是 1 天,到货周期通常是 6 天,因货期延迟影响的安全库存周期(S/S for L/T)是 0.5 个月,A 型机油滤清器的目标供应率是 100%,在途数量是 1 个,现有库存是 1 个,追加订货量(B/O)是 1 个。请制订 A 型机油滤清器订货计划。 |
| 制订订货计划依据 | 现在我们来计算一下该中心需要订购的 A 型机油滤清器数量。<br>根据备件订货数量计算公式:SOQ = SSQ – OQ – O/O + B/O,即建议订货数量 = 标准库存量 – 现有库存量 – 在途库存量 + 追加订货量<br>而标准库存量 SSQ 的计算公式为:SSQ = MAD × (O/C + L/T + S/S),即标准库存量 = 月均需求数量 ×(订货周期 + 到货周期 + 安全库存周期)<br>因此,计算步骤如下:<br>(1)计算月均需求数量 MAD<br>MAD = 前六个月需求总和/6 = ＿＿＿＿＿＿＿<br>(2)计算因需求影响的安全库存周期 S/S$_{\text{for demand}}$<br>S/S$_{\text{for demand}}$ =(最大需求量 × 目标率 – MAD)/ MAD = ＿＿＿＿＿＿＿<br>(3)计算标准库存量 SSQ<br>SSQ = MAD ×(O/C + L/T + S/S)= ＿＿＿＿＿＿＿<br>(4)计算备件订货数量 SOQ<br>SOQ = SSQ – OQ – O/O + B/O = ＿＿＿＿＿＿＿<br>该中心需要订购的 A 型机油滤清器数量为＿＿＿＿＿＿＿个。 |

## 项目五任务二实训工单　备件入库、出库管理

| 班级： | | 姓名： |
|---|---|---|
| 实训日期： | | 指导教师： |
| 任务说明 | | 本任务中，以小组为单位，扮演送料人、领料人、零件专家等角色，完成备件入库、整理、出库、盘点库存管理。小组成员可轮流扮演零件专家角色，任务完成后，教师对任务完成情况进行评价。 |
| 任务描述 | | 小王是某新势力汽车企业的零件专家，每月都要完成备件入库验收存储工作。在服务中心的备件库房内，零件专家1人（4人）依次（分别）完成备件入库、货位调整、备件出库和备件盘点操作任务。如果有备件管理系统，操作的信息内容需要合理利用汽车备件管理系统来进行。<br>1）实训现场设置有四梯四列货架两个、四梯一列货架一个，分别为A、B、C货架，A货架距离工作台较近，放置常用配件。B货架宽度为A货架的两倍，纵向划分为发动机、底盘、电气（或车身）、新能源专用件四个系统分区，放置非常用备件。C货架为四梯一列放置危险品备件。<br>2）A货架设有16个货位，B货架设有16个货位，C货架设有4个货位，货位号已标明。<br>3）准备实训用备件36种，其中16种常用件、16种非常用件（每个系统各4种）、4种危险件。备件已经被打乱放置。<br>4）工作计算机、照相机、工作单据、手套等放置在工作台上。<br>5）领料车1辆、送料车1辆、码货车1辆。 |
| | | 任务计划及实施 |
| | 制订人员分工 | 制订备件管理计划并实施计划 |
| 组号 | | |
| 人员 | | |
| 任务分工 | | |

## 项目五任务二实训考核　管理备件库房

| 姓名： | | 班级： | | 学号： | | 日期： | |
|---|---|---|---|---|---|---|---|
| 自评：<br>□熟练　　□不熟练 | | 互评：<br>□熟练　　□不熟练 | | 教师评：<br>□熟练　　□不熟练 | | 指导教师签字： | |

| | 考核内容 | 能够做到 | 有待改进 | 不能做到 |
|---|---|---|---|---|
| 备件<br>入库 | 1. 对照装货单进行备件数量检查 | | | |
| | 2. 对照装货单进行备件外包装检查，发现问题（□是 □否） | | | |
| | 3. 发现问题，双方是否沟通，沟通后是否签字确认 | | | |
| | 4. 到货签收 | | | |
| | 5. 对照采购单完成点货 | | | |
| | 6. 检查备件包装盒备件质量 | | | |
| | 7. 整个操作过程唱检 | | | |
| 备件货<br>位整理 | 1. 备件分类整理 | | | |
| | 2. 同一系统备件归整至同一纵列 | | | |
| | 3. 调整后记录调整的货位信息，便于系统修改 | | | |
| 备件<br>出库 | 1. 领料人递送领料单 | | | |
| | 2. 根据领料单建立出库单并打印 | | | |
| | 3. 根据出库单备货并送至领料人处 | | | |
| | 4. 领料人开箱点验 | | | |
| | 5. 易损件或包装破损的备件需开箱点验、唱检 | | | |
| | 6. 如有未交付的备件，需说明原因 | | | |
| | 7. 双方确认签字，保存相关单据 | | | |
| 备件盘<br>存管理 | 1. 根据盘点需求建立盘点单并打印 | | | |
| | 2. 对照纸质单据盘点库存，记录盘点结果并唱检 | | | |
| | 3. 如果有备件管理系统，盘点库存完成后在系统中录入盘点结果，根据盘点结果进行报损、盈亏出入库操作 | | | |
| 考核<br>评估 | 非常出色<br>（90~100分） | 有待改进<br>（80~89分） | 比较欠缺<br>（60~79分） | 不能做到<br>（59分及以下） |
| | | | | |
| 需改进<br>之处 | | | | |

# 项目六任务一实训工单  退换车案例分析

| 班级： | | 姓名： |
|---|---|---|
| 实训日期： | | 指导教师： |
| 任务说明 | 本任务需要学生以小组为单位，分工合作。具体要求如下：<br>1）4或5人为一组，认真学习新版《家用汽车产品修理更换退货责任规定》。<br>2）结合案例统一组内的观点。<br>3）能阐明支撑观点的依据。<br>4）不同观点的小组可以展开辩论，得出最终意见。<br>5）教师根据学生双方辩论依据总结点评。 | |
| 任务描述 | 新版汽车三包法规——《家用汽车产品修理更换退货责任规定》已于2022年1月1日起正式实施。汽车争议处理一直以来是汽车三包规定实施过程中的难点问题<br>　　一位消费者于2022年6月底购买了一台纯电动汽车。使用期间，车辆出现过两次车机故障，使用一段时间后故障会自行消除，消费者因此没有进店修理。2023年1月，消费者驾驶车辆在正常行驶途中，出现全车故障，全车死机无反应，当前车辆在三包有效期内。消费者联系经销商，维修人员现场检查后，没有修好就自行离去了。后消费者自己找拖车进店维修。消费者认为经销商应该承担拖车费用，并且车辆故障严重影响了行车安全，要求退车并给予赔偿。经销商不同意消费者的诉求。你认为消费者的诉求合理吗？如何处理两者之间的纷争？请查找相关法律法规依据，做出正确判断。 | |

| 任务计划及实施 ||
|---|---|
| 制订人员分工 | 制订调查计划并实施计划 |
| 组号 | |
| 人员 | |
| 任务分工 | |

| 调查笔记 ||
|---|---|
| 消费者的主张是否合理 | |
| 判断依据 | |

新能源汽车售后服务管理任务实施

## 项目六任务二实训工单　完成索赔申请

| 姓名： | | 班级： | |
|---|---|---|---|
| 实训日期： | | 指导教师： | |
| 任务说明 | 本任务需要完成一汽－大众 ID.4 车辆的索赔申请。按照索赔流程及索赔申请单的填写规范完成客户的索赔申请工作。 | | |
| 任务描述 | 张先生的大众 ID.4 车辆右后尾灯不亮，于是到 4S 店维修，事故车情况如图 4 所示。经检查发现是内部线路故障，需要更换。张先生对汽车三包规定比较了解，于是提出了索赔要求，任务信息如下：<br>4S 店：长春××特约经销商（代码：758××××）　　服务电话：0431－5832××××<br>客户：张先生　联系方式：138×××××××　车型：一汽－大众 ID.4 车辆 1.5 万 km/2 年<br><br>・任务委托书号：1-20230507088<br>・用户名称：<br>・用户电话：<br>・故障描述：右后尾灯LED灯不亮，内部线路故障，更换右后尾灯<br>・底盘号：LFV3A23C8H3005414<br>・购车日期：2021.06.05<br>・进厂日期：2023.06.02<br>・结算日期：2023.06.02<br>・公里：14939<br>・材料编号：L3GD 945 208<br>・损坏件号：3GD 945 208<br>・厂家代码：8PA<br><br>图 4　事故车情况 | | |
| 完成索赔申请单的填写 | 委托书编号：　　　　维修完成日期（结算日期）：　　　　行驶里程：　　km　　申请单号：J11631<br>底盘号：　　　　接车日期：　　　　车辆信息反馈单号：<br>售出日期（购车日期）：　　　　引导数据：　　　　索赔类别：　　R/A标识：　　　　车辆故障信息报告号：<br>车型代码：　　　　购买备件时维修完成日期：　　　　购买备件时经销商代码：　　　　车型类别：<br>购买备件时里程：　　km　　　　　　　　购买备件时委托书编号：<br>损坏编号：　　故障代码：9431　故障类别：040　厂家代码：　　故障位置：002<br>客户名称：　　联系人：　　联系人移动电话：　　联系人固定电话：<br>故障描述：右后尾灯LED灯不亮，内部线路故障，更换右后尾灯<br>索赔工位：94311900　材料编号：　　　数量：1　损坏件编号： | | |

## 项目六任务三实训工单　管理质量担保旧件

| 班级： | | 姓名： | | |
|---|---|---|---|---|
| 实训日期： | | 指导教师： | | |
| 任务说明 | | 本任务中，需要准备有代表性的质量担保旧件（以下简称旧件），如活塞连杆、制动液桶、车载电脑、摩擦片、制动盘、火花塞、蓄电池等零件及条形码、储存旧件的货架。按质量担保旧件的管理要求完成旧件管理。 | | |
| 任务描述 | | 一汽–大众4S店每月都会处理客户的索赔需求。索赔后会产生旧件，索赔员需要对旧件处理、存储、定期装箱发运到中转库。请完成索赔旧件发运前的处理和存储工作。 | | |
| 处理流程 | | | | |
| 质量担保旧件名称 | 清理质量担保旧件 | 挂签拴挂位置（文字描述或照片） | 存储摆放位置 | 挂签拴挂、存储、装箱发运注意事项 |
| | | | | |
| | | | | |
| | | | | |

## 项目七任务一实训工单 解决客户流失问题

| 班级: | | 姓名: | |
|---|---|---|---|
| 实训日期: | | 指导教师: | |
| 任务说明 | 本任务需要学生以小组为单位,共同讨论,完成任务。具体要求如下:<br>1)4~6人为一组。<br>2)以小组为单位制订分析计划,研讨客户流失的原因。<br>3)针对原因制订合理的解决措施。<br>4)完成汇报海报。<br>5)以小组为单位汇报。<br>6)教师对各组完成情况进行点评。 | | 任务信息 |
| 任务描述 | 广州某比亚迪4S店新能源汽车销售情况很好,但维修车间却不如以前那么忙碌,车间主任明显感觉到客户流失。请你帮助4S店分析客户流失的原因,并制订解决措施。 | | |

| 制订人员分工 | | 制订客户流失分析工作计划 |
|---|---|---|
| 组号 | | |
| 人员 | | |
| 任务 | | |

| 任务实施 |||||
|---|---|---|---|---|
| 分析项目 | 统计项目 ||||
| | 根据车龄统计占比最大结果 ||| 根据行驶里程统计占比最大结果 | 根据车型统计占比最大结果 |
| | 车龄 | 用车类型 | 主要维修类型 | | |
| 确定客户是否流失统计结果 | | | | | |
| 分析客户流失的原因 | | | | | |
| 制订客户流失的解决措施 | | | | | |

## 项目七任务二实训工单　完成售后服务客户满意度调研

| 班级： | | 姓名： | |
|---|---|---|---|
| 实训日期： | | 指导教师： | |
| 任务说明 | |||
| 任务描述 | |||

（实际表格如下）

| 班级： | 姓名： |
|---|---|
| 实训日期： | 指导教师： |

| 任务说明 | 为了更好地为客户服务，各个汽车品牌都在进行售后服务的客户满意度调研。以 J. D. Power 公司的调研问卷形式为参考，请为某新势力品牌设计年度售后服务满意度调研问卷并完成调研，同时对调研结果进行简单的分析。 |
|---|---|
| 任务描述 | 本任务需要学生以小组为单位，分工合作。具体要求如下：<br>1）4~6人为一组，以小组为单位确定调研品牌，明确需要完成的任务，做好任务分工。<br>2）做好调研计划。<br>3）形成调研问卷，完成调研，能分析调研结果。 |

| 任务计划及实施 ||
|---|---|
| 制订人员分工 | 制订调研计划并实施计划 |
| 组号 | |
| 人员 | |
| 任务分工 | |

| 调研笔记 ||||
|---|---|---|---|
| 调研品牌 | | 问卷发放数量 _____份 | 回收有效问卷数量 _____份 |
| 调研形式 | □纸质问卷　　□电子问卷 |||

调研报告内容：

调研结果分析：

## 项目七任务三实训工单 处理客户投诉

| 班级： | | 姓名： | | |
|---|---|---|---|---|
| 实训日期： | | 指导教师： | | |
| 任务说明 | 本任务中，需要同学扮演服务顾问和投诉客户两种角色，另外选择几名同学作为评价员，对服务顾问的表现进行评分，并完成评分表。小组成员可轮流扮演服务顾问和客户，任务完成后，教师对任务完成情况进行点评评分。 | | | |
| 任务描述 | 李女士开着在某新势力汽车企业的服务中心维修完的车辆回家，发现车辆的故障并没有修好，李女士生气地回到服务中心投诉。服务顾问了解情况后，得知是由于李女士送修的时候正赶上店里的维修高峰期，维修人员比较忙乱，少更换了一个零件，导致车辆在使用过程中还会出现问题。服务顾问积极和李女士进行沟通，并提出了解决方案和补偿措施，李女士表示可以接受。 | | | |
| 处理客户投诉 | | | | |
| 客户姓名： | | 电话： | 投诉受理人： | 问题来源：<br>电话/来店/其他 |
| 车型： | | 服务顾问： | 受理时间： | |
| 车牌号： | 行驶里程：<br>万 km | 维修技师： | 问题发生日期： | 最终解决日期： |
| 最近一次维修保养时间： | | 客户描述： | | |
| 问题类型： | | | | |
| □维修质量 | □服务态度 | | | |
| □备件缺货 | □产品质量 | 解决方案： | | |
| □等待时间 | □其他问题 | | | |

## 项目七任务三实训考核  处理客户投诉

| 姓名： | | 班级： | | 学号： | | 日期： | |
|---|---|---|---|---|---|---|---|
| 自评<br>☐熟练  ☐不熟练 | | 互评<br>☐熟练  ☐不熟练 | | 教师评<br>☐熟练  ☐不熟练 | | 指导教师签字： | |
| 工作任务：处理客户投诉 ||||||||

| 评分内容 | | 分值 | 评分 |
|---|---|---|---|
| 基本要求 | 服务顾问是否尊称客户 | 5 | |
| | 服务顾问态度是否亲和有礼 | 5 | |
| | 不打断客户说话 | 5 | |
| | 服务顾问是否积极主动 | 5 | |
| 投诉处理要求 | 是否将客户带到方便谈话的地方 | 5 | |
| | 是否安抚客户的情绪 | 5 | |
| | 是否记录客户的投诉内容 | 5 | |
| | 是否倾听客户并表示同情理解 | 5 | |
| | 是否向客户解释出现问题的原因 | 5 | |
| | 是否提出多种解决问题的方案 | 5 | |
| | 是否提出补偿措施 | 5 | |
| | 是否询问并尊重客户的意见 | 5 | |
| | 是否请客户在店内休息、等待 | 5 | |
| | 是否填写客户投诉抱怨登记表 | 5 | |
| | 是否对客户进行投诉跟踪回访 | 5 | |
| 评价员对服务顾问整体表现评分 | | 25 | |
| 评价员评价总分 | | 100 | |
| 教师评分 | | 100 | |
| 综合得分（评价员评价总分×0.5 + 教师评分×0.5） | | 100 | |

# 项目八任务一实训工单　新能源汽车保险调研

| 班级： | | 姓名： | |
|---|---|---|---|
| 实训日期： | | 指导教师： | |
| 任务说明 | | 本任务需要同学以小组为单位，分工合作。具体要求如下：<br>1）4或5人为一组完成任务。<br>2）将调研内容形成海报式汇报材料，以集市法在课堂展示，小组和小组之间答疑、互评。<br>3）教师对各组完成结果点评和总结。 | |
| 任务描述 | | 为了提高学生对新能源汽车保险的认知，请通过线下、网络、电话咨询等多种途径了解新能源汽车保险的发展历程和新能源保险公司，完成调研表填写并制作海报，完成调研汇报 | |

| 任务计划及实施 ||
|---|---|
| 制订人员分工 | 制订调研计划并实施计划 |
| 组号 | |
| 人员 | |
| 任务分工 | |

| 调研笔记 ||
|---|---|
| 新能源车险的发展历程 | |
| 新能源车险的特点 | |
| 主机厂商布局保险业务的情况 | |
| 新能源车险的未来发展趋势 | |

## 项目八任务二实训工单1　为客户介绍机动车交通事故责任强制保险

| 班级： | | 姓名： |
|---|---|---|
| 实训日期： | | 指导教师： |
| 任务说明 | | 本任务中，需要同学扮演服务顾问和客户两种角色，另外选择几名同学作为评价员，对服务顾问的表现进行评分，并完成评分表。小组成员可轮流扮演服务顾问和客户，任务完成后，教师对任务完成情况进行评价。 |
| 任务描述 | | 客户黄先生在购买了新能源汽车后，想要为爱车购买保险，但不知道应该如何选择，请回答黄先生下面有关机动车交通事故责任强制保险的一些困惑。 |

| 任务计划及实施 | |
|---|---|
| 制订人员分工 | 接待客户，并解答客户的疑问。 |
| 组号 | 1. 机动车交通事故责任强制保险是必须购买的吗？<br>_____<br>_____<br>_____ |
| 人员 | 2. 机动车交通事故责任强制保险和商业险有什么区别？<br>_____<br>_____<br>_____<br><br>3. 为黄先生解释机动车交通事故责任强制保险的保险责任。<br>_____<br>_____<br>_____ |
| 角色 | 4. 机动车交通事故责任强制保险的责任限额是多少？<br><br>\| 责任限额 \| 被保险人有责时 \| 被保险人无责时 \|<br>\|---\|---\|---\|<br>\| 死亡伤残 \| \| \|<br>\| 医疗费用 \| \| \|<br>\| 财产损失 \| \| \|<br>\| 合计 \| \| \| |

# 项目八任务二实训工单2　为客户介绍新能源汽车商业保险

| 班级： | | 姓名： |
|---|---|---|
| 实训日期： | | 指导教师： |
| 任务说明 | | 本任务中，需要同学扮演服务顾问和客户两种角色，另外选择几名同学作为评价员，对服务顾问的表现进行评分，并完成评分表。小组成员可轮流扮演服务顾问和客户，任务完成后，教师对任务完成情况进行评价。 |
| 任务描述 | | 客户黄先生在购买了新能源汽车后，想要为爱车购买保险，但不知道应该如何选择，请回答黄先生下面有关新能源汽车商业保险的一些困惑。 |
| 任务计划及实施 | | |
| 制订人员分工 | | 接待客户，并解答客户的疑问 |
| 组号 | | 1. 新能源汽车商业保险的主险和附加险有什么区别？是否都可以单独进行投保？<br><br><br><br>2. 新能源汽车商业保险中的主险有几种？分别的责任范围是什么？<br><br><br> |
| 人员 | | 3. 新能源汽车商业险中有哪些附加险是为新能源汽车设计的专属车险？<br><br><br> |
| 角色 | | 4. 为黄先生推荐几款新能源汽车附加险，并简述理由。<br><br><br> |

## 项目八任务 3.1 实训工单　新能源汽车查勘工作调研

| 班级： | | 姓名： | |
|---|---|---|---|
| 实训日期： | | 指导教师： | |
| 任务说明 | | 本任务需要学生以小组为单位完成调研并形成 PPT 汇报资料，课堂汇报、答疑，教师点评。具体要求如下：<br>1）4~6 人为一组，以小组为单位确定调研品牌，做好任务分工。<br>2）形成完整的 PPT 汇报资料，课堂汇报、答疑，小组和小组之间互评。<br>3）教师对各组完成结果进行点评和总结。 | |
| 任务描述 | | 新能源汽车交通事故查勘工作对查勘人员的专业素养有更高要求，为了加强对新能源汽车查勘工作的认识，请通过线下、网络、电话咨询等多种途径了解新能源汽车查勘工作，完成调研表的填写及调研汇报。 | |
| 任务计划及实施 | | | |
| 制订人员分工 | | 制订调研计划并实施计划 | |
| 组号 | | | |
| 人员 | | | |
| 任务分工 | | | |
| 调研笔记 | | | |
| 新能源汽车查勘人员的要求 | | | |
| 新能源事故车施救停放的注意事项 | | | |
| 新能源事故车查勘时的注意事项 | | | |
| 发生碰撞事故后，动力蓄电池破裂，正确的处理方法 | | | |

## 项目八任务 3.2 实训工单　动力蓄电池评估

| 班级： | | 姓名： | |
|---|---|---|---|
| 实训日期： | | 指导教师： | |
| 任务说明 | 本任务中，需要同学扮演查勘员和客户两种角色，另外选择几名同学作为评价员，对服务顾问的表现进行评分，并完成评分表。小组成员可轮流扮演服务顾问和客户，任务完成后，教师对任务完成情况进行评价。 | | |
| 任务描述 | 随着新能源汽车保有量的日益增加，动力蓄电池电池风险和承保理赔问题日益凸显，请根据《新能源汽车保险事故动力蓄电池查勘检测评估指南》的要求，完成动力蓄电池评估报告。 | 《新能源汽车保险事故动力蓄电池查勘检测评估指南》 | |

表 1　客户信息

| 保险单号 | | 报案编号 | |
|---|---|---|---|
| 被保险人 | | 联系方式 | |
| 出险时间 | | 出险原因 | |
| 送样单位 | | 车辆使用性质 | |
| 联络人 | | 联系方式 | |

表 2　车辆信息

| 厂牌型号 | | 车型 | |
|---|---|---|---|
| VIN 码 | | 车辆种类 | BEV　PHEV　其他： |
| 车牌号 | | 蓄电池包编码 | |
| 出厂信息 | | 累计行驶里程 | |

表 3　电池信息

| 电池类型 | 三元锂电池　磷酸铁锂电池　其他： | | |
|---|---|---|---|
| 内部结构 | 标准模组　CTP（电池无模组技术）　CTC（电池底盘一体化）　CTB（电池车身一体化）　其他： | | |
| 冷却方式 | 风冷　　液冷　　其他： | | |
| 电池出厂日期 | | 电池生产厂家 | |
| 电池额定电压 | | 电池额定电量 | |
| 电池额定总容量 | | 剩余电量 | |
| 总电压 | | 模组数量 | |

表 4　外观检查

| 序号 | 异常项目 | 图片 | 评价 |
|---|---|---|---|
| 1 | 异味检查 | | |
| 2 | 箱体检查 | | 破损位置：<br>破损深度：<br>破损面积：<br>破损原因： |
| 3 | 外部高低压电接口线束 | | |
| 4 | 固定件 | | |
| 5 | 冷却管路接口 | | |
| 6 | 维修开关 | | |
| 7 | 平衡阀 | | |

表 5　损伤评估

| | 评估结果 |
|---|---|
| 损伤级别 | |
| 详细描述 | |
| 检查单位 | |
| 检查人员 | |
| 检查日期 | |

注：CTP（Cell to Pack）即直接把电芯装进电池包的结构；CTC（Cell to Chassis）即电池、底盘一体化结构；CTB（Cell to Body）即电池车身一体化结构。

## 项目九任务一学习工单　数字化管理的概念、意义和应用

1. 理解数字化管理，完成以下内容。
   （1）理解数字化管理的概念，完成框图。

   | 数字化管理 | 企业通过 | □ | 打通 | □ | 基于数据 | 汇集优化挖掘 | 优化、创新重构 | □ | 构建 | 数据驱动型高效运营管理模式的能力 |

   （2）理解数字化管理的意义，完成下图。

   （图：数字化管理的意义，周围有①②③④⑤⑥六个方框）

2. 根据汽车维修企业的规模不同，通过调研比较他们备件业务在数字化管理方面的差别。

   小型修理厂：_____
   _____
   _____
   _____

   O2O 模式工场店：_____
   _____
   _____
   _____

   4S 店：_____
   _____
   _____
   _____

## 项目九任务二实训工单　调研比亚迪品牌售后服务数字化管理

| 姓名: | | 姓名: | |
|---|---|---|---|
| 实训日期: | | 指导教师: | |

| 任务说明 | 本任务需要学生以小组为单位，共同讨论，完成任务。具体要求如下：<br>1) 4~6 人为一组。<br>2) 以小组为单位确定要了解的品牌。<br>3) 明确该品牌的数字化管理形式。<br>4) 完成海报。<br>5) 以集市法展示汇报，各小组观看学习。<br>6) 教师对各组完成情况进行点评。 |
|---|---|
| 任务描述 | 张先生想要购买比亚迪新能源汽车，多次到店和销售顾问沟通，认可比亚迪汽车性能，但对比亚迪售后服务的认知还停留在燃油汽车时代，因此需要同学们通过调研给张先生普及比亚迪新能源汽车售后服务数字化管理的相关知识。 |

| 任务计划及实施 ||
|---|---|
| 制订人员分工 | 制订调研计划并实施计划 |
| 组号 | |
| 人员 | |
| 任务分工 | |

| 调研笔记 ||
|---|---|
| 数字化管理的途径 | |
| App 包含的页面 | |
| 版块内容 | |
| 与一汽-大众品牌数字化管理形式的差异 | |

## 项目九任务三实训工单　调研新势力汽车企业数字化管理

| 班级： | | 姓名： | |
|---|---|---|---|
| 实训日期： | | 指导教师： | |
| 任务说明 | | 本任务需要学生以小组为单位，共同讨论，完成任务。具体要求如下：<br>1）4~6人为一组。<br>2）以小组为单位确定要了解的品牌。<br>3）明确该品牌的数字化管理形式。<br>4）完成海报。<br>5）以集市法展示汇报，各小组观看学习。<br>6）教师对各组完成情况进行点评。 | |
| 任务描述 | | 了解某新势力品牌汽车企业的数字化管理途径及形式 | |
| 任务计划及实施 ||||
| 制订人员分工 | | 制订调研计划并实施计划 | |
| 组号 | | | |
| 人员 | | | |
| 任务分工 | | | |
| 调研笔记 ||||
| 品牌 | | | |
| 数字化管理的途径 | | | |
| App包含的页面 | | | |
| 每个页面下的板块内容 | | | |
| 与蔚来汽车数字化管理形式的差异 | | | |

## 项目九任务四实训工单　O2O 模式工场店数字化管理调研

| 班级： | | 姓名： | |
|---|---|---|---|
| 实训日期： | | 指导教师： | |
| 任务说明 | 本任务需要学生以小组为单位，共同调研、讨论，完成任务。具体要求如下：<br>1）4～6 人为一组。<br>2）以小组为单位确定要了解的品牌。<br>3）调研该品牌的数字化管理形式。<br>4）完成海报。<br>5）以集市法展示汇报，各小组观看学习。<br>6）教师对各组完成情况进行点评。 | | |
| 任务描述 | 了解某个 O2O 模式工场店的数字化管理形式。 | | |
| 任务计划及实施 | | | |
| 制订人员分工 | | 制订调研计划并实施计划 | |
| 组号 | | | |
| 人员 | | | |
| 任务分工 | | | |
| 调研笔记 | | | |
| O2O 模式工场店品牌 | | | |
| 数字化管理的形式 | | | |
| App 包含的页面 | | | |
| 每个页面各板块内容 | | | |
| 与途虎品牌的数字化管理形式差异 | | | |